Printed in the United States
By Bookmasters

أدب الأطفال
بين التراث والمعلوماتية

الضبع ، محمود.

أدب الأطفال بين التراث والمعلوماتية / محمود الضبع . ـ ط1. ـ القاهرة : الدار المصرية اللبنانية ، 2009.

272 ص ؛24 سم .

تدمك : 2 ـ 479 ـ 427 ـ 977

1 ـ أدب الأطفال

أ ـ العنوان   810.909

©

الدار المصرية اللبنانية

16 عبد الخالق ثروت القاهرة .

تليفون: 23910250   202 +

فاكس: 23909618   202 + ـ ص.ب 2022

E-mail:info@almasriah.com

www.almasriah.com

رقم الإيداع : 7305 / 2009

الطبعة الأولى : ربيع أول 1430هـ ـ مارس 2009م

أدب الأطفال
بين التراث والمعلوماتية

د. محمود الضبـع

الدار المصرية اللبنانية

المحتويات

المحــــــــتويات

على سبيل التقديم :

الأطفال مفكرون يمتلكون أدوات الفكر الرئيسة ، من طـرح الأسـئلة ، إلى البحـث عن أجوبة ، إلى تحليل المواقف ، إلى تكوين أفكار .

والأطفال متطورون يعدِّلون من سـلوكياتهم تبعـا لخـبراتهم ، ويخزِّنـون معـارفهم فتتشكل الأسس المفاهيمية والبِنَى الأساسية المكونة للثقافة .

والأطفال مبدعون يتعاملون مع الكون من حولهم بخيالاتهم ، ويرون الأشياء مـن داخلها ، ويرسمون السيناريوهات لأحداث مسـتحيلة إلا مـن وجهـة نظرهم المبررة فنيا.

والأطفال يمتلكون كثيرا من المواهب والذكاءات المهيأة تماما لأن تنمو أو تموت .

إن بداخل كل منا طفل ، يداعب خيالنا ، ونتواصل مـن خلاله مـع الكون مـن حولنا، ومع الآخرين ، ومع المعاني الجميلة والمشاعر الإنسانية بعامـة ، فعـلى الـرغم من تحديد مرحلة الطفولة علميا بـين الميلاد وحتى الثانية عشرة ، فإنهـا داخليا لاتنتهي عند هذه السن، ولكنها تستمر كامنـة في الأعماق بـدليل أننا نظل نعشـق ألعاب الأطفال ، وقصص الأطفال ، وأغنيات الأطفـال ، ويظل يراودنا دائمـا حلم العودة إلى الطفولة.

وما تعايشه مخيلة الطفل لا يغيب عـن البـال ، مهـما طـال بـه الـزمن ، ومهـما تباعدت به الذكريات ، فقليل منا هم أولئك الذين ينفصلون عن طفولتهم ، وهـم في الغالب الأعم يفعلون ذلك تناسيا لأسباب علاجية ، وليس نسيانا.

والطفولة في مراحلهـا السِّـنيَّة التي حـددها علم الـنفس ، تعد أهـم المراحـل الإنسانية في تشـكيل الـوعي الإنسـاني ، وفي توجيه العقل إلى الاتجاهـات الإيجابية والفاعلة أو العكس ، وكما راهن فرويد ـ على إمكانات البشر ـ في تحديد مسارات الأطفال وتخصصاتهم العلميـة المسـتقبلية ، بـل وعـلى إمكانيـة صناعة العبـاقرة (genius) والتحكم فيهم منذ الصغر .

ونظرا لأهميـة هـذه المرحلـة ، فإنهـا قـد شـغلت بـال علـماء الـنفس والفلاسـفة والأدباء على حد سواء ، واتفق الجميع منهم على دور الأدب والقص والغناء والفنون عموما في تنمية مهارات الأطفال ، وتشكيل وعيهم الجمالي ، وتهيئة عقولهم ، وتنمية أخيلتهم، وتنمية ذكاءاتهم .

إن الأدب يعـد أحـد أهـم المـداخل الأساسـية لتكـوين الـوعي الثقـافي ، وتنميـة المهارات العقلية العليا ، وبناء الهوية لأي مجتمع ، خاصة في عصرنا الحالي الذي تعـد المعلوماتية أحد أهم مرتكزاته ، ومعيارا من معايير القوة فيه .

وقـد اسـتطاع أدب الأطفـال أن يقـوم بـدوره الفاعـل عـبر تـاريخ الأدب العـربي الشفاهي والكتابي ، غير أن التحولات التي طرأت عـلى مفـاهيم الثقافـة والتثقيـف ، وعـلى الأدوات والوسـائط ، وعـلى الحضـارة ذاتهـا وطبيعـة تشـكلها التـي ارتبطـت بالإنتـاج والتطـور التكنولـوجي والمعلوماتيـة ومعطياتهـا التـي غـيرت مـن طبيعـة المجتمعات البشرية نفسها ، كل ذلك يقتضي إعادة المراجعـة في نظرتنـا إلى الأطفـال، وفي طبيعة تَشَكُّلِ لغتهم وثقافتهم ، وفي أشكال الأدب المناسبة لهم الآن ، والوسـائط التي يمكن تقديمه عبرها .

من هنا يأتي هذا الكتاب للوقوف عـلى أهـم ملامـح الأدب العـربي التـي اهتمـت بالطفل ، وإمكانات توظيف هذا الأدب بفنونه المختلفة في تربية وتنشـئة الأطفـال ، وتنمية قدراتهم العقلية ، وتكوين ميولهم وتنمية اتجاهـاتهم ، والتأكيـد عـلى القـيم المرغوب فيها لديهم .

و اللـه هو المبتغى ...

د. محمود الضبع - القاهرة 2009م

الفصل الاول

لغـــة الطفـــل

هل للطفل لغة أخرى مختلفة عن لغتنا نحن الكبار؟ وهل يختلف وعيه إذا خرجت هذه اللغة عن حدود المألوف بالنسبة له ؟ أليس من الأجدى أن يتم التعامل مع الطفل باللغة المعيارية السائدة ليتمكن من اكتسابها بوصفها الأبقى ، والأكثر تداولا في المجتمع؟ أم الأجدى مسايرة الطفل في استخدامه للغة أخذا بيده نحو اللغة المعيارية ؟ وماذا لو لم تكن هناك لغة معيارية سائدة في المجتمع ، وإنما كانت هناك لهجات متعددة تختلف باختلاف البيئة والموقع الجغرافي ؟

لعل هذه الأسئلة وغيرها كثير تشغل بال المعنيين بالأمر[1] ، والمهتمين بمستقبل الأطفال وثقافتهم ؛ إذ لاشك في أن اللغة مكون أساس من مكونات الهوية ، وعامل أول في تكوين شخصية الفرد ، بوصفها المحك والمعيار والحضارة والبقاء ، وبوصفها قبل كل ذلك المترجم الأساسي للرموز والأفكار المجردة إلى معانٍ وكلمات مفهومة ومعبرة ، وبوصفها الأداة الأولى للتواصل بين البشر ، وبوصفها أخيرا سرا من أسرار بقاء الإنسان، فمن دون اللغة تنمحي الذاكرة ، ومن دون اللغة لايتبقى من تراث البشرية شيء يذكر.

(1) المعنيين بالأمر ، هم كل المهتمين بالأطفال: الآباء والأمهات ، والمعلمون ، وكتاب أدب الأطفال القصاصون والشعراء ، والمهتمون ببرامج الأطفال التعليمية والتليفزيونية والإذاعية ، وغيرهم ممن سيعنيهم موضوع الأطفال واللغة المستخدمة معهم .

كذلك تعد اللغة أحد أهم العوامل في تشكيل وتشكل ذكاء الإنسان وقدراته العقلية ، فعلى قدر وضوح اللغة في ذهن الإنسان وامتلاكه لها ، يكون التمكن من الأفكار والقدرة على صياغتها صياغة سليمة ، وعلى قدر وضوح اللغة على قدر ما يتمكن الإنسان من سبر أغوار ودقائق العقل والتوصل إلى المعاني البعيدة والمجردة، ومن ثم القدرة على تحديد مفاهيم لايتمكن من لايمتلك الذكاء اللغوي خاصة من التوصل إليها .

من هنا فإن الاهتمام ببناء نسق لغوي سليم في عقلية الأطفال تتزايد أهميته ، وهو الأمر الذي أصبح الآن في الإمكان القيام به مع تطور أبحاث المخ والذكاء ، وما توصلت إليه علوم النفس وأبحاث الطب التشريحية من نتائج في إطار دراسة الأطفال وتشكل وعيهم. وتزداد أهمية تشكيل اللغة الأم في عقل الأطفال في ظل ما يواجه العالم أجمع من تدفق معلوماتي وثورة معلوماتية تمثل اللغة فيها مكونا أساسيا من مكونات صياغة المعلوماتية وبثها وترويجها وصناعة المعلومات بعامة ؛ إذ من المعروف أن مجتمع المعرفة الذي تتبدى الكثير من ملامحه اليوم، تتشكل أبعاده انطلاقًا من معطيات مجالات علمية ثلاثة هي البيولوجيا الجزيئية والمعلوماتية وعلم اللغة، والتي تجتمع ثلاثتها على إعادة تشكيل مفاهيم الهوية وملامح الحضارة البشرية بعامة ، وهو ما بدأت تطبيقاته بالفعل .

والسؤال الأهم : هل يمكن تنمية مهارات اللغة لدى الأطفال ؟ أو بالأحرى : هل في الإمكان تنمية الذكاء اللغوي ؟

ومما لاشك فيه أنه في الإمكان تنمية أي مهارة لدى البشر ـ كبارا وصغارا ، ولكن فقط إذا عرفنا كيف تتشكل هذه المهارة ، وكيف تعمل داخل المخ البشري ، وهو الأمر الذي أصبح في الإمكان الإجابة عنه استنادا إلى معطيات العلوم المتنوعة التي تهتم بدراسة الأطفال ، مثل دراسة النمو اللغوي للطفل ، وكيف يفكر الطفل ، والأبعاد الثقافية للأطفال ، وغيرها من الموضوعات المعينة في ذلك .

النمو اللغوي عند الطفل :

يتشكل القاموس اللغوي للطفل منذ العام الأول[2] ، ولكنه يشهد طفرة على مستوى النمو في العام الثاني ، حيث يستخدم الطفل ما يزيد عن ثلاثين كلمة وما ينتج عنها من اشتقاقات ، ويتمكن في هذه السن من تركيب الكلمات والربط بينها لتكوين جمل بسيطة، وإن كان يميل إلى استخدام المعاني والأسماء أكثر من استخدام الأفعال .

وهناك بعض الدراسات المتعلقة بعلم نفس الطفولة تؤكد أن البنات يتفوقن على الأولاد في نمو القاموس اللغوي ، وفي عدد المفردات اللغوية المستخدمة ، ولكن مع الوضع في الاعتبار أن الجهاز اللغوي مثله مثل بقية الأجهزة يحتاج إلى استثارة وتنمية وتدريب لكي ينمو نموا طبيعيا ، تماما مثل التدريب على المشي ، والتدريب على الحركة ، وهو ما يتطلب من الآباء والمحيطين محادثة الطفل ومخاطبته بمفرداته التي اكتسبها بالفعل وبمفردات جديدة تضاف إلى قاموسه اللغوي ، وتعمل على تنمية حصيلته اللغوية ، ولكن دون محاولات لتبسيط الكلمات كما يحدث أحيانا .

وبعد العام الثاني ينمو المعجم اللغوي للطفل على نحو سريع جدا ، حتى إذا ما بلغ الرابعة من عمره أصبح في إمكانه استعمال ألف كلمة ، فإذا ما بلغ السادسة تكون قد تشكلت لديه حصيلة من المفردات تصل إلى 2500 كلمة مختلفة.

ومن اللافت للنظر أن المشكلات اللغوية والعقلية تنشأ في هذه المرحلة من العمر نتيجة لعدم استثارة دافعية الطفل وتنمية جهازه اللغوي ، وهو ما يرتبط على نحو كبير بتنمية قدراته العقلية وإطلاق العنان لخياله بشكل عام ، وهنا تأتي الحاجة إلى أهمية الحكي

(2) مع الوضع في الاعتبار أن الأبحاث الطبية أثبتت أن استعداد الطفل لاكتساب اللغة يبدأ قبل مولده، حيث ينمو الجهاز السمعي للجنين بعد عشرين أسبوعا من الحركة ، وهنا يستطيع الطفل أن يستقبل الأصوات التي تتسرب له من خلال السائل الأمنيوسي. وتكون هذه الأصوات المصفاة تنشيطا سمعيا مبكرا له . وابتداء من الشهر السادس تتطور معالجته لهذة الأصوات إلى استقبال خصائص صوت أمه ومن ثم اللغة التي تتعامل بها . كذلك يبدأ إحساسه بالموسيقى ، وخلال الثلاثة أشهر السابقة للولادة يكون الجنين مهتما بالاستماع إلى أصوات اللغة من أمه .

والقص والغناء للأطفال ، فعلى سبيل المثال يعاني بعض الأطفال بانتهاء هذه المرحلة من خجل وتهتهة وعدم قدرة على التعبير عن النفس ، ويكون السبب في الغالب الأعم هو عدم مرور الطفل بخبرات لغوية من خلال الحكايات والقصص التي تنمي الخيال ، وتربط بين الرموز والأشكال والمفردات ومسمياتها ، والواقع المعيش والواقع المتخيل .

وباختصار فإن الأدب يتكفل بحل كل المشكلات اللغوية والعقلية التي يمكن أن يتعرض لها الطفل ، ولكن بشرط أن يكون هناك وعي بمراحل الطفولة وسماتها النفسية والحركية ، ومعرفة أنواع القصص والأغاني والفنون الأدبية المناسبة لكل مرحلة سنية ، والتي تعمل بدقة على بنائه بناءً عقليا سليما ، فمثلا الطفل في السنة الثانية من عمره يحتاج إلى قصص تتناول أشياء وعناصر من بيئته المحيطة ، ولكنها لاتخضع للمنطق العقلي للبشر، فالعصا يمكن لها أن تطير ، والشجرة يمكن لها أن تتكلم ، والعصفورة يمكن لها أن تشاركه اللعب ويخاصمها وتصالحه ، على حين يتغير الاحتياج مع الدخول في السنة الرابعة مما يقتضي تغيير نوعية القصص، وهكذا الأمر مع بقية الفنون وبقية المراحل .

وقد حدد علم نفس الطفولة عوامل تسهم في التطور اللغوي للطفل ، وتساعد على نموه في مرحلة ما قبل المدرسة ، وهي العامل البدني وما يمتلكه الطفل من مهارات حركية وقدرات ومدى سلامة جهاز النطق بيولوجيا لديه ، والعامل الاجتماعي وقدرته على التواصل مع الآخرين والتعبير عن احتياجاته وإقباله على الحياة والشعور بالأسرة وما يرتبط بذلك من مشاعر، والعامل العقلي وما يمتلكه الطفل من قدرات عقلية خارقة تتجاوز حدود الزمان والمكان والمنطق ، وما يشغل اهتمام الأطفال من العالم المحيط بهم ، وميلهم الشديد إلى القصص والحكايات بل سرد أحداث حياتهم في شكل قصة يهتمون فيها اهتماما شديدا بالتفاصيل التي قد تصل عند الكبار إلى درجة الملل ، حيث يهتم الأطفال بوصف الأشياء وصفا دقيقا ، في حين يتحول هذا الاهتمام بعد سن السادسة إلى البحث عن الأسباب وراء حدوث الأشياء ، وكيفية حدوثها ، كما يلح الأطفال على ذويهم والمقربين إليهم في طلب حكي حكايات وقصص ، وهو ما يفسر حب الأطفال للجد والجدة في هذه المرحلة ؛ لأنهم يمتلكون قدرة ومهارة وصبرا على الحكي بتفاصيل

التفاصيل ، الأمر الذي يمتع الأطفال ويجعلهم في حالة استثارة شديدة ودافعية عالية نحو اكتساب اللغة وتطورها على نحو مستمر .

إن هذه الأمور جميعها عوامل تسهم في التطور اللغوي للطفل ، إذا ما تم تغذيتها على نحو سليم ومستمر ، مما يجعل التربية معه فعلا بنائيا ومسؤولية الجميع قبل أن تكون مسؤولية المؤسسات التعليمية ، أو الجهات الحكومية ، وهو ما فطنت إليه ثقافات العوالم المتقدمة ، وأولت أهمية إلى الأطفال وأدب الأطفال ودور الأسرة في إكساب المفاهيم السليمة والتنشئة الإيجابية .

اللغة الأم واللغات الأخرى:

هل هناك خطر من تعليم لغة أخرى للأطفال إضافة إلى اللغة الأم ؟ ومتى يمكن البدء في تعليم لغة ثانية بحيث لاتحدث تأثيرا سلبيا على اللغة الأم ؟

لقد ساد الاعتقاد لسنوات طوال أن تعليم لغة أخرى للأطفال في سن مبكرة يؤثر سلبا على اكتسابهم مهارات اللغة الأم ، غير أن الدراسات التشريحية للمخ أثبتت أن تعليم الأطفال لغة ثانية إلى جانب اللغة الأم يعمل على تحفيز واستثارة دافعيتهم ، ويزيد من إمكاناتهم العقلية ، حيث يكون المخ أكثر استعدادا لتلقي لغة ثانية في سن مبكرة ؛ إذ يمر المخ بفترة حرجة للنصف الأيسر منه تكون حينها على أتم استعداد لاكتساب اللغة ، وبعد انتهاء هذه الفترة تبدأ الصعوبة في تعلم اللغات ، وبخاصة بعد سن العاشرة التي مهما تعلم فيها الطفل من لغات ثانية فإن درجة إجادته لها لاتماثل على الإطلاق من سبقه في تعلمها .

ومن هنا فإن أفضل المراحل التي يمكن تنمية المهارات اللغوية لدى الأطفال وتعليمهم أكثر من لغة تبدأ منذ استطاعتهم القدرة على التعبير عن أنفسهم بلغتهم الأم واكتساب بعض مهاراتها الأساسية المتعلقة بالاستماع والتحدث بدءا من سن الثانية والثالثة [3] ، ذلك أن الأطفال في هذه السن المبكرة يمتلكون ذاكرة لاحدود لها وقدرات

---

(3) يمكن العودة في ذلك إلى يورجن مايزل ، ودوجلاس براون ، ومحمد زياد حمدان ، والدراسات التي أجراها بيل ولامبرت في مونتريال بكندا ، ودراسة بيسا لتقييم نظام التعليم وتعلم اللغات في عدد من دول العالم وغيرها من الدراسات والبحوث في هذا الشأن ، والتي نشطت في الربع الأخير من القرن الماضي ، ولم تزل مستمرة وبخاصة مع تطور أبحاث المخ والكشف عن المراكز المخية المختصة بتعليم وتعلم اللغات .

عالية على حفظ الكلمات وتحليل القواعد اللغوية والقياس اللغوي غير المرتبط بالتقعيد النحوي المتفق عليه لدى الكبار ، وتكفي هنا الإشارة إلى مراقبة أبنائنا في ابتكارهم لتراكيب وأبنية لغوية وبخاصة في السنة الثانية والثالثة ، وبخاصة في الجموع ، وبالأحرى جمع التكسير مثل استخدام : أنفذ جمعا لنافذة ، وكبيرين جمعا لكبير ، وشريرين جمعا لشرير ، وسكمات جمعا لسمكة ، وقماصين جمعا لقميص ، وغيرها من المفردات والتراكيب التي لاحصر لها والتي نستنكرها وليست لدينا علة صرفية سوى أنها لم تسمع عن العرب ، علما بأن ما سمع عن العرب يمثل أقل القليل ، بل أحيانا لم يكن الأشهر ، إضافة لأن معيار القرآن الكريم فيما تنص عليه القواعد ليس هو المعيار الوحيد ، بدليل أن كثيرا من التراكيب التي تخالف القاعدة في القرآن الكريم لم يجد مقعدو الصرف فيها سوى الحكم عليها بأنها أسلوب قرآني كريم شاذ ولايقاس عليه .

اللغة والتفكير:

هناك صلة وثقى بين اللغة والتفكير، حيث ويتوقف التفكير إلى حد كبير على الصورة اللفظية البصرية والسمعية، وكذلك على ما يفكر فيه الإنسان بداخله ويترجمه إلى مفردات ورموز قابلة لأن تفهم لغويا ، وهو ما يشير لأهمية اللغة ودورها في عمليات التفكير ، والسير به في مساره الصحيح .

وفي هذا الصدد تتردد مقولات يعرفها الجميع ، وتنص عليها كتب تعليم وتعلم اللغة، غير أنها تحتاج إلى وقفة تأملية لإدراك ما تحمله من دلالات ، وذلك مثل التعامل مع اللغة بوصفها " نسقا من الرموز والدلالات " و" اللغة وعاء التفكير " و" اللغة هي وسيلة تمثيل الأفكار " و" اللغة نظام " و" اللغة سياق " ، وغيرها من المقولات التي تمثل نتاج جهود بحثية وعلمية أفرزتها حقول علمية متنوعة .

والمعول عليه هنا هو الربط بين هذه المقولات وبين طبيعة التفكير عند الطفل ، فمثلا عند النظر إلى اللغة بوصفها نسقا من الرموز والدلالات ، تكمن هنا عدة أسئلة حول الربط بين الرمز والمعنى (بين الدال والمدلول) ، فإذا كنا نحن الكبار نرتكز على خبراتنا ومعرفتنا السابقة بالدال أوالمدلول ، فإن الأطفال نظرا لعدم وجود خبرات كافية لديهم

بحكم طبيعة نموهم ، فإنهم يفتقدون إلى عنصر من عنصري هذه العملية على أقل تقدير ، فمثلا قد يطلق أمامهم لفظ (مفردة/ دال) ولكنهم يفتقدون إلى الصورة العقلية عما يشير إليه (المدلول) .

وفي كلتا الحالتين ، فإن الأمر يقتضي ـ عملية عقلية قد تتطلب مهارات تفكير عليا للبحث عن تكوين صورة للمدلول ، أو عن تكوين صورة عن الدال ، أو في الربط بينهما على نحو ما ، وهو ما يمكن أن يحدث الخلط المفاهيمي لديهم في مرحلة من المراحل المتقدمة في هذه العملية .

وكذلك عند النظر إلى اللغة بوصفها نظاما ، فإن من طبيعة هذا النظام في اللغة أنه يتسع ليشمل طريقة ترتيب الحروف، وتوالي الأصوات وتركيب الجمل ، ذلك أنه لا يعني قواعدها النحوية فحسب، بل يعني مختلف القواعد التي تنظم العلاقة بين المكونات المختلفة للغة؛ أصواتًا وحروفا ومفردات وتراكيب. وهو ما يتطلب في تنميته وتعليمه الاعتماد على النماذج اللغوية الرفيعة والمشوقة في آن ، مثل القص والشعر والمقطوعات الأدبية ، التي تؤسس لهذا النظام ، وتؤكد عليه بطرق غير مباشرة وغير تقليدية ، تماشيا مع التدرج المنطقي للتفكير من المحسوس إلى المرموز، ومن الملموس إلى المجرد ، وهكذا .

ومن جهة أخرى فإن اللغة هي التفكير ، وعلى قدر وضوح اللغة في ذهن الإنسان بعامة على قدر امتلاكه لمهارات التفكير ، وعلى قدر تمكنه من تمثيل أفكاره والتعبير عنها ، ومن المعروف أنه كلما زاد المعجم اللغوي ، وامتلك الإنسان مفردات لغوية تسمح له بالتعبير عن كل ما يفكر فيه ، بقدر ما كان هناك ثراء في الأفكار ، وقدرة على التعبير عنها .. إن النمو العقلي والفكري يرتبط ارتباطا شديدا بنمو المعجم اللغوي ، وثرائه ، وتنوع مفرداته ، وعلى قدر ضحالة هذا المعجم اللغوي على قدر ضحالة الأفكار وسطحيتها ، وهو ما يزيد من خطورة التعامل مع الأطفال في مجال تعليم وتعلم اللغة ، وأهمية الاهتمام بهم وتنمية التفكير لديهم من منطلق اللغة وثرائها وأساليب بنائها في نماذج لغوية رفيعة .

وكذلك الأمر بالنسبة للعلاقة بين اللغة والعلم ، فمن المعروف أن لكل علم لغته ، بدءا من أولياته وانتهاء بمستوياته التقعيدية ، فمثلا علم الرياضيات له لغته ورموزه التي

يستحيل فهم شيء منها ما لم يكن هناك وعي بهذه الرموز وعلم بدلالاتها ، وكذلك علوم الفيزياء والكيمياء ، والعلوم الإنسانية ، وإلا ما ظهرت التخصصات الرئيسة في كل حقل من حقول المعرفة ، بل والتخصصات الدقيقة داخل العلم الواحد ، ومنها على سبيل المثال الرياضيات البحتة والرياضيات التطبيقية والرياضيات الكمية ، والهندسة والهندسة الفراغية والهندسة وحساب المثلثات ، وهكذا مما يدل على خصوصية اللغة في كل علم وفي كل فرع .

وهذا التخصص يعود في جزء كبير منه إلى لغة هذا العلم ، وهي المفتاح الأول للتفكير في هذا العلم وبه ، وما يترتب على ذلك من إمكانات تطويره أو حتى مجرد اكتساب مهاراته ، وهنا تكتسب اللغة أهميتها ليس فقط بوصفها لغة منطوقة أو محكية وإنما أيضا بوصفها لغة مرموزة تخصصية يقتضي ـ الأمر إكساب مفرداتها ودلالاتها للأفراد المتعاملين بها ، ولمن يعقد عليهم العزم والأمل في أن يتخصصوا فيها.

وهذا جميعه يوجه الانتباه نحو أهمية تعليم الأطفال بعض مفردات ودلالات العلوم المختلفة المحيطة بهم ، والمرتبطة بحياتهم من فضاء وسماء وأرض وبحار وأنهار وحضارات وعلوم ورياضيات ووظائف أعضاء ، وغيره مما يمكن تقديمه عبر القصص والحكايات والألعاب والأنشطة والأغاني والأناشيد التي تستطيع توظيف العلوم السابقة باستخدام لغتها العلمية في سياق أدبي ، وما أكثر تلك الإصدارات الأدبية المعاصرة التي تناولت ذلك .

اللغة والتذوق عند الأطفال:

التذوق يعني القدرة على امتلاك الأحاسيس والمشاعر التي تسمح بالتمييز بين الجيد والرديء ، ومن ثم استكشاف الجميل والتمتع به ، ومعرفة القبيح واستهجانه.

والتذوق بدايته اللغة ، فكل جميل لابد له من معنى يعبر عنه ، وإلا صار بلا قيمة ، فالشعور بالفرح مثلا ، لايمكن أن يترجم إلى إحساس وتذوق ما لم تكن هناك لغة واصفة له ، مثل السعادة ، والفرح ، والسرور ، والضحك ، والحبور ، والانتشاء ، والانبساط ، وغيرها من المعاني المترجمة للشعور من عالم المطلق إلى عالم الحقيقة والتحقق .

على هذا النحو تبدو اللغة هي المدخل الأساسي والأول لتنمية الذوق ، وبقدر دعم الطفل بالمفردات والمعاني والمترادفات ، بقدر ما يزداد الإحساس والمشاعر نحو ما تشير إليه هذه المعاني والمترادفات ، وبقدر ما تتكون الاتجاهات الإيجابية داخل الأطفال ، ويزداد وعيهم بالحياة ، وتتشكل في إطار ذلك خبراتهم ، وثقافاتهم ، وقدراتهم الشخصية التي تضمن أن تجعل منهم شخصيات سوية على المدى البعيد .

إنه ليس من المبالغة القول بأن اللغة هي بداية الاتزان النفسي- والعقلي ، وهي الأساس في تكوين صورة إيجابية عن النفس ، ومعرفة دخائلها ، وفهم الإنسان لنفسه بعامة ، وهو أمر ليس بالهين ، فالفارق الحقيقي بين إنسان ناجح وآخر غير ناجح يكمن في القدرة على فهم النفس ، والقدرة على التحديد الواعي والسليم والدقيق للأهداف في الحياة بعامة ، فمن المعروف أن اللغة أداة تفكير ، وأداة تواصل ، يعرف بها الإنسان نفسه ، ويعرفه بها الآخرون ، وكلما أوغل الإنسان في امتلاكها ، كلما أوغل في معرفة نفسه ، وفي معرفة الآخرين على نحو صحيح .

ومن جهة أخرى فقد تميزت حضارتنا العربية بكونها حضارة لغوية في الأساس، وهو ما جعل الكلمة لها دور في الحياة الاجتماعية لم يزل قائما حتى يومنا هذا ، حيث يبدأ الذوق الاجتماعي بالكلمة ، وهو ما شددت الثقافة العربية في التأكيد عليه ، وأهمية أن يتلفظ الإنسان بالكلمة الطيبة ، وأن يبتعد عن الكلمات النابية أو التي تحمل دلالات غير مرغوب فيها ، وهذا يعني في إجماله ضرورة تنقية معجم الأطفال اللغوي ، والتحكم في استخداماته اللغوية في سياق الذوق العام ، وهو ما يمارسه الآباء والأمهات على نحو فطري عندما يعزلون أبناءهم عن أبناء المجتمعات التي لاتهتم بمراعاة الذوق في اللغة ، ويمنعونهم من مخالطة أبناء السوقة والسِّفْلَة بعامة .

يضاف إلى ذلك جميعه أن لغتنا العربية لغة بيانية ، تكثر من استخدام التراكيب البلاغية والأساليب الرفيعة ، ولها في ذلك طرائق عدة أجملها الجاحظ في تعريفه للبلاغة بأنها "مطابقة الكلام لمقتضى الحال" ؛ أي اختيار الكلمة المناسبة والتركيب المناسب للموقف

المناسب ، وهذا يعني وجود بدائل عدة يمكن للمتحدث أن يختار من بينها ، وما أكثر هذه البدائل من تشبيه واستعارة وتورية وإيجاز وإطناب وترادف وطباق ومقابلة وسجع وجناس وأساليب إنشائية وأخرى خبرية ، وإيحاء واستدعاء ، وغيرها كثير مما يمنح الأسلوب خصوصيته ويرقى به إلى مستوى الفصاحة والبلاغة والبيان ، وهو ما يتكفل به الأدب - وحده دون غيره - بإكسابه للأطفال من خلال الجملة المقروءة أو المسموعة أو المنطوقة على لسان الشخصيات والأبطال ، وذلك على اختلاف الوسيط الذي يعرض الأدب من خلاله ، وهو ما سيؤدي في نهاية الأمر إلى تنمية الذوق لدى الأطفال وتنمية ملكات التذوق لديهم ، ومن المعروف في هذا الصدد أن الذوق يمكن اكتسابه من خلال الممارسة والمعايشة الطويلة مع الفنون والآداب المختلفة ، فالحس الموسيقي والقدرة على تذوق الموسيقى يأتي عبر الاستماع المتكرر لأعمال موسيقية راقية ، والحس اللغوي وتذوق المعاني الإنسانية يأتي عبر المعايشة المستمرة لفنون الأدب وأنواعه المختلفة ، وهو ما يصل بالمتلقي في نهاية الأمر إلى الاكتساب الإيجابي للذوق والقدرة على إبرازه .

اللغة والأدب والتربية الإبداعية:

تشغل قضية تربية الأطفال اهتمام البشر جميعهم ، ليس فقط على مستوى المؤسسات التعليمية ، بل على مستوى الأسرة والمجتمع ، وتتنوع المداخل التربوية التي يمكن اعتمادها مع الأطفال ، بتنوع الهدف والغاية ، وتنوع الجانب المراد تنميته في الشخصية ، ومنها التربية الإبداعية التي تكتسب أهميتها من ملاءمتها لطبيعة الأطفال وقدراتهم الإبداعية العالية ، وميولهم الأدبية ، مثل : كتابة القصة والشعر وغيرهما. إضافة لما للأدب من تأثير كبير على لغة الأطفال وتفكيرهم وسماتهم النفسية والشخصية.

إذ من المهم في هذه المرحلة السنية أن تشمل خبرات الطفل الكثير من النماذج الأدبية والأغاني والأناشيد والقصص ، وأن يتم اختيارها بعناية ، نظرا لكونها تنمي الحس الفني لديه ، كما تعمل على تنمية مهارات عدة يتعلق بعضها بالذكاء الوجداني ، وبعضها بمهارات التفكير بعامة ، ويتعلق بعضها الآخر بتنمية الشخصية وتحديد مسار الهوايات

فيما بعد ، فليس من الضروري مثلا أن ترتبط ميول الأطفال بالأدب في ذاته بسبب ما يسمعونه في هذه المرحلة ، ولكنها قد ترتبط مثلا بتنمية القدرة على التعبير ، أو القدرة على الرسم مثلا ، أو أي مجال آخر من مجالات التميز والتفوق والإبداع ، وذلك لما للأدب من قدرة على استثارة الخيال وتنمية المهارات العقلية بعامة ، وهي المهارات التي تتدخل في كافة أنواع التخصص والذكاءات على اختلافها .

وإلى جانب ذلك فإن الأدب الموجه للطفل يحقق أهدافا محددة ، منها :

– الترفيه والإمتاع ، وما يرتبط بهما من إحداث توازن نفسي- وعصبي للطفل على المدى البعيد ، فكل إنسان يحتاج إلى الترفيه ، تماما مثلما يحتاج إلى الطعام والشراب والتنفس ، ومن الملاحظ أن كثيرا من الآباء يعانون من عدوانية الأطفال في هذه المرحلة ، ونشاطهم الزائد عن الحد ، وهو ما يكون عادة ناتجا عن عدم التوازن النفسي ، ويحتاج إلى علاج بوسيلة فاعلة ، وليس أفضل من العلاج بإزالة الأسباب ، أي بتحقيق التوازن النفسي ، وهو ما يسهم الأدب في تحقيقه لما يمنحه للطفل من عوالم أرحب ، ومساحات أوسع من الخيال ، ومن تعلم القدرة على التكيف مع الحياة ومع الظروف المحيطة .

– التثقيف ، حيث تعد عملية تثقيف الأطفال من العمليات المعقدة على نحو كبير جدا ، وهناك كثير من الاعتقادات المخطئة التي ترى أن مراحل التنشئة والتثقيف تبدأ مع سن الالتحاق بالمدرسة أو الروضة ، والصحيح أن عمليات التنشئة والتثقيف تبدأ من العام الأول ، وتعد أكثر الأشكال ملاءمة لذلك هي الأغاني والأناشيد والقصص ، ويلاحظ أن الأطفال منذ السنة الثانية يطلبون هم بأنفسهم أن يستمعوا إلى قصة (حدوتة) أو أغنية ، وهو ما يشير لأهمية استغلال الأدب في إحداث وعي تعليمي تثقيفي ، لما يتضمنه الأدب من قيم وأخلاق وعادات وتقاليد يصعب إكسابها وتعليمها للطفل من دون الأدب ، مثل الأمانة والتضحية والصدق ، وغيرها مما يتكفل الأدب بتكوينها كاتجاهات داخل الأطفال ، بمعنى أنه يصنعها فعليا في سلوكياتهم ، وليس نظريا في معجمهم اللغوي فقط .

– تنمية المهارات الأساسية ، سواء ما يرتبط منها بالمهارات اللغوية (مـن منظـور أن اللغة أساس التفكير ، واللغة أساس التواصل ، واللغة أساس بنـاء الشخصـية) ، أو ما يرتبط بالمهارات الحركية (يظهـر ذلك في تقليـد حركات الشخصيات ، حيـث تنطبع الشخصية الحكائية في عقلية الطفل وترتسم على نحو أوضح مـما يحـدث مع الكبار) ، أو المهارات السلوكية ، أو غيرها مما يكوِّن شخصية الإنسـان ويعطيـه ملامح فارقة عن غيره من بقية الناس .

الفصل الثاني

ثقـافة الطفـل

سنتعامل مع الثقافة هنا بوصفها العلم والمعرفة ، والتي ستسهم فيما بعد في تشكيل الوعي الثقافي بمستوياته المتراتبة [1] ، وهذا العلم والمعرفة بالنسبة للأطفال هو الثقافة قياسا إلى الأطفال ومستوياتهم الثقافية لا قياسا إلى الكبار .

(1) المعرفة في أبسط مفاهيمها هي العلم بالشيء ، وكل شيء في الحياة له خصائصه ووظائفه ، وينقسم الإنسان في موقفه تجاه (الشيء) - أي شيء- ، إما العلم والمعرفة بخصائصه أو بعضها، وإما الجهل التام بوظائفه ، ونظرا لأن الأشياء متعددة في الكون (الأرض والسماء والجبال والبحار والمعاني والرموز والدلالات ..... إلخ)، فليس في الإمكان وجود إنسان جاهل كاملا ، كما أنه ليس هناك إنسان عارف كاملا (عالم بكل شيء) ، ولكن المعرفة بالشيء لاتقتضي بالضرورة إمكانية قدرة الإنسان على التعامل معه أو فهم خصائصه ووظائفه تماما ، وإلا لكان الكون قد توقف عن الحركة والاستمرار في مسيرته ، فالأشياء تحمل دوما معارفها الكامنة ، والتي تتكشف شيئا فشيئا بفعل الإنسان وقدرته على استنطاقها ، والأمثلة على ذلك كثيرة بدءا من الظواهر الطبيعية وحركة الأفلاك وانتهاء بالمعارف النظرية وعلاقة الإنسان بما حوله .
والمعرفة بوصفها امتلاك العلم بالشيء من عدمه تمثل مستوى من المستويات الأولية التي يمكن لها أن توظف لتنتج ثقافة ، ولكنها بمفردها . أي المعرفة لا تكفي كاملا لإنتاج ثقافة ، وإنما هي تشبه المادة الأولية والخامة التي يمكن أن تتشكل منها منتجات عديدة ، مثلها مثل الحديد الذي يقبل لأن يتشكل بمفرده في منتج ، أو يمتزج ليدخل في مكونات أخرى كثيرة ، فقد يكون مسمارا في مكتب خشبي ، من دونه ينهار المكتب ، وقد يكون جزيئات من قائم حديدي ضخم ، وهكذا .... انظر مناقشتنا للمعرفة والثقافة في كتاب : الثقافة والهوية والوعي العربي – الفصل الأول - ص 29، وما بعدها .

من هذا المنطلق سنسلم أن للأطفال معارفهم ومعلوماتهم ، وهي دوما ستحتاج إلى تنمية وتنسيق ، لكي تصبح جزءا من خبراتهم الباقية التي تتحرك دوما إلى الأمام ، وجزءا من ثقافتهم المستقبلية سواء على مستوى السلوك أم على مستوى النتاج .

كل طفل موهوب :

تلك حقيقة تؤكدها دراسات وأبحاث عديدة تنتمي إلى حقول معرفية متنوعة ، وبخاصة علم النفس ، وأبحاث المخ ، فكل طفل هو طفل موهوب ، يمتلك بداخله كافة أنواع المواهب والقدرات العقلية ، والدلائل على ذلك كثيرة :

- في مرحلة السنوات الأولى يمارس الأطفال كل الهوايات ويمتلكون كل المواهب المتاحة، فيرسمون ويلونون ويغنون ويتراقصون ، ويفعلون كـل شيء ، ولكن إذا أتيحت لهـم فرصة الرعاية السليمة لمهارة أو موهبة ما فإنهم يستمرون فيها، أما إذا لم يتنبه الآبـاء ، ولم يساعد المجتمع المحيط فإنهم يتراجعون إلى الوراء ، وتخمد شعلة النشاط لديهم .

- يمتلك كل الأطفال بلا استثناء في مراحل الطفولة الأولى خيـالا واسعا يسمح لهـم بـأن يحكوا حكايات ، ويقصوا روايات محبوكة فنيا ، وإن كانت بعض أحداثها غير منطقيـة بمنطقنا الواقعي ، ولكنها لا حدود للخيال فيها ، وهـو أمـر عائـد إلى الخيال الخصـب والقدرات العقلية غير المحدودة التي يتمتعون بها ، وقدرتهم أو طبيعتهم عـلى اجتيـاز الحواجز والعوائق الفكرية ، ومن ثم إمكاناتهم العليا في التوصل إلى حلول غير متوقعة لمشكلات ومسائل قد يرى الكبار فيها استحالة التوصل إلى حلول .

- يتمتع كل الأطفال بنشاط زائد وحركة مسـتمرة ، والـذي غالبـا ما يشـكو منـه الآبـاء والقائمون على أمر تربية الأطفال ، وهو ما فسرته أبحاث المخ بأنه نشاط زائد في خلايا المخ المختصة بالجهاز الحركي ، وطاقة مكبوتة ، ونوع من أنواع الذكاء الحركي، الـذي إذا تم استثماره على نحو سليم أمكن صناعة الأفراد تبعا للحاجة ، ولصالح تنمية المواهـب الحركية العليا ، مثل الأبطال الرياضيين والرسامين وغيرهم ، ولا يخلو طفل

من قدرة على امتلاك واحد أو أكثر من هذه المواهب ، وميله الشديد نحو القيام بحركات مستمرة في هذا النشاط .

- يمتلك الأطفال دافعية قوية لعمل ما يحبون ، فقد يستغرق أحدهم في محادثة لعبه ساعات طوال من دون أن يشعر بالجوع أو العطش ، فكيف سيكون حال هؤلاء الأطفال لو تم توجيههم التوجيه السليم نحو العمل على تنمية مواهبهم من خلال الكتابة الموجهة والأدب الموجه والألعاب الموجهة ، وغيرها من الوسائط التي تستغل الدافعية القوية للأطفال في تمرير المفاهيم والقيم.

فهل يمكن والحالة تلك أن يكون أحد منطلقات التنشئة السليمة للأطفال وتنمية مواهبهم ، هو الاعتماد على الأدب بأنواعه المختلفة [2] ؟ هل يمكن بناء نمط ثقافي معرفي من خلال اختيار الآداب العربية الأصيلة سواء من التراث أو الكتابة المعاصرة من أجل تدعيم القيم الثقافية والروحية العربية ؟

إن واقع ومستقبل الشخصية العربية يحتم عليها زيادة الاهتمام بكل ما يدعم بناء شخصية الطفل العربي ، انطلاقا من محاولات مواجهة الموجة العالمية الحالية للغزو الثقافي، والعولمة الثقافية ، والتحول العالمي في المفاهيم .

كيف يفكر الأطفال؟

هل في الإمكان معرفة كيف يفكر الأطفال؟ وهل تستطيع عقولهم الصغيرة التفكير على نحو معقد كما يحدث لدى الكبار ؟

في حقيقة الأمر فإن الجهاز العقلي للأطفال يعمل منذ ولادتهم ، فيفكرون ويشعرون بالجوع والخوف والأمان ، ومع الدخول في سياق تعلم اللغة وامتلاك معجم لغوي على

---

(2) ليس المقصود هنا هو الأدب في صورته المكتوبة فقط ، وإنما سيضاف إليه بالطبع كافة الوسائط التي يمكن أن يتلقى الطفل عن طريقها الأدب ، من قراءة ، واستماع ، ومشاهدة مرئية عبر شاشات التليفزيون والكمبيوتر ، وغيرها من الوسائط المطروحة ، أو التي يمكن أن يطرحها المستقبل ، ولكن هذه الوسائط على اختلافها ستخضع جميعها للنص المكتوب في شكل أدب سواء أكان قصة أم مسرحية أم أغنية ..... إلخ .

نحو ما فإن جهازهم العقلي يكون قد وصل إلى مرحلة من الاكتمال التي تسمح لهم بأن يفكروا على نحو أعلى مما يمتلك الكبار ، وبخاصة أن تفكيرهم في هذه المرحلة يخلو من القيود على عكس الكبار ، الذين يخضع تفكيرهم لقيود المنطق والأعراف والتقاليد والانتماء الديني والعرقي ، وغيرها من العوامل التي يتحرر تفكير الأطفال منها تماما ، مما يجعل عقولهم لا حدود لما يمكن أن تتوصل إليه .

وتعد السنوات الخمس الأولى من أعلى المراحل السنية التي يبلغ فيها الأطفال حدا من الذكاء والعبقرية لا مثيل له في حياة الإنسان ، ولكنه يبدأ في التناقص بعد السنوات الخمس الأولى إذا لم يجد الرعاية الواعية المدركة لما تفعله معهم .

ولعل العوامل التي تؤدي لانحراف معدلات وأنواع الذكاءات في مرحلة ما قبل التعليم ، أو تعمل على تعطيله كثيرة، منها:

- عدم وعي الأسرة بأهمية وضرورة تنمية المهارات اللغوية ، مما يعمل على تعطيل القدرات العقلية عندما لا تستطيع التواصل مع المواهب والذكاءات ، فكل شيء يفكر فيه الإنسان لابد أن يترجم إلى لغة وإلا فقد الإنسان القدرة على التواصل معه ، وهكذا الحال بالنسبة للأطفال ، فعلى سبيل المثال لم يستطع طه حسين (الطفل الكفيف) أن يعرف معنى الكاكاو ، لأنه لم يتعامل معه، ولم يره ، ومن ثم لم يجد المعلم (العريف) مرادفا أو وسيلة يشرح بها لتلميذه ، والأمر مع الكاكاو سهل ، فما بالنا بالمفاهيم المجردة مثلا ، أو القيم والاتجاهات ، أو المهارات الداعمة للذكاءات والمواهب المختلفة

.

- تدخل الآباء في الحجر على الأبناء فيما يقولون وما لا يقولون دون مبرر منطقي ، فمثلا يقبلون منهم مفردات وتراكيب وتعليقات في أوقات ما ، ويبدون إعجابهم بها ، وقد لا يقبلون التعليقات ذاتها في أوقات أخرى قد تكون في حضرة أغراب مثلا ، ومن ثم يعنفون الأطفال ويعاقبونهم، وبالطبع لا يفهم الأطفال مثل هذه التصرفات من الكبار ، ولكن نتائجها تكون سلبية عليهم ، وقد تؤدي إلى فقد القدرة على الثقة في النفس ، والوقوع في ارتباكات عديدة لا ينتهي تأثيرها على المدى البعيد لتكون الشخصية .

- عدم الوعي بطبيعة الأطفال وسماتهم النفسية والحركية ، ودوافعهم واتجاهاتهم ، فمثلا يتميز الأطفال في سن ما قبل المدرسة ، وبخاصة الموهوبين منهم (وكلهم موهوبون) بأنهم سريعو الملل ، سريعو التعلق بالشيء ، سريعو التنقل بين البدائل ، وما ذلك إلا لأنهم يتعاملون مع الكون جميعه من حولهم بمنطق الاستكشاف ، ومن ثم يتعلقون بالشيء بشدة ، ويعرضون عنه بعدما يستكشفونه ، ومن ثم يرى بعض علماء النفس أن سلوك الأطفال مثلا في تكسير اللعب ناتج عن هذه المحاولة من الاستكشاف .
- عدم استيعاب الأطفال عندما تكون أسئلتهم كثيرة - وهو الأمر الغالب - فقد يتضجر المحيطون وأفراد الأسرة من هذه الأسئلة ويعدونها نوعا من أنواع الجدال لافائدة منه ، ومن ثم يعمدون إلى الحد منها بالتوبيخ أحيانا وبالتجاهل أحيانا ، وبطلب الكف عن طرح الأسئلة أحيانا أخرى ، وهذا في حد ذاته من الأمور البالغة الخطورة ، فالسؤال بداية المعرفة ، والفيلسوف الحقيقي والمفكر الحقيقي والمثقف الحقيقي ، ما هو إلا مجموعة من الأسئلة ، ويقضي الإنسان حياته في محاولة الإجابة عن الأسئلة التي يفكر فيها وتواجهه ، بل إن الإنسان إذا توقف عن طرح الأسئلة على نفسه توقف عن التطور، وإذا كان هذا بالنسبة للكبار وبهذه الدرجة من الوضوح ، فإنه مع الصغار كذلك ، وإن كان بآليات مختلفة ، وتكفي في هذا الصدد مقارنة بين طفل ترك له أهله حرية السؤال وتعاملوا معه باحترام لعقليته ، وبين طفل آخر تم تجاهل أسئلته أو ردعه في طرح أسئلة ، والفارق بينهما شاسع ، أولهما : شخصية مستقرة متسقة مع ذاتها ، وثانيهما : يمتلك من السلبيات قدرا قد يقل ويكثر تبعا لظروف تنشئته وحظه من إيجابياتها .
- عدم الاهتمام بإشباع العقل والروح والخيال بالفنون الأدبية المختلفة التي من أجل أهميتها يأتي هذا الكتاب إجمالا .

وهناك نصيحة شهيرة في هذا الصدد يطلقها علماء النفس ويؤكدون عليها ، تقول: ينبغي أن نكف عن محاولاتنا جعل الأطفال يفكرون بعقولنا ويتصرفون بمنطق الكبار، بمعنى أننا يجب أن نتوقف عن التعامل مع الأطفال باعتبارهم كبارا ، عليهم بالضرورة أن يلتزموا بالمنطق العقلي لنا نحن الكبار ، ويفهمون معتقداتنا وتقاليدنا ، ويلتزمون بها

التزاما حرفيا ؛ ذلك أنهم في كثير من الأحيان لا تمتلك عقولهم القدرة على فهم ما يدور حولهم من تصرفات الكبار ، وبخاصة أن الكبار أنفسهم ليسوا دائما على وعي بتصرفاتهم هم أنفسهم ، بمعنى أن الإنسان قد يقوم بتصرفات ، ثم يعود هو نفسه لاستنكارها ورفضها والتعجب من كيفية قيامه بها ، ثم يعود ليتبناها أو ليتبنى نقيضها تبعا لتغير الحالات المزاجية وطبيعة الموقف ، والبيئة المحيطة عموما .

أبحاث المخ ونظريات الذكاء وعلاقتها بالأطفال :

في النصف الثاني من القرن العشرين أعلن سيجموند فرويد أنه يستطيع أن يتحكم في صناعة أطفال المستقبل ، كما لو كان يتحكم في منتج عن طريق مصنع ، فيتحكم في أحجام المنتج ، وألوانه ، ومواصفاته ، وعندما أعلن فرويد ذلك لم يكن في إمكان المجتمع أن يستوعب ، ذلك أن المجتمع كان يؤمن بأن عمليات التثقيف والتربية يمكن لها أن تحسن في السلوك ، ولكنها لا تضمن مواصفات المنتج (نواتج التعلم : المتعلمين) ، ولكن في نهايات القرن العشرين ومع التطور الفادح الذي لحق كافة الأشياء والكائنات ، والبدائل التي طرحت لإمكانات التعديل في وظائف الكائنات وسماتها ، وإدخال وظائف لم تكن فيها من قبل ، ومع ظهور ما أطلق عليه الذكاء الاصطناعي الذي تعامل مع المخ البشري بوصفه آلة ، وسعى لاكتشاف ورسم خارطة له ، وتمكنت الدراسات بالفعل من تشريح المخ تشريحا فيزيائيا للكشف عن وظائفه وخلاياه ، والأدوار التي يختص بها كل مركز من مراكزه ، وتم بالفعل رسم خرائط للمخ البشري ، وعلى الرغم من ضآلة ما تم الكشف عنه حتى الآن قياسا لما يحير العلم في إعجاز خلق الله تعالى للمخ البشري [3] ، على الرغم

---

(3) حقائق علمية عن المخ :
- يبلغ وزن المخ حوالي كيلو جرام واحد أو أقل .
- يتكون المخ من عدد من الخلايا العصبية تبلغ نحو مائة ألف مليار خلية .
- في كل ملم مربع واحد من نسيج المخ يوجد مليون نيورون.
- يستهلك المخ 20% من طاقة الجسم .
- يستهلك 20% من أكسجين الجسم .
- يحتاج المخ إلى 7,85 جالون دم كل ساعة ؛ أي 189 جالون دم كل يوم .
- يحتاج من 8 إلى 12 كوب ماء يوميا .

من هذه القلة ، إلا أن ما تم الكشف عنه قد أحدث ثورة في مفاهيم الحياة والعلوم ، فنبه التربية عموما إلى تغيير مسارها من كون عمليات التعلم مسؤولية المعلم ، إلى جعلها مسؤولية المتعلم ، وبناء كل الخبرات التعليمية التعلمية حول المتعلم ، انطلاقا من مبدأ "علمني ما أريد لا تعلمني ما تريده أنت" .

هناك نظريات تفسر الذكاءات الإنسانية ، وتصنفها إلى أنواع تقل وتكثر تبعا للتأويل وخضوعا لأبحاث المخ التي تكشف كل يوم جديدا في عالم التطور الإنساني وكيفية اشتغال المخ ، ومن بين هذه النظريات توجد نظرية أقرب إلى إمكانية قبولها لتفسير نبتغيه ، وهي نظرية الذكاءات المتعددة لهوارد جاردنر ، والتي تلتقي مع فكرة أن كل إنسان مثقف، وترى - أي نظرية الذكاءات - أن كل إنسان ذكي، وأنه لا يوجد شخص ذكي وآخر محروم من الذكاء ، ولا تركز على كون الذكاء وراثيا أم هو تطورا بيئيا . كما أنها ترى بأن الذكاء ليس واحدا كما كان يعرف فيما سبق ، والمحاولات التي كانت تسعى لقياس درجته لدى الإنسان ، ومن ثم تصنف البشر على أنهم إما أذكياء وإما أغبياء (نظرية الذكاء الواحد IQ) ، ومن ثم ترى نظرية الذكاءات أنه لا يوجد ذكاء واحد ، وإنما هناك ذكاءات متعددة Multiple Intelligences ، يمتلك كل إنسان واحدا منها أو أكثر على أقل تقدير ، وهي : الذكاء اللغوي ، والذكاء المنطقي ، الذكاء المكاني ، والذكاء الموسيقي ، والذكاء الجسمي الحركي، والذكاء الشخصي الاجتماعي ، والذكاء الشخصي الذاتي ، والذكاء الطبيعي ، والذكاء الوجداني العاطفي ، والذكاء المرتبط بالخلق والوجود ، وغيرها من الذكاءات .

وهذه الأنواع من الذكاءات لا تتشكل مع تقدم الإنسان في العمر أو بلوغه سن النضج العقلي ، وإنما هي كامنة في الإنسان ، تولد معه ، ولكن التحدي الحقيقي في ذلك يكمن في القدرة على اكتشافها وتنميتها لدى الأطفال والتقدم بها إلى الأمام . وفيما يلي توضيح لأبعاد هذه الذكاءات لدى الأطفال ، وإمكانات استثمارها في بناء أنماطهم الثقافية من خلال مدخل الأدب :

● الذكاء اللغوي :

يرتبط هذا الذكاء بالقدرات اللفظية (البلاغـة والفصـاحة والقـدرة عـلى التعبير وثراء المعجم اللغوي ، والقدرة على التحدث بطلاقة وتنظيم واختيار مفـردات معـبرة) ، ومـا يتعلق بها من قدرات أدبية وإبداعية وتعبيرية لغوية، وهو ما يمكن رصده لـدى الأطفال عبر مظهرين :

يتمثل **المظهر الأول** منهما في توجيه الانتباه نحو كيفيـة تكون الخـبرات والمفـاهيم في عقول الأطفال ، بمعنى الوقوف على كيفية تشكل وتكون اللغة في عقولهم ، ففي كثير من الأحيان يفاجؤنا الأطفال بالسـؤال عـن معنـى كلمـة مـا ، قـد لا نتوقـع أنهـم سمعوها ، وبخاصة المعاني المجردة غير المحسوسة ، مثل السؤال عـن الحق والحرية والديمقراطيـة والطاعة والرضا والبخل والكرم والسياسة[4] ، وغيرها من المعاني التي قـد يصعب شرحها للأطفال ، وهنا تكمن الخطورة ، فأي تفسير قاصر أو غير سـليم يقدم للأطفال ، سـتكون آثاره سلبية على المدى البعيد ، ليس فقط على مستوى اكتساب معانٍ غير صحيحة، ولكن على مستوى تكوين اتجاهات سلبية نحو هـذا المفهوم، كـما أنه قـد يتسبب في تكـوين أخطاء تظل باقية مدى الحياة تعمل في اللاوعي ، وتتحكم في السلوكيات الناتجة .

ويتمثل **المظهر الثاني** في التفاعل والاستخدام الـوظيفي للغـة عـلى المسـتوى اليـومي ، وهو ما يمكن رصده من خلال استخدام الأطفال لتعبيرات وتعليقات محددة في مواقف ما ، تكون هذه التعليقات في بعض الأحيان غير متوقعة بالمرة من الطفل ، ولكن الأغرب فيها أنها تكون معبرة بدقة عن الموقف ، ومتوافقة مع السياق العام الذي قيلت فيه ، وتكون هذه التعبيرات ناتجة في الغالب الأعم عن المحاكاة ، بمعنى محاكاة الطفـل لخبرة ثقافيـة مر بها من خلال وسيط ما ، كأن يكون قد استمع إلى قصة ، أو شاهد فيلما عبر شاشات

---

(4) فاجأتني ابنتي وهي في سن الرابعة بالسؤال عن معنى " الحدود السياسية " ، وبالاستقصاء عن مصدر سـماعها للمصطلح تبين أنه التليفزيون ، ولم تكن تلك هي المشكلة ، وإنما كانت في كيفية شرح المفهوم بمفردات تتناسب وحدود ثقافتها ، وهكذا الحال مع أي طفل وفي أي بيئة .

التليفزيون ، أو رأى مشهدا في الحياة اليومية ، وهي خبرات تعتمل داخل عقل الطفل ، وتظل في حالة حراك دائم حتى تجد المخرج لها ، مما يمكن أن يظهر أمامنا ، أو أن تبدعه مخيلة الطفل لو أتيحت له الفرصة للتعبير .

● **الذكاء المنطقي :**

ويختص بأساليب التفكير المنطقية والرياضية والعمليات العقلية الحسابية وإدراك العلاقات بين الأشياء ، مثل الرياضيات العلمية ، وما يرتبط بها من فروع . ويرتبط هذا الذكاء بالقدرة على تنمية مهارات التفكير المنطقي ، وهي لا تبدأ من الرياضيات والعمليات الحسابية فحسب ، بل تبدأ من إدراك العلاقات بين الأحداث والأشياء والأشخاص ، وملاحظة هذه العلاقات ، وتبين الخلل الكامن فيها.

فعلى سبيل المثال ؛ وكما يؤكد علماء النفس أنه عند عرض أو حكي قصة للأطفال - أي قصة - فإنهم يهتمون بالتفاصيل الدقيقة التي قد يتجاهلها الكبار ، إلى درجة أنه عند إعادة حكي القصة عليهم ، فإنهم يتدخلون لتذكير الراوي بالأحداث التي سقطت منه ، أو التي لا يهتم هو بسردها .

على هذا النحو تبدو الحاجة ملحة إلى الاعتماد على الأدب والرسوم والصور والحكايات في تنمية مهارات التفكير المنطقي ، مع الوضع في الاعتبار أننا لا نعني بالتفكير المنطقي إجبار الطفل على الالتزام بخطوات محددة متراتبة على نحو ما ، ويسلم كل منها للآخر ، ولكننا نعني فقط تنمية القدرة على ربط العلاقات ربطا سليما، والخروج منها بنتائج ، وإيجاد العلاقات المخفية ، وعلى نحو إبداعي .

● **الذكاء المكاني (الفراغي):**

ويتعلق بالقدرة على تصور المكان النسبي للأشياء في الفراغ . مثل ذوي القدرات الفنية وبخاصة الرسامين ، ومصممي الأشكال الهندسية المعمارية، ومصممي الأزياء وغيرهم ممن يتخيلون أشياء مادية لم تكن موجودة من قبل .

ويمثل بداية هذا الذكاء التعرف على الأماكن وتذكر تفاصيلها، مثل أولئك الذين يذهبون إلى مكان ما مرة واحدة ولكنهم يستطيعون الذهاب إليه دون مرشد أو دليل وإن طال الزمن، أو الذين يستطعون الوصول إلى الأماكن عن طريق الشرح النظري ، وغيرهم ممن يتذكرون الأماكن بسهولة .

ويظهر هذا الذكاء لدى الأطفال في الرسم خاصة ، حيث يرسمون من خيالهم ويضيفون وظائف وعناصر ليست موجودة في حقيقة الشيء المرسوم ، فمثلا يمكن للطفل أن يرسم عربة لها جناحين ، لأنه يحل مشكلة ما في خياله تعرض لها في الواقع ويريد حلها ، أو لأنه لا يرضى عن الشكل الحالي للسيارة لأسباب خاصة به تعرض لها هو ولم يستطع أن يعبر عنها في شكل لغة ، أو غيرها من الأسباب الإنسانية العديدة التي تجعل الطفل يتخيل أشياء في الفراغ ولا وجود لها في الحقيقة ، أو ربما هي موجودة ولكنها خافية عن الأنظار ، هكذا يفكر الطفل ، ويكوِّن تصوراته عن الأشياء المحيطة به ، ولكنها تتفق جميعا على كونها تصورات بلا عوائق ، وتميل إلى الإشراق والتفاؤل في إجمالها.

- **الذكاء الموسيقي :**

وليس المقصود به الموسيقى الناتجة عن الآلات فقط ، وإنما تلك الموسيقى الناتجة عن الإيقاع الكامن في الكون والحياة ، فقليل أولئك القادرون على الإنصات إلى الإيقاع في الحياة ، وقليلون أولئك الذين يمتلكون القدرة على الاستمتاع بنغم الكون ، ويتجسد هذا الذكاء في قمته عند ذوي القدرات غير العادية في الموسيقى والملحنين ومؤلفي النوتات الموسيقية ، ويتدرج هذا الذكاء في مستوياته ليشمل القدرة على الاستماع إلى الموسيقى والاستمتاع بها ، والقدرة على الاستماع إلى الشعر والاستمتاع به ، والقدرة على التأمل في الكون وحركة إيقاع مفرداته ، والإنصات إليها ، مثل حركة الأشجار وحفيف الأوراق ، وخرير المياه ، وزقزقة العصافير ، وهديل الحمام ، ونواح اليمام ، وصهيل الخيول ، وغيرها من الإيقاعات التي تمثل خلفية راسخة لكل نفس بشرية ترتكز عليها في اتساقها النفسي- مع ذاتها أولا ، ثم في اتساقها مع العالم الخارجي المحيط ، ومن ثم في القدرة على الإنتاج والإبداع .

أما لدى الأطفال فتتمثل مظاهر التعبير عن هذا النوع من الذكاء في استماع كثير من الأطفال إلى الأغنيات من أمهاتهم إلى الدرجة التي تجعلهم يكفون عن البكاء عندما يستمعون لمن يغني لهم ، ومع مراحل النمو في ميل بعض الأطفال إلى الدندنة مع النفس بكلمات إيقاعية قد تكون غير مفهومة ، ثم في مراحل متقدمة وبعد أن يكتسب الأطفال الكلام تأتي محاولة تأليف أغاني من كلمات عادية ولكن طريقة إلقائها تميل إلى الإيقاع ، وكذلك في إحداث إيقاعات موسيقية بالأدوات المتاحة من خلال النقر على كل ما يمكن أن يصدر صوتا ، وغيره مما يكشف على تكون الحس الموسيقي لدى الأطفال ، ووعيهم بإيقاع مفردات الكون ولكن بمفهومهم الخاص .

● **الذكاء الجسمي الحركي:**

ويتمثل لدى القادرين على الإنتاج باستخدام الجسم أو جزء منه ، مثل الرياضيين واللاعبين والراقصين والجراحين وعازفي الآلات الموسيقية ، والمشتغلين بأيديهم على آلات دقيقة تقتضي السرعة والتمكن ، مثل القادرين على الكتابة على لوحة الكمبيوتر بسرعة وإتقان في حياتنا المعاصرة ، وكذلك القادرين على اتخاذ ردود فعل سريعة وقوية أثناء قيادة السيارات ، أو أثناء حركتهم اليومية .

ومن المعروف أن الأطفال عادة ما يكونون كثيري الحركة ، وأنهم في حركتهم يقلدون كل الحركات التي يشاهدونها عبر شاشات التليفزيون ، أو التي يقوم بها الآخرون ، أو التي يشاهدون الحيوانات والطيور تقوم بها ، ومن هنا يأتي دور الأسرة في إكساب القدرات الحركية للطفل ، وفي توجيهها التوجيه السليم ، وليس كبتها ، أو النهي عن القيام بها ، ذلك أن الحركة هي ترجمة صادقة للطاقات الداخلية لدى الطفل ، ومن الأشكال المهمة ــ على سبيل المثال ــ التي يمكن التنفيس عن حركة الطفل من خلالها الرسم والتلوين ، والقصص الأدبية المصورة، التي تنمو من خلالها حركة الأصابع ، وتنمو معها قدرات عقلية عليا .

● الذكاء الشخصي الاجتماعي:

يرتبط الذكاء الشخصي الاجتماعي بالقدرة على فهم الآخرين وكيفية التعاون معهم ، وملاحظة الفروق بينهم ، واكتشاف التناقض في دافعيتهم (طباعهم وكلامهم) ؛ أي إنه باختصار يتعلق بالقدرة على فهم أفراد المجتمع المحيط بهم وتكوين صورة عنهم والنجاح في التعامل معهم .

ولا شك أن الأدب يتكفل بدور مهم في تنمية مهارات هذا النوع من الذكاء ، وذلك من جوانب عدة ، منها مثلا ما يقوم به الأدب من استعراض لنماذج بشرية وتحركاتها في الحياة ، وهو ما يعطي الطفل خبرة عن أفكار وحياة البشر ـ الآخرين، ومنها ما يقدمه الأدب من تنمية لدافعية الطفل نحو التعاون مع الآخرين، ومع الكائنات المحيطة به ، ومنها ما يكشف عنه الأدب من تنمية القدرة على رصد الجوانب الإيجابية والسلبية في الآخرين ، مثل التمييز بين الشخصيات الشريرة والشخصيات الخيرة ، وبين الأفعال المقبولة والأفعال المرفوضة من البشر ، والربط بين الخير وتقبل المجتمع وبين الشر ورفض المجتمع ، وهكذا .

● الذكاء الشخصي الذاتي:

ويرتبط بالقدرة على تشكيل نموذج صادق عن الذات (فهم الذات جيدًا) واستخدامه بفاعلية في الحياة ، وتألق عاطفته و قدرته على التميـز [5] ؛ ذلك أنه ليس كل الناس بقادرين على فهم أنفسهم ورغباتهم واحتياجاتهم ولحظات قوتهم وضعفهم ، وتتمثل قمة هذا النوع من الذكاء في الفلاسفة والمفكرين .

والأطفال كما هو معروف يفكرون في كل شيء يحيط بهم بدرجـة مـا ، ويقفون أمام العديد من المشكلات – يمكن في ذلك ملاحظة كم وطبيعة الأسئلة التي يطرحها

---

(5) انظر في ذلك :

- السرور: مدخل إلى تربية المتميزين والموهوبين - دار الفكر للطباعة والنشر والتوزيع- عمَّان-1998.
- الوقفي : مقدمة في علم النفس- ط3 – دار الشروق للنشر والتوزيع - عمَّان- 1980 .

الأطفال في اليوم الواحد - وعلى قدر تطور أسئلتهم على قدر نموهم العقلي ، وهنا تأتي أهمية فتح آفاق جديدة أمامهم وهو ما يتأتى من خلال الأدب والقصص والأغاني التي تجعل الأطفال يتعايشون معها ويفكرون في أنفسهم قياسا إلى الشخصيات والأبطال التي طرحها أمامهم الأدب ، ويحاولون أن يتمثلوا أفعال هذه الشخصيات في تفكيرهم ، ومن ثم يطورون من أنفسهم لصالح ما أعجبهم من أفكار لدى هذه الشخصيات ، أو ما تماثل معهم من معان وصفات اكتسبوها من خلال الأدب .

كما أن المشاعر والعواطف العديدة يتعرف عليها الأطفال من خلال القصص والحكايات والأغاني والأناشيد ، فإذا كانت عواطف الأمومة والحب يكتسبها الأطفال من خلال الأسرة ومعايشتهم معهم ، فإن عواطف الكره والألم واليأس وغيرها يكتسبونها فقط من خلال الأدب ، وهي مهمة لتكتمل الصورة لدى الطفل، فكل عاطفة لابد لها من مقابل تقاس عليه ، وإلا صارت معتمة بلا معنى .

● الذكاء الطبيعي :

ويتصف به الإنسان القادر على تأمل الطبيعة (الجبال والهضاب والوديان والماء والنبات) والاستمتاع بها والتفاعل معها ، ومن ثم القدرة على تصويرها والتعبير عن مشاهدته لها .

ويمكن رصد وتنمية هذا النوع من الذكاء لدى الأطفال من خلال تعاملهم مع المشاهد الطبيعية التي تعرضها قصص الأطفال سواء عبر الكتب والمجلات أو عبر الصور المتحركة من خلال وسائل الإعلام والتكنولوجيا المعاصرة ، فعلى سبيل المثال يسحر الكثير من الأطفال بقصص طرزان في الأدغال ، وقصص السندباد ؛ لما فيها من مشاهد من الطبيعة تخاطب هذا النوع من الذكاء لديهم .

من هنا تأتي أهمية تصوير المشهد الطبيعي في أدب الأطفال ، وأهمية اختيار النماذج الأدبية التي تنمي هذا الحس لديهم .

● **الذكاء العاطفي (الوجداني) :**

ويرتبط بالقدرة على الحب (أن تحب الآخرين ويحبوك) ، والقدرة على التأثير عاطفيا في الآخرين ، الذكاء العاطفي هو القدرة على إدارة وفرز العواطف الذاتية بشكل سليم في علاقتنا مع الآخرين، وعلى الرغم من أن جزءا كبيرا من هذا الذكاء هو وهب من اللـه تعالى ، مثل القدرة على الجاذبية (كاريزما) ، إلا أنه في الإمكان تنمية هذا الذكاء من خلال الممارسات والسلوكيات المرغوبة من الآخرين والتي تؤثر فيهم ، وهي السلوكيات التي حثت عليها الأديان مجتمعة ، فالأمانة والصدق والأخلاقيات الحسنة تؤثر في الآخرين وتجعلهم يحبونك ، وهو ما يتكفل الأدب بتكوينه على نحو إيجابي لدى الأطفال ، من خلال رغبتهم في التمثل بسلوكيات أبطال القصص والحكايات ، والتأثر بما تشمله الأناشيد والأغاني من قيم حميدة.

أدب الأطفال والذكاءات المتعددة :

إن الأطفال جميعهم يمتلكون واحدا أو أكثر من هذه الأنواع من الـذكـاءات ، وهـو مـا يمكن تنميته ، عند امتلاك الخبرات الكافية بهذا النوع من الذكاء ، والأنشطة التي يمكن ممارستها لتنميته .

وباختبار مدخل الأدب والحكايات والقصص والأناشيد ، فإنه يمكن التأكيد على الـدور الإيجابي الذي يمكن أن تقوم به القصص والحكايات والأغاني والأناشيد في تنمية الـذكـاءات المتعددة لدى الأطفال ، وبخاصة الـذكـاء اللغـوي ، والذكاء المنطقي ، والذكاء الشخصيـ الاجتماعي ، والذكاء المكاني (لما له من قدرة على تصور الأماكن والأحداث) ، إلى جانب الذكاء الحركي إذا ما قام المتلقي بتقليد حركات الشخصيات ، وهـو مـا يحـدث في الغالـب الأعم .

إن الاهتمام بممارسة الأنشطة الإبداعية وتذوقها ، مثل القص والحكي والشعر والمسرـح ، والرسم والتصوير، والأشغال اليدوية الفنية، وغيرها من الهوايات التي يميل الطفل إليهـا ، كل ذلك له أثر كبير في بناء ثقافتهم الحالية والمستقبلية ، فعندما يمارس

الأطفال نشاطا ما مما سبق ، فإنهم يجدون أنفسهم مبتكرين ، وهنا تتغير نظرتهم للحياة والتعامل مع الثقافة ليس بوصفها معلومات تختزن في الذهن ، وإنما بوصفها خبرات تؤهل للإنتاج (مفهوم ربط الثقافة بالإنتاج) وهو ما سيتم تأصيله مستقبلا على نحو كبير في حياتهم ، إلا إذا لم تكن لدى المجتمع مفاهيم سليمة حول الثقافة .

كما أن ممارسة هذه الأنشطة الإبداعية تساعد الأطفال على تنمية قدرتهم على الملاحظة الدقيقة ، والتأمل في الظواهر والأحداث والأشياء المحيطة ، ومن ثم إمكانات التوصل إلى تفسير هذه الأحداث وقراءتها قراءة سليمة وعلى نحو يسمح بإمكانات امتلاك المهارات المؤهلة لبناء نسق فكري علمي على نحو سليم ، فالأطفال الذين تتاح لهم فرصة التعامل مع الأدب عبر أي وسيط ، يمتلكون القدرة على ملاحظة الأمور الأكثر دقة من غيرهم ، لأنهم يعيشونها عبر الأدب بخيالهم ووجدانهم ، ويتفاعلون معها تفاعلا إيجابيا ، ويمتلكون من خلالها مهارات لازمة تنتج على نحو طبيعي مصاحبة لما يفعلون ، مثل امتلاك القدرة على مهارات التفكير الأساسية اللازمة لكل فرد مثقف الآن ، وهي التفكير الإبداعي والتفكير الابتكاري والتفكير الناقد .

ولا خلاف بين القائمين بأمر التربية على أن التربية الإبداعية (الأدب وممارساته عبر التربية) تقوم بدور فاعل في تنمية التفكير الابتكاري والإبداعي عند الأطفال ، وذلك عبر وسائل مختلفة ، منها ما يتيحه الأدب من فرصة أمام الأطفال للتخيل ، ومن المعروف أن الخيال الإنساني مسؤول عن كل الأعمال الابتكارية في حياة البشر ، ومنها ما يتيحه من فرصة للمحاكاة (معروف أن المحاكاة تعد أحد منطلقات التطور التكنولوجي عامة ، فتطور الكثير من أجهزة التكنولوجيا ما هو إلا محاكاة للمخ البشري ومحاولات لتعديل مساراته ، وما يزال التطور في هذا المجال مستمرا) .

إن التعامل مع الأطفال بوصفهم يمتلكون نمطا ثقافيا على نحو ما يعد بداية التوجه السليم نحو بناء مجتمع فاعل ، ثم تأتي بعد ذلك إمكانات توجيه هذا النمط الثقافي وتنميته لصالح التوجهات والأهداف الكبرى ، وهنا تختلف نواتج المجتمعات تبعا لامتلاكها أهدافا وتوجهات من عدمه .

تربية الإبداع الأدبي:

هل في الإمكان تربية القدرة على الإبداع لدى الأطفال ؟

يمثل هذا السؤال منطلقا للبحث العلمي المعاصر وفي حقول معرفية مختلفة ، حيث تم تحديد ملامح عامة لسمات الإبداع وقدراته ، فيما يطلق عليه مهارات التفكير الابتكاري ، والتي يعد من أهمها القدرات الثلاث التي توصل إليها جيلفورد [6] ، وهي الأصالة والطلاقة والمرونة ، وتعني الأصالة القدرة على إنتاج أفكار جديدة أو طريفة. أما الطلاقة فهي القدرة على إنتاج عدد كبير من الأفكار في وقت واحد ، وفي شكل تداعيات ، وتشير المرونة إلى القدرة التي يمتلكها المبدع في تغيير موقفه أو الانتقال بين الحلول .

من هنا فإن إمكانية تنمية مهارات التفكير الابتكاري يمكن أن تتحقق ، ومن ثم يمكن تنمية مهارات الإبداع الأدبي لدى الأطفال ، وإن كان هذا لا ينفي أهمية وجود الشعلة الأولى أو الشرارة الأولى (الموهبة) ، ولكن الموهبة هي في ذاتها قدرة ، والقدرة كامنة في نفس كل إنسان منذ ولادته ، ولكنها قابلة للظهور من عدمه خضوعا للممارسات الإبداعية التي يتعرض لها الطفل في طفولته الأولى وسنوات تَشَكُّلِ وعيه، وهو ما يؤكد أمرا واحدا ، هو ضرورة تنمية المهارات الإبداعية عند الطفل ، وأولها مهارات التفكير الابتكاري ؛ أي القدرة على الابتكار في الأفكار والأحداث والأشياء ، وهي قدرة كامنة وموجودة بالفعل لدى الطفل .

ومن الملاحظ دوما في عمليات التنشئة داخل الأسرة أو في إطار المؤسسات التعليمية أن الإبداع في حد ذاته مهارة فردية ، يقوم بها الإنسان منعزلا ، وليس في سياق العمل الجماعي ، وقليل جدا ما كشف لنا التاريخ عن أعمال إبداعية مشتركة ، ومن ثم فإن تنمية

---

(6) للاستزادة حول معايير جيلفورد يمكن العودة إلى مصطفى سويف : الأسس النفسية للإبداع الفني في الشعر - دار المعارف- القاهرة- ط3- 1970م ، وإلى فهيم مصطفى: الطفل ومهارات التفكير في رياض الأطفال والمدرسة الابتدائية ، رؤية مستقبلية للتعليم في الوطن العربي- دار الفكر العربي - القاهرة - 2001م.

مهارات الإبداع تحتاج في تنميتها إلى ما يطلق عليه التعلم الفردي ؛ أى الممارسة الفردية مع الطفل ، وليس في سياق جماعة .

ولكن التطور الحضاري والتقني الذي لحق العالم الآن ، غير من هذه الوظائف كثيرا ، إذ أصبح في الإمكان بفعل تطور وسائل العرض المعاصرة وهيمنة الإعلام ، أن يتم تنمية مهارات التفكير الإبداعي على نحو جماعي ، بمعنى أصبح في الإمكان أن يشترك أكثر من طفل في وسيط واحد (مشاهدة فيلم عبر شاشة ، أو قراءة قصة مصورة على الكمبيوتر ، أو الاستماع لحكاية عبر وسيط صوتي) ، كما أصبح في الإمكان قيام مجموعة من الأطفال مجتمعين بتأليف قصة أو حكاية أو نشيد أو الاشتراك في تأليف ورسم أحداث فيلم مثلا ، والحقيقة أن الأطفال يمتلكون القدرة أكثر من الكبار على الاشتراك في عمل جماعي ؛ لأن حساسيات العلاقات الاجتماعية فيما بينهم بسيطة ، وقابلة للذوبان بسرعة على عكس الكبار الذين تحكمهم في علاقاتهم بالآخرين عقائد وأعراف وتقاليد ومفاهيم قد تكون مغلوطة ، وقد تكون سليمة ولكن يمارسها كل واحد فيهم تبعا لبيئته وثقافته ومعتقده إضافة إلى رغبة كل واحد في النجاح منفردا ، ومن ثم فإن إمكانية الاختلاف تكون شديدة الوضوح ، ومن ثم إمكانية الاشتراك في عمل جماعي بينهم تكون غير هينة ، غير أن هناك دوما أعمالا أدبية يمكن استثنائها في حالات وظروف معينة ، منها اشتراك أكثر من فرد في كتابة سيناريو فيلم مثلا ، وأشهرها في تاريخ السينما المصرية فيلم الناصر صلاح الدين الأيوبي الذي أنتجته آسيا عام 1963م ، واشترك في كتابة السيناريو الخاص به نجيب محفوظ ويوسف السباعي وعبد الرحمن الشرقاوي والمخرج عز الدين ذو الفقار .

والحقيقة أن المشكلة لدى الأطفال المبدعين ، لا تكمن في عدم قدرة الأطفال على الاشتراك في عمل أدبي جماعي ، فالأطفال يشتركون على نحو طبيعي أثناء ألعابهم اليومية في اختراع وتأليف ألعاب وحكايات وقصص ، ولكن المشكلة الحقيقية تكمن في واقع الفكر العربي ، الذي يميل دوما إلى الفردية وليس إلى العمل الجماعي ، وهو أمر يمكن للأدب أن يعالجه من خلال الإبداع الأدبي المقدم للأطفال أولا ، بحيث يفتح الباب على مستوى الموضوعات الأدبية لأن تعالج الموضوعات القائمة على العمل الجماعي وليس

البطل الوحيد في القصة ، والذي تظهر بقية الشخصيات فيها خادمة لسير الأحداث المتمحورة حول هذا البطل ، وفي هذا الشأن يمكن اعتماد مفهوم الورش الأدبية كنظام داعم لهذه الفكرة ، وهو نظام معمول به في كثير من بلدان العالم الآن ، والذي يعتمد على تنفيذ برامج تدريبية تعتمد نظام ورشة العمل ؛ أي قيام المتدربين أنفسهم بالعمل جماعيا وعلى نحو تطبيقي ، مع تقليل حجم ومساحة المحاضرة أو المتحدث الفرد .

أمر آخر يتصل بتنمية مهارات الإبداع ، وهو التعامل مع الموهوبين ، حيث تنقسم الدراسات حول هذا الأمر بين مؤيد لضرورة عزلهم ، ومؤكد على أهمية التعامل معهم في سياق دمجهم مع الجماعة والمجتمع ، وينطلق أنصار الدمج من أنه يضمن لهم المحافظة على مستوى التفاعل الاجتماعي الطبيعي بين أقرانهم من الأطفال العاديين ، وما يوفره ذلك من فرص تنافسية ، في حين يؤدي العزل إلى حرمانهم من هذا التفاعل ، ويعزز شعورهم بالتعالي والغرور، وقد يخلق ذلك لدى الأطفال العاديين الشعور بالدونية والغيرة والتبرم وعدم تكافؤ الفرص، علاوة على حرمان العاديين من فرص التنافس مع أقرانهم الموهوبين [7] .

أما أنصار مدخل العزل ، فيرون أن القيادات والكوادر تضيع عند دمجها مع العاديين ، وهو رأي يواجهه الكثير من المعارضة ؛ إذ إن العزل لم يحقق النجاحات المطلوبة منه ، وهو ما تدلل عليه التجارب التى اعتمدتها النظم التعليمية عبر تخصيص مدارس للموهوبين والمتفوقين أو تخصيص فصول مفردة لهم ، حيث تم التراجع عنه في كثير من وزارات التعليم التي أغلقت مدارس الموهوبين بعد سنوات .

من هنا فإن دمج الموهوبين في سياق الجماعة هو الاتجاه الأفضل ، وإن كانت هناك مشكلات أساسية تظل قائمة ، وتتمثل في برامج الرعاية ذاتها وكيفية ملاءمتها للأطفال أنفسهم وطبيعتها التي يجب أن تدور حول الطفل منطلقة من خبراته واهتماماته هو لا من خبرات الكبار وما يرونه هم ، المشكلة الثانية تتمثل في شخصية المشرف أو القائم على أمر

---

(7) ينظر في ذلك : عبد المطلب أمين القريطي : سيكولوجية ذوي الاحتياجات الخاصة – دار الفكر العربي – القاهرة – 2001م .

تربية الأطفال والمواصفات المتطلبة فيه ، ومدى إلمامه بكيفية تشكل الـوعي الثقافي لدى الأطفال.

تشكل الوعي الثقافي لدى الأطفال:

استطاعت الدراسات في مجال علم النفس التوصل إلى تحديد ورصد السمات العامـة لمراحل نمو الأطفال ، على النحو التالي [8] :

● **أولا- مرحلة الطفولة المبكرة رياض الأطفال (وتشمل من سن الثالثة إلى الخامسـة) ، وتتميز هذه المرحلة بخصائص من أهمها :**

أنها مرحلة النمو السريع في معظم النواحي البدنية والنفسية والعقلية والاجتماعيـة واللغوية ، ويميل الطفل فيها إلى كثرة الحركة والمحاولات المستمرة لتعرف البيئة المحيطة، والنمو السريع في اللغة والمفردات ، كما أنها مرحلة تكوين المفاهيم الاجتماعيـة وتعلـم التفريق بين الصواب والخطأ ، والخير والشر ، وتكوين الضمير وبداية نمو الـذات ، وفيها يستعين الطفـل باللغـة الناميـة لديه وخبراتـه المتزايـدة في تكويـن مفاهيـم تتضمـن المأكولات والمشروبات والملبوسات من البيئة الشخصية والمحيطة ، وتزداد قدرة الطفل على الفهم وتزداد قدرته على التعليم من الخبرة والمحاولة والخطأ .

ويكون الأطفال في هـذه المرحلـة مولعين بـاللعب والأغـاني والأناشيد والكلمـات المنغومة والقصص ، أما التفكير فيدور بعامة حول الذات ، مع قليل مـن التفكير الرمزي الخيالي غير المنطقي .

---

(8) يمكن العودة في ذلك إلى مراجع علم النفس التربوي العديدة ، ومنها :
- فؤاد أبو حطب ، وآمال صادق : علم النفس التربوي – مكتبة الأنجلو المصرية – القاهرة – 1980م .
- محمد البيلي ، وعبدالقادر العمادي ، وأحمد الصمادي :علم النفس التربوي وتطبيقاته - مكتبة الفلاح - العين- 1998م .
- محمود عبد الحليم منسي, وسيد محمود الطواب : مدخل إلى علم النفس التربوي – مكتبة الأنجلو المصرية – القاهرة – 2002م .

وبنهاية هذه المرحلة يفضل الطفل نهائيا إحدى اليدين في إمساك الأشياء والأقلام، وهنا يمكن تنمية الاستعداد للكتابة برسم خطوط مستقيمة وخطوط منحنية ودوائر، وتقليد شكل الحروف وتنمية التآزر الحركي.

● **ثانيا- مرحلة الطفولة المتوسطة (وتشمل من سن السادسة حتى الحادية عشرـ)، وتتميز هذه المرحلة بخصائص من أهمها :**

تتسع فيها الآفاق العقلية المعرفية ، وتعلم المهارات الأكاديمية في القراءة والكتابة ، ويميل الأطفال إلى الفردية ، وزيادة الاستقلال عن الوالدين ، وتظهر قدرتهم على التمييز بين الحروف الهجائية وتقليدها ، وينمو التذكر ويتحول من التذكر الآلي إلى التذكر والفهم، ويتمكن الطفل في هذه المرحلة من حفظ الأغنيات والأناشيد والكلام الموقع بشكل عام ، فيستطيع حفظ من 10 : 15 بيتا من الشعر، كما أنه ينمو لديه التفكير من تفكير حسي إلى تفكير لفظي مجرد ، وينمو التخيل من الإيهام إلى الواقعية والابتكار والتركيب وينمو الاهتمام بالواقع والحقيقة ، ويستطيع الطفل أن يفهم الطرائف والنكت ، وتزداد المفردات اللغوية بنسبة 50% من 2500 كلمة إلى حوالي 5000 كلمة ، ويتعلم المهارات اللازمة لشئون الحياة ويتعلم المعايير الخلقية والقيم وتتكون الاتجاهات والاستعداد لتحمل المسئولية ، وضبط الانفعالات ، وتعتبر هذه المرحلة أنسب المراحل لعملية التطبيع الاجتماعي ، تزداد القدرة على تعلم ونمو المفاهيم ويزداد تعقدها وتمايزها وموضوعيتها وتجريدها وعموميتها وثباتها مثل مفهوم العدل والظلم والصواب والخطأ ، ويتعلم الطفل معايير الخير والشر والقيم الخلقية ، ويزيد لديه حب الاستطلاع وتكثر أسئلته عما يدور حوله من ظواهر، ومن خلال الإجابات التي يستمع إليها يختزن الكثير من المعارف والمعلومات.

وفي هذه المرحلة يستطيع الطفل أن يفهم علاقات السببية إذا شرحت له بأسلوب مبسط ولهذا من الممكن أن تتغير أسئلته عن الشيء من : ما هذا ؟ إلى: لماذا ؟ وبعد التاسعة تزيد قدرته على الحكم والتعميم كما تزيد قدرته على النقد، كما أن الطفل يتعلم في هذه المرحلة عن طريق العمل بشكل أفضل من الشروح اللفظية.

مصادر ثقافة الأطفال:

لاشك أن الأطفال الذين يتعرضون لممارسات أدبية على نحو ما يكتسبون العديد من المهارات قياسا إلى الذين لا يتعرضون لأي نوع منها ، فالأطفال مثلهم مثل الكبار يحتاجون إلى المعلومات والمعارف والخبرات التي تشكل في إجمالها ما يمكن أن يطلق عليه الثقافة ، وإن ظل عنصر الإنتاج معطلا بالمفهوم السليم لكلمة ثقافة [9] ، ولكن تظل المكونات البدائية للثقافة متحققة وتمثل احتياجا أساسيا للأطفال ، وتتعدد المصادر التي يمكن للأطفال استقاء ثقافتهم منها ، والتي تتدرج بدءا من الأسرة ، ثم الجيران ، فدور العبادة ، والمدرسة ، والأقران ، ووسائل الإعلام ، وأدب الأطفال المقروء والمسموع والمرئي ، ثم تأتي أخيرا الوسائط التكنولوجية لبث الثقافة .

وإن كانت هذه المصادر لا يمكن الفصل بينها على مستوى الاستقبال ، كما أنها تتداخل على مستوى التبادل التقني فيما بينها ، فالأسرة في بثها للنمط الثقافي تستعين بالقصص والحكايات والأمثال والحكم والأوامر والنواهي ، والسلوكيات الفعلية التي يقومون بها عن قصد أو من دون فيكتسبها الأطفال .

وتعد الأسرة هي المحك الأول والأهم على الإطلاق الذي يكتسب منه الطفل معارفه، ويبدأ وعيه الثقافي في التكون ، تأثرا بالنمط الثقافي لأسرته ومستوى أفرادها التعليمي ودرجة وعيها الثقافي ووعيها بكيفية ودور وأهمية تربية الأطفال وكيفية تشكل الثقافة لديهم ، وبخاصة فيما يتعلق بتنمية مهارات التفكير وملكات الإبداع ، فمثلا الاستعداد لتعلم القراءة يعد مهارة من مهارات التربية المعاصرة يمكن تنميتها ، غير أن هذا يحدث فقط في مراحل تشكل الوعي الأولى ، أي مرحلة الطفولة المبكرة ومن قبل الأسرة التي تمتلك وعيا سليما بكيفية تنمية هذا الاستعداد لديهم ، وإلا تحول لاتجاه سلبي نحو القراءة وكل ما يتعلق بها .

---

(9) تطور مفهوم الثقافة من مجرد كونها مجموعة من المعارف والمفاهيم إلى كونها ممارسات سلوكية ، ليرتبط حتميا بالإنتاج .

وفي هذا الصدد يوصى بأهمية توفير مصادر قرائية على نحو ما داخل المنزل ، ولو عبر مجلات وكتيبات ، كما يوصى بضرورة اختيار النماذج القرائية المحببة إلى قلب الأطفال ، والتي تثير دافعيتهم نحو القراءة ، مثل البدء بالكتب المصورة ذات الكلمات القليلة ، والمعالجة لموضوعات مشوقة مثيرة لاهتماماتهم .

ثم يأتي دور المدرسة في تنمية الوعي الثقافي من خلال أنماط التعليم المتعددة التي تطرحها ، سواء عبر المنهج الرسمي ، أو عبر المنهج الموازي (ما يكتسبه المتعلم من البيئة المدرسية خارج حدود المقررات الدراسية)، وهنا تأتي أهمية اعتماد المدرسة على تنويع مصادر التعلم لديها ، ومواكبة التطورات العالمية في مجال التثقيف ووسائله وأدواته ، وفي علوم التربية كثير من الأدبيات المحددة لهذه القضية بأبعادها ، والتي تنظر للمدرسة بوصفها مؤسسة اجتماعية ثقافية لها دور فاعل في إعداد الفرد ليقوم بدوره الثقافي مستقبليا.

ويأتي دور أدب الأطفال باعتباره مصدرا من مصادر تكوُّن الثقافة لديهم ، وبوابة للدخول إلى عوالم لا يمكن الولوج إليها من غير الأدب ، وبخاصة في الأمور المتعلقة بالأخلاق والمثل والقيم والعادات والتقاليد والوعي بالمشاعر ، واكتشاف الذات وتكوين صورة عن الآخرين ، والمعارف المتعلقة بالكون والعلوم التجريبية ، وغيرها من المعارف التي تمثل المواد الأولية للثقافة (المعرفة) والتجسيد المعرفي لها .

وهكذا تتعدد مصادر ثقافة الطفل ، ولا تتوقف عند حدود ما تم رصده مسبقا من أسرة ومدرسة ودور عبادة، وغيرها مما يمكن أن نتخيله نحن الكبار ، فكل خبرة يمر بها الطفل في حياته تضاف إلى رصيده المعرفي ومن ثم الثقافي ، وكل مشهد يتلقاه الطفل في حياته يدخل في هذا السياق ، وهو ما يفتح الباب أمام ثقافة الطفل على نحو لا يمكن حصره ، ويكفينا في هذا السياق تأمل ردود أفعال الأطفال نحو ما يقرأون أو يشاهدون عبر الشاشات ، وأحكامهم النقدية حول الشخوص ، واستباقهم الأحداث وإعادة سردها بطريقتهم ، واختراعهم لأغنيات على غرار ما استمعوا إليه ، أو على أدنى تقدير إيجاد المترادفات والبدائل لما يسقط من ذاكرتهم أثناء الغناء والدندنة ، وهنا تأتي أهمية

ودور الأدب في تنمية الإبداع ، من خلال ترك فجوات في نصوص أدب الأطفال ليعيدوا ملئها ، وهم قادرون على ذلك بطريقتهم المبدعة في رؤية الأشياء بخيالهم وليست بصورتها التي هي عليها ، ويكفينا هنا النظر فيما يرسم الأطفال لنكتشف ذلك ، حين يرسمون الأرجل المختفية من الحيوان ، وحين يصورون الأوجه الخافية من الأشياء .

تكنولوجيا المعلومات وتثقيف الطفل :

تمثل المعلوماتية وتكنولوجيا المعلومات إحدى أهم الوسائل المعاصرة للتثقيف ، وكلاهما يعتمد على الآخر ويوظفه ، بما أدى إلى تطور مطرد ومتلاحق ، اعتمد في إجماله على الاختزال في كل شيء : اختزال المسافات ، واختزال الزمن ، واختزال الكم والمساحة، واختزال الجهد والمهارات والإمكانات والوسائط والبدائل، وغيرها من المفاهيم التي حيرت البشرية عبر تاريخها (الخفة والحركة والزمن) .

وربما لا يعد من غريب الأمر أن يستطيع الأطفال التواصل مع أدوات التكنولوجيا على نحو يتفوقون فيه على الكبار ، وهو ما يفسره البعض على أنه منتج قريب العهد بهم يعبر بشدة عن أنماط وتشكلات الحياة في زمنهم ، وإن كنا نرصده من منظور الحرية التي يمتلكها الطفل في تعامله مع التكنولوجيا ، حيث لا يفرض عليه أحد ما يجب عليه عمله، وإنما يصبح هو المتحكم والقائد ، والمبدع والمفكر ، ويمكن هنا ملاحظة طفل يجلس أمام الكمبيوتر أو يستخدم الإنترنت في تصفح مواقع أطفال ، حيث يصبح هو المتحكم الأوحد والقائد والباحث والمتأمل والمجرب ومتخذ القرار والمتحمل لعواقب قراراته، وهو ما يساعد في بناء شخصيته على نحو لا يتوفر لمن لا يمر بهذه الخبرات ، ويمنحه الحرية التي تسمح له بأن يمارس عمليات التفكير ويعايشها معايشة تسمح له بأن يتتبع معطياتها ويحاول التدخل في تشكيلها على قدر استطاعته ، وهي استطاعة متطورة ونامية على الدوام .

كما يمكن تفسيره أيضا من منظور الملكات التي يمتلكها عقل الطفل من مثابرة واهتمام بالتفاصيل وقدرة على المواصلة وسرعة في التعلم وتنظيم في العقل وقدرة على ربط الدقائق والتفاصيل ونسجها في سياق واحد ، ولَمٍّ لشتات الأمور وجمعها ، واهتمام

بالمتخيل الغائب من خلال حضوره الغائم ، فالطفل مفكر صغير ، يتأمل كل ما يمر به أو عليه ، فعلى سبيل المثال قد يلاحظ بعض الآباء كثرة وسرعة استهلاك طفلهم للألعاب ، إذ غالبا ما تتهشم من (نبشه) فيها ، والحقيقة أنه على نحو فطري يسعى لاستكشاف أسرار تشغيلها ، ومعرفة دقائقها .

إن التثقيف هنا - عبر التكنولوجيا - لا يصبح مجرد معارف ومعلومات ينبغي على الطفل اختزالها لاستدعائها عند الحاجة ، وإنما يصبح عمليات استيعاب وإنتاج ، وهو المفهوم المعاصر والمقيم للثقافة .

وفي الإجمال فإن هذا التطور التقني يحتم علينا ضرورة تغيير المداخل التربوية والتعليمية التي يتم من خلالها التعامل مع الأطفال ، بوصف التربية [10] أحد المداخل الأساسية للثقافة والتثقيف ، الأمر الذي يستوجب أيضا إكساب الطفل مهارات لم تكن في الحسبان من قبل ، مثل مهارات التعلم الذاتي ، والتعلم المستمر مدى الحياة ، وتعديد مصادر التعلم والتدريب على كيفية استخدامها وتوظيفها ، وغيرها من المهارات التي طرحتها وتطرحها التكنولوجيا في كل حين ، وهو ما غير الغايات الأساسية للتربية من كونها عملية تعليم إلى عملية تعلم ، ومن كونها معرفة إلى تنمية مهارات ، ومن كونها اختزال إلى توظيف .

---

(10) ليس المقصود هنا التربية التي يخضع لها الطفل في المؤسسات التعليمية والمدارس والمعاهد ، وإنما المعني بها هو بدء التربية في محيط الأسرة الصغيرة التي ينشأ فيها الطفل .

الفصل الثالث

مفهومه - تقنياته - مصادره

مفهوم أدب الأطفال وسماته :

إذا كان الأدب عموما هو كل نشاط لغوي رفيع ، ورؤية إبداعية تصويرية ، وصياغة للغة على نحو مفارق للاستخدام العادي واليومي ، وإذا كان للأدب - عموما- تقنيات وأدوات تتحدد تبعا للنوع الأدبي (رواية - مسرحية - قصة - شعر) ، فإن أدب الأطفال لا يختلف كثيرا عن هذا المفهوم ولا هذه التقنيات ، اللهم إلا في العناية بأساليب العرض وطرق التقديم ، والالتزام بكثير مما يمكن لأدب الكبار أن يتجاوزه .

ومن هنا فإن الكتابة للأطفال أصعب بكثير من الكتابة للكبار ؛ لأن المتلقي الطفل يختلف في وعيه باللغة والمفاهيم والمعارف عن المتلقي الكبير ، ولأن الأطفال ليسوا في مستوى واحدا من التلقي ، وإنما هم مستويات يختلفون باختلاف شرائحهم العمرية ، وهناك تصنيفات تقسم الطفولة إلى مراحل سنية وتحدد لكل مرحلة خصائصها النفسية والمعارف التي تتناسب معها.

ويمكن تحديد السمات العامة لأدب الأطفال على اختلاف أنواعه جميعا سواء فيما يتعلق بالشكل وأساليب العرض ، أو فيما يتعلق بالمضمون والمحتوى والقضايا والموضوعات التي يتناولها ، على النحو التالي :

على مستوى الشكل (الأسلوب) :

- **اللغة :** يميل أدب الطفل إلى استخدام معجم لغوي بعينه ، تحدده المرحلة العمرية والمستوى الثقافي الكائن أو المرغوب الوصول إليه ، فمثلا المفردات اللغوية التي تعبر

عن صور حسية تكون أقرب إلى أذهان أطفال ما قبل الثانية ، في حين يستطيع أطفال ما بعد الثانية استيعاب المعاني المجردة التي ليست لها صورة حسية، كذلك الأمر بالنسبة لمنتج اللغة ، فأطفال ما قبل الثانية يحبون الحيوانات والطيور والأشياء الناطقة بلغة البشر ، في حين يميل أطفال ما بعد الرابعة إلى الشخصيات البشرية الناطقة بلغتهم هم.

- **الإيقاع :** وهو عنصر متحقق في النثر والشعر على السواء[1] ، ففي الشعر يجب أن تميل كتابة الأطفال إلى استخدام الإيقاعات الخفيفة والسهلة ، والأبحر الشعرية أحادية التفعيلة وفي صورتها المجزوءة أو المنهوكة ، والميل إلى تنويع الأوزان والقوافي عبر مقاطع شعرية ، في حين يكتسب النثر إيقاعه من استخدام الجمل القصيرة ، والأبنية والتراكيب اللغوية المتوازنة كميا (سواء باستخدام السجع ، أو الطباق أو المقابلة) .
- **بناء الصورة :** إذ يجب أن تكون الصورة في أدب الأطفال قريبة المأخذ ، سهلة التواصل معها ، لا تحتمل تأويلات ، وإنما تصل مباشرة إلى الهدف المطلوب ، ومن دون إعمال جهد كبير في تفهم دلالاتها ، وحتى الحكايات التي كانت تحكى عن الغول والكائنات الخرافية ، فإنها كانت تسعى إلى رسم صورة متخيلة تقترب من أذهان الأطفال ، وكذلك يجب أن يكون الأمر بالنسبة للصور البلاغية التي يجب أن تعتمد على التشبيهات المفصلة بوصفها الأقرب إلى وعي المتلقي الطفل .
- **طريقة العرض :** فالأطفال يتأثرون كثيرا بطريقة العرض التي يتم تقديم الأدب من خلالها ، فمثلا الطرق البصرية أكثر تشويقا من الطرق القرائية، مثل القصة المصورة والمجسمة ، وهكذا ، كما أن الأطفال يتأثرون بالوسيط أيضا ، وهناك مواصفات عامة وشروط عدة تسجلها الدراسات المهتمة حول الوسيط ، فمثلا إذا كان كتاباً، يشترط فيه المتانة ، والقدرة على التحمل ، والشكل الجذاب ، والألوان الزاهية ، وحجم الطباعة المناسبة للمرحلة السنية ، وحجم الصور ومساحاتها وطبيعتها ، وغير ذلك .

(1) انظر محمد غنيمي هلال : النقد الأدبي - دار العودة - بيروت - 1986م.
- وانظر معالجتنا لموضوع الإيقاع في الشعر العربي - قصيدة النثر وتحولات الشعرية العربية - الهيئة العامة لقصور الثقافة - القاهرة - 2003م.

على مستوى المضمون :

- **الموضوع :** ليست كل الموضوعات صالحة لأن تعالج أو تقدم للأطفال ، وعنـد معالجتهـا يجـب مراعـاة المرحلـة السـنية ، والمعجـم اللغـوي ، والقـدرات العقليـة ، وإمكانـات الاستيعاب ، وألفة الموضوع نفسه ، غير أنه لا يمكن حصر الموضوعات التي في الإمكان تقديمها للأطفال في شكل أدب ، والمتحكم الوحيد في اختيار الموضوع هـو نمـط الثقافة السـائد ، ونمـط القـيم والتقاليـد ، وإن كانت جميعها متشابهة عـبر العـالم ، فمثلا موضوعات مثل الجنس والسياسة لا يتم تقديمها للأطفال ، على النقيض من موضوعات القـيم والتقاليـد والعلـوم المختلفـة ، فهـي مـن الموضوعات التي تكثر معالجتهـا علـى الإطلاق .

- **المعارف :** وهي في مجملها يجب أن تنطلق من معارف الطفل لتتدرج به إلى المعارف المراد إكسابها ، وهنا تكمن إشكالية الاختيار بين الانطلاق مـن ثقافة الطفل ، أم الانطلاق من ثقافة الكبار ، وبالعودة إلى نظرية الذكاءات المتعددة ، وما نتج عنها مـن نظريات في التربية ، فإن أفضل المداخل لتأليف أو حكاية قصة للأطفال هـو البـدء مـن ثقافتهم واهتماماتهم وميولهم ، ومن ثم التدرج بها إلى الأمام، انطلاقا من مبدأ الـتعلم المعاصر "علمني ما أريد لا تعلمني ما تريده أنت " أي ابدأ من خبراتي ورغباتي وميولي لتصل بي إلى تعليم ما يمكن تعلمه .

- **القيم والتقاليد ،** حيث تعد مرحلة الطفولة هي المرحلة المناسبة إن لم تكن الوحيدة لإكساب القيم والتقاليد المرغوبة ، وهي في الغالب الأعم نابعة مـن عقيـدة المجتمع ، وتوجهات أفراده والاتفاقات التي تم تقعيدها عبر الزمن ، والتي سـتدور حـول الأمانـة والصدق والتعاون وتحمل المسؤولية والانتماء والعمـل ، ومـا يقابلهـا مـن ذم الخيانـة والكذب والاتكال والكسل ، وكذلك الأمر في تقاليد المجتمع تبعا للبيئة وطبيعتها ونمـط الثقافة السائد .

- **نواتج التعلم ،** وهي النتاجات المتوقع أن يكتسبها المتلقي بعد أن يمر بالخبرة من تلقيه للنوع الأدبي ، سواء عبر القراءة أو المشـاهدة أو الاستماع ، وهـذه النـواتج هـي التي تكون

الاتجاهات والميول والقيم في أنفس الأطفال ، ومن ثم تأتي ضرورة أن يكون المبدع على وعي شديد بما يكتب للأطفال من أدب وما سيتركه في أنفسهم من توجهات ، فقد يحدث أن يهتم كاتب الأطفال بالتشويق فينتج عنه ما ينمي اتجاها سلبيا ، تماما مثلما يحدث مع بعض أفلام الكارتون الآن التي تهتم بالتشويق والحركة ولكنها تكرس في أنفس الأطفال للحيلة والخداع والجريمة وغيرها .

دواعي أدب الطفل :

يمثل أدب الأطفال أحد أهم السبل لتعريف الطفل بالحياة وأبعادها ، وإكسابه الخبرات المطلوبة والمهارات اللازمة لحياته الحالية والمستقبلية ، وهو بأنواعه الأدبية المتعددة من القصص والأشعار والمسرحيات ، وبوسائله المختلفة من كتب ومجلات وصحف وأساليب عرض معاصرة ... يمكنه أن يبث في النشء القيم والمبادئ التي ستمثل النمط الثقافي السائد وتمنحه الهوية الثقافية ، وينمي فيهم الوعي الاجتماعي وروح التعاون والمشاركة الوجدانية للآخرين ، ويشبع لديهم الحاجات الأساسية : عقليا وعاطفيا واجتماعيا ونفسيا وروحيا وجماليا.

كما يسهم أدب الأطفال في تدريب الطفل على المحاكاة والقدرة على التخيل ، وهو ما يمثل سرا من أسرار نجاح حياتنا المعاصرة ، فعن طريق المحاكاة استطاع الإنسان أن يتوصل إلى كل الثورات في التكنولوجيا الحديثة ، بنقل سمات بشرية على الآلة ، والعكس، فتمت استعارة صفات المخ البشري من ذاكرة وتخزين واسترجاع وإدراجها على الكمبيوتر ، كما تم استخدام أجهزة تعويضية لصالح الإنسان بدءا من الأجزاء الصناعية ، وانتهاء بالصفائح الرقيقة التي يتم زرعها في خلايا الدم .. إن هذا التطور لصالح البشرية يندرج تحت إطار المحاكاة ، والمحاكاة منشؤها الأدب لما له من قدرات تخيلية عليا ، وإمكانات غير محدودة من الخيال الخصب يكتسبها متلقي الأدب والمشتغل به .

ويستطيع أدب الأطفال المشاركة في الإعداد للحياة المستقبلية، وذلك بطريقين ، أحدهما : أنه يكسبهم المهارات اللازمة للغد . وثانيهما : أنه ينقلهم زمانيا إلى استشراف أفق المستقبل ، حيث يميل الأطفال إلى الموضوعات التي تتخذ المستقبل ومعطياته

واختراعاته موضوعا لها ... إن هذا الوعي بالمستقبل هو الذي يولِّد لدى الأطفال الطموح والأمل في الغد ، وفرق كبير بين أمة تدفع أطفالها فقط للتفكير في ماضيها ، وبين أمة تسعى بأطفالها للنظر في المستقبل ، وقد رأينا كيف أن سيناريوهات المستقبل كثيرا ما بشر بها الأدب ، وأن الكثير منها قد تحقق حتى على المستوى السياسي العالمي [2] .

ويمكن لأدب الأطفال أن يساعدهم في اكتساب كثير من المهارات اللازمة لمستقبلهم ومستقبل حياة البشر على الأرض جميعا ، وأعني القدرة على التحلي بالمرونة ، والقدرة على استخدام العقل ومهارات التفكير العلمي، والقدرة على الإبداع والابتكار والتطوير .

ويسهم أدب الأطفال في ترقية الذوق والحس والمشاعر الإنسانية ، بمعنى إكساب القدرة على أن يكون الإنسان إنسانا يفهم معنى إنسانيته وإنسانية الآخرين ، وهو دور يضطلع به الأدب عموما ، فلا يوجد متلق للأدب فاقد لإنسانيته ، ولم يوجد متلق للأدب عبر التاريخ صنع حربا ، أو قتل أبرياء ، أو ما شابه .

ويقوم أدب الأطفال بدور كبير في تعليم وتعلم القيم والمبادئ والمفاهيم الإيجابية من خلال النماذج التي يعرضها لتعامل البشر مع بعضهم بعضا وتعاملهم مع الكائنات الأخرى من حيوان ونبات وجماد والتعامل بين هذه الكائنات وبعضها بعضا .

كذلك تعد أهم الأدوار التي يقوم بها الأدب هي إثراء المعجم اللغوي ، واللغة كما رأينا ترتبط ارتباطا كبيرا بالتفكير وأبعاده وامتلاك مهاراته ، وأنواعه المختلفة (التفكير الإبداعي، والابتكاري، والاختراعي) ، وهي مهارات تعد من أساسيات الوجود البشري الآن ، إذ إنها لم تعد مميزات لشخص دون آخر ، وإنما غدت شرطا أساسيا للوجود والحياة في مجتمع تتعاظم فيه الثورة المعرفية والتكنولوجية ، ويطرح الجديد في كل لحظة وكل ثانية، كما تضع الإنسان في سياق مشكلات جديدة ليس للبشرية عهد سابق بها (مثل مشكلة كثرة الأسلاك والكابلات داخل المنزل نتيجة لوجود التليفون والتليفزيون

---

(2) يلاحظ أن تقرير التنمية البشرية الذي يصدر سنويا عن برنامج الأمم المتحدة الإنمائي هو الذي يحدد مسارات العالم في الأعوام التالية ، وغير ذلك كثير من سيناريوهات الاستشراف المستقبلي .

والدش والكمبيوتر والإنترنت) وهو ما يضع الإنسان في إطار حتمية الاعتماد على مهارات التفكير الإبداعي والابتكاري والاختراعي للتغلب على هذه المشكلات .

كذلك فإن اللغة هي الثقافة وهي التواصل وهي المدخل الأول لفهم الحياة ، فكل مفهوم وكل معنى وكل إحساس لابد أن يترجم إلى لغة لكي يفهمه الإنسان ويتواصل به مع الآخرين ، والأدب هو الوحيد القادر على إكساب الطفل اللغة الراقية والمعاني النبيلة.

وعلى الرغم من التطور التقني واختلاف وسائل المعرفة ، فإن أدب الأطفال سيظل قادرا على القيام بدوره التقليدي في تنمية ميل الأطفال نحو القراءة بشكل عام وفي تنمية مهارات الكتابة الإبداعية لديهم .

أنواع مطبوعات الأطفال :

تتنوع مطبوعات الأطفال لتشمل المجلات والصحف والكتب المتخصصة ، وتشمل كذلك الأبواب التي يمكن تقديمها عبر مجلات وكتب الكبار :

أولا - كتب الأطفال: وتشمل القصص، وكتب الموضوعات أو أدب المعلومات، وكتب الألعاب والهوايات، والكتب الإلكترونية ، والقصص بأنواعها :قصص الحيوان ، والقصص الخيالية ، والقصص الفكاهية ، والتاريخية والعلمية والدينية ، وقصص البطولة ، والقصص التي تلتحم مع التقنيات المعاصرة .

ثانيا- شعر وأغاني الأطفال: وما تشمله من أغنيات المهد والهدهدة ، وأغاني البيئة التي يعيش فيها الطفل (مثل أغاني الزراعة والحصاد والبحر) ، وأغاني الألعاب التي يلعب بها الأطفال (مثل التعلب فات وغيرها) ، والأغاني والأناشيد الوطنية، والأناشيد الدينية (مثل واحد هو ربي ، واتنين أبي وأمي ... إلخ) ، وغيرها من التراث العريض في ثقافتنا العربية القديم منها والمعاصر .

ثالثا - صحف ومجلات الأطفال: وتشمل الصحف والمجلات الخاصة بالأطفال ، مثل مجلات سمير وماجد وبلبل وميكي والعربي الصغير ، كما تشمل الأبواب التي يمكن تقديمها من خلال مجلات وصحف الكبار .

رابعا- فنون الأداء الإذاعية والمرئية ، وما تشمله من مسرحيات وقصص وأغنيات وأناشيد وغيرها .

خامسا- مسرح الطفل: ويضم كل القصص والنصوص التي يمكن تمثيلها على المسرح القديم منها والحديث بما فيها من تراث شعبي مثل الأراجوز وغيره .

تقنيات أدب الأطفال:

على مستوى البناء الفني ، لا يختلف أدب الأطفال من حيث التعريف عن أدب الكبار، سواء أكان قصة أم مسرحية ، أم قصيدة شعرية ، حيث يلتزم بالبناء الفني لكل نوع من هذه الأنواع الأدبية :

فلابد أن يشتمل على شخصيات وصراع بين الشخصيات ، وأحداث وتنام في بنية الأحداث ، وحركة زمن ، وحبكة ، إذا كان قصًّا . ولابد أن يشتمل على أحداث ، وشخصيات يدور بينها حوار على نحو مستمر إذا كان مسرحية ، وهكذا ..... .

وكذلك لا يختلف أدب الأطفال عن أدب الكبار من حيث الغاية والهدف، سواء أكانت الغاية منه التسلية والإمتاع ، أم كانت التعليم والنصح والإرشاد ، أم كانت لإحداث وعي على مستوى ما ، من خلال مناقشة قضية اجتماعية ، أو قضية جمالية، أو قضية عامة مثل الحرية والديمقراطية وغيرها من القضايا التي يكون الأدب وعاء مناسبا لتقديمها في صور أكثر عمقا .

كما أن أدب الأطفال يتجاوز أدب الكبار حلما وإبداعا، فليس من السهل أن تكتب للطفل، ويقال إنك إذا استطعت أن تجذب طفلا للقراءة كأنك امتلكت العالم، بل إن كتابة أدب الأطفال تحتاج إلى مهارات أكثر دقة من الكتابة للكبار ، ذلك أن مستوى التواصل مع الكبار قد يكون هينا من حيث تقديم الأفكار والتعبير عنها ، ولكن الأمر يبدو على مستوى عال من الصعوبة بالنسبة للصغار ؛ إذ كيف يمكن تقديم مفاهيم مثل الحق والخير والجمال والديمقراطية والحرية إليهم ، وهنا لابد للكاتب من الالتفاف حول الفكرة ، وتقديم البدائل والوسائل المعينة التي يمكن للطفل المتلقي أن يتواصل معها ،

ولابد كذلك من تحقيق غايات أخرى ، لعل أهمها التشويق والإثارة ، فالطفل لا يمكن أن يقرأ ما لم يشعر بالرغبة الداخلية في المواصلة .

إن الأهداف التي تتطلبها الكتابة للأطفال كثيرة ومتعددة الجوانب بتعدد الحقل المعرفي ذاته ، فعلى سبيل المثال تسعى التربية لأهداف من خلال أدب الأطفال هي في مجملها أهداف تعليمية ، تتعلق بإثراء المعجم اللغوي وتنمية مهارات التواصل ، والتأكيد على الجوانب المعرفية والسلوكية والوجدانية ، في حين يبحث علم النفس عن كل ما يساعد على إحداث التوازن النفسي- وبناء الشخصية الفاعلة المتسقة مع ذاتها ومع المجتمع المحيط بها ، بينما تسعى فنون الأداء الحركية المعاصرة إلى تحقيق المتعة والتشويق دون الانفصال عن هيمنة الفكر الاقتصادي بمفهوم سلعنة الثقافة (التعامل معها بوصفها سلعة) لابد لها في نهاية الأمر من تحقيق عوائد مادية لصالح جهة البث (قناة أرضية أم فضائية أم شركة إنتاج قصص وأفلام أطفال على أقراص أو شرائط أو أي وسيط آخر) .

وإن كانت النظرة الشمولية ستضم هذه الحقول جميعا في بوتقة واحدة (التربية - علم النفس - الإعلام) انطلاقا من أهمية التعامل مع الثقافة بوصفها كُلًا ، والإنسان بوصفه حاملا للثقافة ومن دونه لا تكون ، وهي وجهة نظر قائمة ، فإنه تبقى في نهاية الأمر أهداف ودوافع مشتركة تتحقق لدى الأطفال جميعهم ، منها :

- **الخيال والتخييل** وما يتعلق بهما من إطلاق العنان للعقل البشري في أن يتجاوز حدود المعقول إلى اللامعقول ، والمتخيل إلى اللامتخيل ، والقريب إلى البعيد ، والممكن إلى القائم في الإمكان ، وهكذا مما يتعوده الأطفال ويكتسبوه في شكل ممارسات فعلية ولا يتعلموه في شكل كلمات وجمل تضيع مع الزمان كما يضيع الكثير مما يتعلمه الإنسان في حياته أدراج الرياح .
- **المعرفة** بوصفها نسقا يتشكل في عقل الإنسان أولا ، ثم يسعى لنظم الكون في أنساق على نحو أو على آخر ، فالأدب دوما يحمل معارف تستطيع أن تغزو عقل الإنسان دون استئذان ، وأن تقر في أعماقه دون مجهود ، على عكس الأشكال الأخرى التي يمكن تقديم المعرفة من خلالها .

- **تنمية مهارات الاتصال والتواصل** ، فيتعلم الطفل الإنصات ، ويتعلم التعبير عن حركاته ، وعن أفعاله ، وعن رغباته ، ويكتسب كثيرا مما يمكنه من التواصل مع العالم الخارجي دون خوف أو رهاب ، لا لشيء إلا انطلاقا من مبدأ المحاكاة الذي يحاكي فيه شخصيات وأبطال القصص التي قرأها أو حكيت له أو استمع إليها ، ذلك المبدأ الذي اكتسبه دون أن يدري ، وتعلمه دون أن تمارس عليه الضغوط لتعلمه .

- **تنمية الذوق الأدبي** ، فكما سبق ، فإن كثيرا من المبدعين الكبار ، عند البحث عن مصادر تكوينهم ، فلابد من وجود مصدر للحكي أو القص أو الاطلاع على أنواع أدبية متعددة تعرضوا لها وهم صغار ؛ إذ من المؤكد أنه لا وجود لأديب من فراغ ، فالأديب هو نتاج لعمليات من الاختزال الأدبي مورست منذ الصغر ، ولا يمكن التكهن في هذه المرحلة بما يمكن أن يحققه الأدب من إنجازات في مستقبل الأطفال .

- **التسلية والإمتاع والتشويق** وتحقيق التوازن النفسي ، وهي عناصر مهمة في حياة كل منا، فلا يستطيع إنسان أن يعيش حياة جافة دون أن يكون فيها مصدر من مصادر الإمتاع النفسي ، والأطفال أحوج من الكبار إلى ذلك ، وبخاصة لأن انشغالهم بالحياة ومسؤولياتها أقل ، مما يجعل لديهم الوقت الأكبر من الفراغ الذي يحتاج إلى ملء ، وإلا أصاب نفوسهم السقم منذ الصغر .

- **تنمية المعجم اللغوي** ، وما يرتبط به من قدرات عقلية ، ومهارات ، وذكاءات، وإمكانات تعبير ، مما يؤدي في نهاية الأمر إلى الإسهام في تكوين الشخصية السوية المتوازنة نفسيا ، والقادرة على التعايش مع المجتمع .

وسائط أدب الأطفال

تتعدد الوسائط التي يمكن من خلالها تقديم أدب الطفل ، سواء أكانت محكية أم مقروءة أم مشاهدة . ومن المعروف أن هذه الوسائط تتطور بتطور البشر والزمان والحضارة ، فقبل انتشار الكتابة كان الحكي هو الوسيط الأوحد ، ثم أضيفت إليه الكتابة وما ترتب عليها من نسخ وطباعة ، وذلك دون أن تلغي سابقتها ، ثم أضيفت إليهما المشاهدة ، وهكذا دون أن يلغي أحدها الآخر ، وإنما يتجاور معه ، ويضيف إليه ، ولعل أهم هذه الوسائط :

1- **الحكي** ، سواء أكان حكيا مباشرا ، أم كان عبر وسيط مثل الإذاعة والتليفزيون ، أو الأجهزة الصوتية والأقراص الصلبة والمرنة .

2- **الكتب والمجلات والصحف** ، التي تتوجه إلى الأطفال ، على اختلاف أنواعها وأشكالها وطرق عرضها لمادتها ، المقروءة ، والمصورة ، والناطقة ، والإلكترونية ، والمجسمة ، والمتحركة ، وغيرها مما يمكن أن تسهم التكنولوجيا في تطوير أساليب عرضه .

3- **الإذاعة والتليفزيون** ، وما يستتبعهما من كارتون وتمثيل وقصص مسلسلة وروايات وأفلام أطفال وقصص بطولة وأغنيات وأناشيد وأفلام تسجيلية وبرامج ألعاب .

4- **الكمبيوتر وملحقاته** والأفلام المتحركة ، والألعاب التعليمية وبخاصة التي تعتمد على قصص مصورة من التراث الإنساني .

5- **أساليب وأجهزة العرض المعاصرة** ، مثل : DVD – MP3/4/5 ، وغيرها مما يتضمن بعضا من أشكال ونماذج الأدب الإنساني ، مثل : الأغنيات والأناشيد ، والقصص المصورة ، والأفلام والحكايات .

الأطفال والكتب والمجلات في مرحلة ما قبل القراءة:

تمثل الكتب وسيلة من وسائل المعرفة لدى البشر ـ عموما ، ولكنها بالنسبة للأطفال ليست كذلك ، وإنما لها أهداف أخرى :

فهي **أولا** تحقق للطفل ذاته ، وتشعره بأنه مثل الكبار يستطيع أن يطالع كتابا ، وبخاصة إذا ما استثيرت هذه الدافعية لديه ، أو نشأ في بيئة يتعامل أهلها مع الكتب والمجلات ووسائل الثقافة المطبوعة .

وهي **ثانيا** تمثل وسيلة إمتاع وتشويق ، وبخاصة عند مطالعة الألوان والصور والرسوم التي تداعب خياله الخصب ، وتلتقي مع أفكاره التي لا يستطيع أن يعبر عنها في صورة كلمات إما لنقص معجمه اللغوي ، وإمَّا لعدم قابليتها أساسا للترجمة إلى مفردات لغوية .

ويتدرج وعي الطفل بالكتاب[3] في هذه المرحلة ، حيث يبدأ كل الأطفال في التعامل مع الكتب والوسائل المطبوعة عن طريق التناول باليد أولا ، لمحاولة الملامسة وتكوين خبرة حسية ، ثم ينمو الإدراك فيتطور الأمر إلى الإشارة على الصور، ثم تسمية الأشياء بمسمياتها أو بمسميات من عندهم (ومن المهم في هذه المرحلة التدخل بالتصحيح أولا بأول) ، ثم تأتي مرحلة حب القصص القصيرة البسيطة ، فمرحلة الحكي وسرد القصص، وتتدرج الأمور على هذا النحو حتى تتدخل القراءة فتصبح عاملا من عوامل التعامل مع النصوص المكتوبة والقصص المصورة والحكايات المرسومة .

أسس اختيار نماذج أدب الطفل :

هناك أسس عامة لابد من مراعاتها عند اختيار قصص أو كتب أو مجلات للأطفال ، أو اختيار الأفلام ، أو أقراص الرسوم المتحركة ، أو أي نوع من أنواع وسائط أدب الأطفال ، ومنها :

- **أولا - مناسبة القصة** أو الحكاية أو الفيلم أو الأغنية أو النشيد للطفل ، وتندرج تحت عنصر المناسبة عناصر عدة ، منها المناسب لاهتمامات وميول الطفل ، والمناسب لقدراته العقلية ، والمناسب لبيئته ، والمناسب لقدراته اللغوية ، ولطبيعته ، وغيرها من عناصر .
- **ثانيا - الموضوع أو المحتوى** ، واتساقه مع القيم والاتجاهات الإيجابية المرغوب إكسابها ، أو اشتماله على ما يمكن أن يهدد بعضا منها ، وكذلك اتساقه مع طبيعة التفكير الخاصة بالمرحلة العمرية ، والأهداف المراد تحقيقها ، فكل أدب موجه للطفل هو أدب هادف ، حتى وإن كان مقصده الترفيه والإمتاع والتشويق ، ذلك أن أعظم أدب هو الذي يعلم ويمتع .
- **ثالثا - الشخصيات** ، ومدى استثارتها لاهتمام الطفل ، وتعبيرها عن واقعه أو مداعبتها لخياله ، فالأطفال في مرحلة يحبون الشخصيات الكارتونية ، ولكنهم مع

(3) يمكن العودة في ذلك إلى محمد السيد حلاوة : مدخل إلى أدب الأطفال .. مدخل نفسي اجتماعي- المكتبة المصرية للطبع والنشر والتوزيع – الإسكندرية - 2003م .

تقدم العمر يضيفون إليها رغبتهم في رؤية شخصيات تقترب مـن سـنهم وتعبر عـن أفعالهم أو رغباتهم ، وهكذا .

● **رابعا - الأسلوب** ، ومدى بساطته وقدرتـه عـلى التواصل مـع الأطفال ، ونعني هنا اللغة وتراكيبها كما سبق .

ضوابط أدب الأطفال :

وهناك ضوابط عامة لابد من مراعاتها عند الكتابة للأطفال ، أو عند اختيار نـص أدبي لتقديمه إليهم ، ولعل أهم هذه الضوابط :

- مراعاة المرحلة العمرية .
- تعرف السمات النفسية والميول والقيم والاتجاهات .
- مراعاة اللغة المناسبة والمتناسبة مع استيعابهم .

المراحل العمرية للطفولة :

يتطور خيال الطفل وإدراكه للحياة مـن حولـه مـن مرحلـة عمريـة إلى أخـرى ، وإن كانت هناك سمات عامة يمكن رصدها في هذا التطور ، إلا أن البيئة والمجتمع المحيط لـه أثره في تحديد ملامح تطور هذا الخيال ، ومن هذه السمات العامة والمشتركة ، التي يعتد بها لتصنيف قصص الأطفال ومسرحهم :

1- **المرحلة الأولى : عالم محدود وخيال حاد** [4] :

وتشمل السنوات من الثالثة إلى الخامسة مـن عمـر الطفل أو الطفلة ، وفيها يتميـز الطفل بعالم محدود من حيث معرفته ومخزونه عن المدركات والأشياء المحيطة بـه ، فهو يعرف الباب والشباك وبعض الأفراد ، وبعض أنواع الأطعمة ، ويميـز بيـن الحلـو والمـر ، والساخن والبارد ، ولكنه في نهاية الأمر فهو محدود المعرفة ، كثير السؤال عن كـل مفردة جديدة تطرح أمامه .

---

(4) ينظر في ذلك : د.محمد حسن عبد اللـه : قصص الأطفال ومسرحهم - دار قباء للطباعة والنشر - القاهرة – 2000.

إلا أنه على مستوى الخيال فهو يمتلك خيالا حادا يسمح له بالتفكير في حلول لمشكلاته تتميز بعدم خضوعها التام للواقع ، مثل تفكيره في ركوب العصا الطائرة ، وفي تسخير الطيور والحيوانات لصالحه ، ولصالح حل مشكلاته ، فيخاطب الدمى والألعاب على أنها بشر ، ويكافئها ، ويعاقبها ، ويتودد إليها ، ويزجرها ، ويسعى بعضهم إلى احتضان ألعابهم أثناء النوم وهكذا .

"إن الطفل في هذه المرحلة المبكرة لا يستطيع إدراك المعاني المجردة ، كالكرم أو الحرية مثلا ، لكنه يمكن أن يعرف معنى الخوف من خلال ما يتعرض له ، وستكون حدة الخيال تعويضا أو إكمالا لمحدودية المعرفة "(5) .

كما أن الطفل في هذه المرحلة يتأثر بعناصر البيئة التي يعيش فيها ، ويستجيب لتأثيراتها المختلفة ، وينشغل انشغالا كبيرا بالكشف عنها، لذلك يكون كثير التساؤل وعلى درجة عالية من شدة الفضول ، والجانب الأهم في هذه المرحلة أن الطفل يسعى لتمثيل القصص التي يسمعها أو تحكى له ، وبخاصة إذا كانت فيها شخصيات يستطيع أن يكوِّن صورة في خياله عنها : كالأب والأم والأخوة ، بالإضافة إلى الحيوانات والنباتات والدمى، وبوجه عام فإن الإيقاع والحركة السريعة واللون والصوت تعد من العناصر التي تغني المضمون الثقافي والأدبي وتزيد من ولع الأطفال به.

ومن الأمور المهمة في هذه المرحلة العمرية ما يتعلق باللغة والمعجم اللغوي ، فالطفل في هذه السن يتشكل معجمه اللغوي على نحو ما سيتقرر وسيكون عليه ذكاؤه اللغوي فيما بعد ، ومن ثم يهتم الأطفال كثيرا بالمفردات والكلمات التي لها رنين موسيقي ، وبالكلمات التي تشكل سجعا وجناسا ، أو الأصوات التي تقلد الكائنات الحية وبخاصة الحيوانات والطيور التي لها أصوات محببة ، وبالتالي فإن القصص التي تثير مخاوفهم كقصص الجن والسحرة والعفاريت، وكذلك القصص التي تثير أحزانهم وتبعث القلق في نفوسهم، لا تناسبهم في هذه المرحلة.

---

(5) د. محمد حسن عبد الله : قصص الأطفال ومسرحهم - ص 35.

أمر آخر غاية في الأهمية يتعلق بهذه المرحلة العمرية ، وهو أن الطفل نتيجة لخياله الحاد فإنه قد يخترع أخبارا وحكايات في واقعه اليومي ، وهنا يخطئ الكبار في أن يعاقبوه على ما صدر منه باعتباره كذبة ، ويتشددون في تحذيره من الكذب مرة أخرى ، وهـم لا يعلمون أن الطفل لا يعرف ما معنى الكذب ، وإنما هو يمارس مهارة أساسية مـن مهاراتـه التي وهبها له اللـه وهي الخيال المجنح ، والابتكار والإبـداع والخلـق والتطوير ؛ أي أنه باختصار يستعيض عن عالمه الواقعي الذي يمتلئ بالمعوقات إلى عالم بديل ليست فيه أيـة عوائق ؛ لأنه من نسج خياله ، وهنا تكون الحدود الفاصلة بـين مـا هـو خيالي ومـا هـو واقعي دقيقة إلى أبعد حد ، بل يختلط الحقيقي بالواقعي علـى نحو كبير ، كـما يقتضي ذلك طرح الكثير من الأسئلة المتكررة التي غالبا ما يضجر الآباء والأمهات منها ، وهـو أمـر ليس في صالح الطفل وتكوينه العقـلي عـلى المـدى البعيد ؛ لأنه يعمل عـلى الحـد مـن مواهبه وقدراته الإبداعية التي تتشكل في هذه المرحلة العمرية .

2- المرحلة الثانية : الاكتشاف والتعرف :

وتشمل السنوات من السادسة إلى التاسعة ، وفيها تبـدأ شخصـية الطفـل في التكـون ، حيث يستطيع الانتقال من مكان إلى مكان آخر قريب بمفرده ، كما يستطيع الاعتماد على نفسه في ارتداء ملابسه ، وفي التعبير عـن احتياجاتـه ، إضافة للنمـو الواضح في معجمـه اللغوي ، وبالتالي قدرته على استيعاب المعاني المجردة .

ويعد أهم ما يميز الأطفال على اختلاف أنواعهم في هـذه المرحلة العمرية هـو حـب الاستطلاع الشديد والزائد عن حده ، فهو لا يريد أن يتلقى إجابات حول مـا يسأل عنـه ، ولكنه يريد أن يمارس الحياة بنفسه ، فيرغب في ركوب الحيوانات ، وفي تشغيل الأجهـزة المنزلية ، وفي القيام بالأدوار بنفسه .

ومن الأسئلة المثيرة التي يرددها الأطفال كثيرا في هـذه السـن تلك الأسـئلة المتعلقـة بالطبيعـة والكـون ومـا وراء الطبيعـة ، والإلهيـات والملائكـة ، والجنة والنـار ، والآخـرة ، والخرافات القديمة ، والحكايات الأسطورية ، والرموز البعيدة مـن التـاريخ ، مثـل السـؤال عن الفراعنة وكيف كانوا يعيشون ، والحياة على سطح القمر ، وغيرها مـن الأسـئلة التـي غالبا ما تكون إجاباتها غير معروفة .

ومن المهم في هذه المرحلة إعطاء إجابات مقنعة ومبررة لهم ، وعدم التعامل معهم على أنهم سذج ، فلو كانوا سذجا لما تبادرت إلى أذهانهم مثل هذه الأسئلة ، وتبقى الإشكالية في كيفية إعطاء أجوبة بسيطة وسهلة ومقنعة في الآن نفسه .

وتتميز هذه المرحلة أيضا بنمو الخيال على نحو مختلف عن المرحلة السابقة ، حيث يزداد ولع الطفل/ الطفلة بالقصص الخيالية التي تخرج مضامينها من محيطه وعالمه ، وينجذب إلى القصص الخرافية ، وبخاصة القصص التي تنتقل بالخيال إلى آفاق بعيدة خارج حدود معارفهم دون أن تغفل الواقع.

وتؤكد الأبحاث والدراسات الخاصة بعلم نفس الطفولة أن الأطفال في هذه السن يبدأون في الشعور بالتميز تبعا للجنس ، فالأولاد تصبح لهم اهتمامات ، والبنات تصبح لهن اهتمامات ، وينحاز كل منهم للعب مع أقرانه من بني جنسه ، ويتعلق الأولاد بقصص الأبطال والمغامرين ، في حين ترغب الفتيات في القصص التي يكون أبطالها من الفتيات .

وأخيرا فمن الأشياء المهمة التي تتشكل في هذه المرحلة هي الوعي بالمعاني المجردة من صدق وسعادة وكذب وحزن وعدل وتعاون وشجاعة وتعاون وأمانة ، وكلها تصبح موضوعات صالحة لاختيار قصص تدور في إطارها .

3- المرحلة الثالثة : التمرد والتفرد :

وتشمل السنوات من التاسعة إلى الثانية عشرة ، وفيها يستقل الطفل والطفلة عن الاستعانة بالكبار في تحقيق حاجاته البسيطة ، كما يتضخم الشعور بذاته وبنوعه ، مما يجعله بشكل عام يميل إلى التمرد والتفرد ، ويرغب في البطولة ، ويتخذها حلما وملجأ وقدوة يسعى إليها .

ينفرد الصبي في هذه المرحلة العمرية بالميل إلى المغامرة والمخاطرة ، ويسعى لتطبيق ذلك عمليا ، بالمشاركة في الرحلات ، والخروج مع الأصدقاء بعيدا عن الأهل ، كما يميل إلى قراءة قصص المغامرات والحروب وقصص الرحالة والمستكشفين ، ويبدأ في الولع

بالقصص البوليسية ، وما فيها من مغامرة وتحد وإشباع رغبات الشجاعة والعدالة والذكاء .

وتنفرد الصبية بملامح وسمات تدور جميعها حول واقع حياتها كأنثى ، فتتفاعل مع القصص التي تكون المرأة فيها هي المحور ، وهي المحركة للأحداث ، كما تبدأ في هذه المرحلة عناية الفتاة بنفسها وملابسها وزينتها ، مما يمنحها تفردا يختلف بها عن عالم الأولاد ورغباتهم في الخروج على المألوف .

ومع نهاية المرحلة تبدأ المراهقة وبخاصة لدى الفتيات ، وفيها يتم الميل إلى الاهتمام بالقيم والتفاعل مع الأبطال الذين يحاربون الشر ، والبطلات اللائي يضحين من أجل العدالة والحق والخير ، والذين يساعدون المحتاجين ، ويقفون بجانب الضعفاء ، وغيرها من القصص التي تدور في هذا الإطار .

وعلى المستوى اللغوي فإن هذه المرحلة تتميز بتفجير القدرات الاستيعابية لدى الأطفال ، فيمتلكون القدرة على الحفظ والتلخيص ، واستعادة المعلومات ، كما تنمو مفردات المعجم اللغوي لديهم ، فيتواصلون مع الكنايات والدلالات والرموز العميقة.

وهنا تستهويهم قصص الشجاعة والمخاطرة والعنف والمغامرة وسير الرحالة والمكتشفين، هذا بالإضافة إلى القصص الهزلية والقراءات المبسطة وكتب المعلومات.

4- المرحلة الرابعة : البحث عن المثال:

وتشمل السنوات من الثانية عشرة حتى الخامسة عشرة، وهي مرحلة الاستقرار العاطفي النسبي، وهي مرحلة دقيقة وحساسة، فتكون رغبة التظاهر بالرجولة والفتوة لدى الطفل في أوجها ، كما تكون رغبة التظاهر بكمال الأنوثة لدى الطفلة في ذروتها.

وهنا يميل الطفل إلى القصص التي تمتزج فيها المغامرة بالعاطفة، وتقل فيها الواقعية وتزيد فيها المثالية، فالشخصيات الرومانتيكية ستكون جذابة على الدوام، وخاصة تلك التي تواجه الصعاب الكبيرة والعوائق المعقدة من أجل الوصول إلى حقيقة من الحقائق، أو الدفاع عن قضية، ويتشوقون إلى القصص البوليسية والجاسوسية وكذلك موضوعات الحب.

غير أن علماء النفس ينبهون إلى فترة متراجعة في نهاية هذه المرحلة تسمى فترة الكمون، يتراجع فيها الأطفال إلى الخلف ، ويضطربون ، ويشاكسون ، وتبدو عليهم علامات القلق والحزن ، كما يعودون إلى قراءة أشياء قديمة كانوا يقرأونها في فترات سابقة زمنيا ، وإلى اللعب بأشياء تركوها من زمن ، ثم في نهاية هذه المرحلة يتنكر الأطفال لكل ما يربطهم بمرحلة الطفولة ، ويتمردون على كل شيء يشير إلى أنهم صغار ، وكما يقال عنهم يتبعون فلسفة "خالف تعرف" ، وهو ما يحتاج إلى مراعاة نوعيات القصص والأدب الذي يمكن تقديمه لهم ، فيكون من المناسب تقديم قصص تعترف بقدراتهم وبذواتهم ، وتهتم بعالم مشاعرهم واهتماماتهم .

الأسس الفنية لكتابة قصة للطفل:

إن تأليف أو كتابة قصة للطفل أمر غاية في الصعوبة ، لاعتبارات عدة ، منها ما يتعلق باللغة وكيفية اختيار مفرداتها ، ومنها ما يتعلق بالبناء الفني وتحقق عناصر القص ، ومنها ما يتعلق بالأهداف والمقاصد والاتجاهات والميول التي يمكن أن تتسبب القصة في تكوينها لدى المتلقي ، ومنها ما يتعلق بالحكاية ذاتها ومدى قدرتها على استحواذ اهتمام الأطفال وتشويقهم واستثارة دافعيتهم لمتابعتها ، ومنها ما يتعلق بالوسيط الذي ستقدم من خلاله .

ولتجاوز هذه الصعوبات، فلابد من الإلمام بالأسس الخاصة بكل واحدة منها على حدة.

أولا - التحديدات الثلاث:

1- **تحديد المرحلة العمرية** ، وهو ما سيترتب عليه اختيار المعجم اللغوي ، وطبيعة الأفكار التي تتناسب والأبعاد النفسية لكل مرحلة .

2- **تحديد الأهداف** ، وهي بالضرورة أهداف تتعلق بالمعارف المطلوب تمكين الأطفال منها ، وأهداف تتعلق بالمهارات المراد إكسابها ، وأهداف تتعلق بالميول والاتجاهات والقيم المراد تكوينها أو التأكيد عليها . فاختيار أهداف لتكوين قيمة النظافة ستتحكم في كل مجريات القصة ، خلافا عن اختيار أهداف تتعلق بتعليم الأمانة ، أو الصدق ، أو تحمل المسؤولية ، أو المبادرة ، أو التطوع ، على الرغم من انتمائها جميعا

لمجـال أو فـرع القيـم ، وكـذلك الأمـر بالنسـبة للاتجاهـات أو الميـول أو المعـارف أو المهارات ، وغني عن التأكيد أن تحديد الهدف خطوة أولى للنجاح .

3- **تحديد الأفكار** وما يرتبط بها من موضوع الحكاية عموما ومجالاته وحدوده ، ولكل مجال من مجالات الحكايات مداخله وأساليبه وطرق السير فيه ، فحكايـة قصـة مـن الأساطير القديمة ، تختلف عن أساليب حكاية قصة من الحياة اليومية ، وهكذا .

ثانيا - اللغة:

ذلك أنه على الرغم من معالجة اللغـة داخـل البنـاء الفنـي ، إلا أننا نفردهـا هنا ، لا لأهميتها فقط ، بل لكونها تمثل عنصرا فارقا في الكتابة للأطفال ؛ لأنها إن لم تحدد المرحلـة العمرية ، وإمكانات المعجم اللغوي الخاص بها ، وإمكانات حجم ما يمكـن اسـتيعابه مـن مفردات جديدة في الصفحة الواحدة ، إن لم تفعل ذلك جميعه ، فقد حكمت منذ البداية بالفشل .

وقد رأينا عند دراسة المعجم اللغوي للطفل كيف يتشكل هذا المعجم ، وكيف تقتضي كل مرحلة عمرية مفردات بعينها ، وقدرات عقلية لغوية بعينها ، ثم رأينا كيف يفكر الأطفال ، والصلة الوثقى بين اللغة والأفكار وبين اللغة والتذوق وما يترتب عليه من وعـي جمالي ، ومن قدرات إبداعية وتفكيرية .

من هنا تأتي أهمية الإلمام بلغة الطفل نفسه ، وبإمكانات الطفل نفسـه وقدرتـه عـلى اكتساب مفردات جديدة ، ومـن أي حقـل ، وبأيـة صـورة ، في صـورتها التجريديـة ، أم في صورتها المحسوسة ، وهكذا .

ثالثا - البناء الفني للقصة :

سبق التأكيد على أن عناصر بناء قصة للأطفال لا تختلف فنيا عن عناصر بنائها للكبار، فكل أدب لابد أن تتحقق فيه مقومات ، قد يتقدم بعضها على بعض ، وقد يعـاد ترتيبها سرديا ، ولكنها في نهاية الأمر لابد أن تتحقق ؛ لأنها تمثل الأسس التـي يتكون منها الأدب، ومن دونها لا يكون ، وهي :

رسم وبناء الشخصيات :

وما يتعلق بها من رسم ملامحها وسماتها الجسدية ، وطبيعة عملها ، كأن تنتمي إلى حقل الأساطير ، أو إلى عالم البطولة ، وإلى بني الإنسان ، أو عالم الطير والحيوان ، وإلى الحاضر أو إلى المستقبل ، أو من الماضي البعيد ، فكثير من الأعمال الإبداعية استطاعت أن تعيش قرونا لارتباطها بشخصية صنعتها ، ويذكر جميعنا وجميع الأطفال شخصيات مثل : علاء الدين ، والشاطر حسن ، وسندريلا ، وسنو وايت ، والأميرة وأقزامها ، وكليلة ودمنة ، وغيرها من الشخصيات التي صنعت مجدها مادامت الحياة ، وهذه الشخصيات ارتبطت بأزمان بعينها ، وبطبيعة أفعال بعينها ، ولعل مما يؤثر في هذا المجال ما كان يفعله الأديب العالمي نجيب محفوظ من بناء لشخصياته على الورق في ملفات منفصلة ، قبل أن يضع كل شخصية في مكانها من القصة ، وهو ما أعطى إقناعا وواقعية لشخصيات نجيب محفوظ التي يشعر كل من يطالع شخصياته أنه يعرفها حق المعرفة ، فما من واحد منها إلا وتشعر أنه مر عليك يوما ما في حياتك أو بين أقاربك .

إن اهتمام الأطفال بالشخصيات في القصص ينبع من رؤيتهم لأنفسهم فيها ، وتحقيقها لرغباتهم واحتياجاتهم النفسية ، وهو ما يتطلب أهمية أن تعبر هذه الشخصية عنهم ، وقدرتها على إقناعهم ، وكسب مودتهم .

وكما هو معروف في الأدب الكلاسيكي أن الشخصيات تنقسم حسب ورودها في القصة إلى نوعين : شخصيات رئيسة يكون لها الدور الأكبر في سير الأحداث ، وشخصيات فرعية ثانوية تظهر وتختفي عبر الأحداث ، ويقل دورها أو يكثر تبعا للدور الذي ستقوم به ، وفي كل الأحوال لابد من رسم ملامح كل شخصية بما تدل عليه أفعالها من طبيعتها المطلوبة منها في القصة ، فشخصية الشرير تختلف عن شخصية الطيب ، وعن شخصية الأبله ، وعن شخصية المفكر ، وغيرها .

وكما هو معروف كذلك فإن كل ما يسهم في تحريك الأحداث فهو شخصية ، بشرية كانت أم حيوانة أم حتى جماد كان له دور ، فانطفاء المصباح واشتعاله شخصية لها دور ، والكلب الذي يحمي المنزل هو شخصية ، وهكذا .

وفي أدب الأطفال عموما لابد من توافر صفات في الشخصية لكي يتفاعل معها الطفل على نحو إيجابي ويستقبل منها ما يراد إرساله ، ومنها :

- **جاذبية الشخصية** ، فليست كل شخصية تكون مقبولة لدى الطفل ، وكذلك ليست كل شخصية صالحة لكل سن ، وهو ما تتحكم فيه السمات النفسية لكل مرحلة من مراحل الأطفال ، فالأطفال من سن الثانية حتى الرابعة يحبون الشخصية الكرتونية الكثيرة الحركة ، في حين يحب أطفال ما بعد الرابعة الشخصية الكرتونية والشخصية البشرية القريبة من سنهم .
- **قرب المرحلة السنية** للشخصية الأدبية من المرحلة السنية للفئة المستهدفة (الأطفال المتلقين) .
- **التحدث بلغة بسيطة** قابلة للفهم مباشرة،وبجمل قصيرة،وبأفكار بسيطة غير معقدة.

الزمان:

الزمان في القص زمانان ، زمان الحكي ، وزمان المحكي عنه ، أما زمان المحكي عنه ، فهو العصر الذي تدور فيه القصة ، وما يترتب عليه من مراعاة لطبيعة هذا العصرـ في القيم والتقاليد والعادات والملابس والثقافة وطبيعة الحياة بعامة، وكذلك الزمن الداخلي للتوقيت الذي ستدور فيه الحكاية وأحداثها ، في الليل أو في النهار ، أو في تعاقبهما.

وأما زمان الحكي ، فيشمل المساحة الزمنية التي سيستغرقها حكي أو عرض هذه القصة أمام الأطفال ، وما يقتضيه من معرفة سمات المرحلة العمرية ، وما يترتب عليه من إمكانات تقصير أم إطالة ، فعلى الرغم من التشويق والإثارة التي يجدها الطفل في الاستماع إلى قصة أو مشاهدتها عبر شاشة عرض ، إلا أنه ملول بطبعه ، وقد لا يحتمل الحدث إن طال زمنيا عن قدراته في الاحتمال .

وأما عن كيفية الكشف عن هذا الزمان داخل بنية القصة ، فله أساليب عديدة تطورت عبر التاريخ الأدبي ، بدءا بطريقة " كان ياما كان في سالف العصر والأوان " ومرورا بطريقة " في يوم من أيام الشتاء الباردة " ، وانتهاء بطريقة " في المستقبل البعيد وبعد مئات

السنين " ، وغيرها من الأساليب التي تعلن في صراحةٍ ، أو توارٍ ، أو تترك الأحداث هي التي تكشف عن تاريخها ، وهكذا .

المكان :

قد يترتب المكان على ما تم تحديده من زمان ، فالعصر الأموي أو العباسي سيقتضي تحديد المكان المناسب له ، والليل سيضفي على المكان طبيعته ، كما سيفعل النهار ، وقد يتعارض المكان مع الزمان لعلة فنية تفرضها طبيعة القصة ، كأن يتم استحضار زمن قديم في حياة معاصرة ، ولكن يتبقى أهمية تحديد المكان بطريقة مباشرة أو غير مباشرة ، تحديد المكان الخارجي في الريف أو الصحراء أو الأرض أو السماء ، ورسم ملامح طبيعته للمتلقي ، وكذلك تحديد المكان الداخلي في أي مكان مغلق ، فالمكان يتحكم في الأفعال والأحداث والمسار العام للقصة عموما ، وهو ما جعل أرسطو يعالجه مؤكدا على وحدة الزمان ووحدة المكان ، وإن كان مفهوم الوحدة يحتمل الكثير من التأويلات .

وفي الكتابة لوسائل التكنولوجيا المعاصرة وأساليب العرض المرئي والتليفزيون والمالتيميدا والأفلام المتحركة يتحكم المكان لا بوصفه كما سبق فقط ، بل بوصفه عاملا اقتصاديا في إنتاج العمل ، مما يقتضي الإقلال من التعدد ، أو التغيير من طبيعة المشهد لصالح التكاليف ، وهو أمر لم يعد في الإمكان نكرانه لتأثير الحضارة دوما على طبيعة الأدب والأدباء مهما نفى البعض .

الأفكار:

هناك دوما فكرة عامة تدور حولها القصة أو الحكاية ، وأفكار فرعية تتقاطع معها عرضيا وأفقيا ، فالفكرة العامة قد تكون حول مناصرة الخير أو الكشف عن ضعف الباطل ، أو إكساب بعض المعارف ، أو تنمية بعض المهارات ، أو التأكيد على بعض القيم[(6)] ، أو تعليم بعض المفاهيم العلمية أو الإنسانية ، أو غيرها من آلاف الأفكار التي

(6) يوسع البعض مفهوم القيم فيرون أنها معايير مرادفة للثقافة ككل ، وترى الفلسفة أنها محاولة الإنسان الوصول إلى الكمال ، ومن المعروف أن القيم والمعتقدات والسلوكيات تتداخل فيما بينها، وينظر علم النفس إلى القيم على أنها التي تحدد ما يرغبه الشخص وما لا يرغبه، وإلى المعتقدات على أنها تحدد للناس الأفعال التي يجب اتخاذها لكي يحققوا ما يريدونه.

تكون في مخيلة الكاتب أو المؤلف قبل الكتابة ، أما الأفكار الفرعية ، فإنها تأتي متقاطعة مع الفكرة العامة ، لتؤكدها بالاتفاق معها أو الكشف عن مضادها ، أو لتكرر ما اشتملت عليه من مفاهيم وقيم واتجاهات بطريقة أخرى ، أو لتكمل ملامح الصورة للفكرة العامة والرتوش التي لا تستطيع العامة أن تقوم بها .

ونظرا لأن الأفكار دوما هي مجردة ، لذا فإنها ستظل في حاجة إلى نسجها في موضوع ، وهذا الموضوع سيتنوع بتنوع الثقافة والبيئة والمصادر التي سيستقي منها ، والوسائط التي سيتم تقديمه عبرها ، وما أكثر موضوعات الحياة التي يمكن صياغتها في شكل أدب .

ويتكئ كثير من موضوعات الأدب شعره ونثره على الأفكار الناتجة عن القيم ، مثل قيم : الأمانة والإخلاص والصدق وإتقان العمل وتحمل المسؤولية والنظافة ومعكوساتها من كذب وخيانة وكسل وغيرها ، وعادة ما يكون مصدر تقعيد هذه القيم في الفكر الإنساني عائدا إلى ثلاثة روافد متراتبة على النحو التالي : **المصدر الأول** عادات وتقاليد المجتمع الناتجة عن تراكم ثقافتهم وتحتل المرتبة الأولى ؛ لأن العرف الاجتماعي تراقبه الجماعة وتتدخل فيه أولا بأول لتجريمه أو استحسانه . ويأتي **المصدر الثاني** متمثلا في القيم الدينية التي نتجت عن العقيدة والديانة ، وفي هذا الإطار يمكن الإقرار بأن القيم جميعها لا خلاف عليها في الأديان جميعها وبخاصة الكتابية منها (الإسلام والمسيحية واليهودية) وإن كان هناك اختلاف الآن فهو عائد إلى ممارسات البشر- وليس إلى القيمة في أصلها الذي أقرته الديانة ، فلا توجد ديانة تدعو إلى الكذب أو عدم الأمانة أو الخيانة . ويأتي **المصدر الثالث** متمثلا في المنجز الذي حققه الفكر الفلسفي عبر التاريخ من خلال مبحثه الذي يمثل ثلث الفلسفة القيم (الوجود – المعرفة - القيم) ، ويكشف مبحث القيم "الأكسيولوجي" عن حقيقة القيم الثلاثة المطلقة وهي : قيمة الحق : التي يدرسها علم المنطق فيحدد مجموعة قواعد يجب اتباعها ليكون التفكير صحيحا ، وقيمة الخير : ويدرسها علم الأخلاق فيحدد جملة من القواعد التي تحكم سلوكيات البشر لتتماشى مع مبادئ الخير ، وقيمة الجمال ، التي يدرسها علم الجمال ، فيضع القواعد لجمال الأشياء .

غير أن هذه القيم تمثل التصور الكلاسيكي لمفاهيم القيم وتصنيفها ، ومن المعروف أن منظومة القيم تخضع للكثير من التحولات بفعل التطور الحضاري والتوجهات العالمية المعاصرة التي تفرض هيمنتها اليوم على كافة مناحي الحياة ، وهو ما ستتم مناقشته في الفصل الأخير .

الحوادث والحبكة:

حركة سير الأحداث بالنسبة للأطفال هي الأهم على الدوام ، ومن خلال سير الأحداث يمكن بث المفاهيم والمعارف والأفكار المراد تبليغها للمتلقي ، وهو ما يحتاج إلى حبكة عالية ودقة في التناول وقدرة عالية من كاتب القصة على القيام بهذا الدور، ودائما هناك حدث مركزي تدور حوله الأحداث ، وينتج عن هذا الحدث المركزي أحداث أخرى فرعية ، وقد ينتج عنها أحداث أخرى أقل ، وهكذا .

ولتقريب فكرة الحدث المركزي يمكن النظر إلى كتاب ألف ليلة وليلة على أن الحدث المركزي فيه هو قصة الإطار (حكاية شهريار وشهرزاد) ، أما الأحداث الفرعية فهي التي تنتج عن هذا الحدث من حكاية شهرزاد للقصص .

ويعد الحدث المركزي هو الأساس الذي تنبني عليه القصة ، وتنتج عنه الأحداث الفرعية التي تقتضي وجود شخصيات للقيام بها ، وعادة ما يتم توجيه هذا الحدث وما ينتج عنه من أحداث فرعية لصالح خدمة الأهداف التعليمية والقيم والمفاهيم المراد بثها أو التأكيد عليها في أنفس الأطفال ، فعلى سبيل المثال حققت تجارب صياغة المهارات اللغوية والقواعد النحوية في شكل أحداث قصصية ، نجاحا متقدما في سبيل تعليم الأطفال بخلاف ما حققته الطرق العادية من شرح وتلقين .

ولابد للأحداث من أن تكون محبوكة فنيا وعلى نحو عال ؛ لأن الطفل يفكر بعقله فيما يمر به من أحداث ، ويستطيع اكتشاف التفاصيل والفجوات على نحو يفوق قدرة الكبار؛ لأن علاقته بالمشهد الذي يتم تصويره أو الموقف المعبر عن حدث لا تنتهي بانتهاء الموقف كما يحدث مع الكبار ، ولكنها تظل بداخله تعتمل لفترات طويلة ، ثم تغيب وتعود إليه على فترات ، وهو ما يفسر مفاجأة الأطفال لنا أحيانا بتذكر حدث سقط تماما من ذاكرتنا

نحن الكبار ، وهو ما يفسر أيضا الأمراض النفسية التي يعيشها الكبار بسبب تعرضهم في طفولتهم لموقف ما أثر عليهم سلبا .

من هنا تأتي أهمية الاهتمام بالحبكة ، وبترابط الأحداث وتسليمها بعضها إلى بعض ، وبتصاعد الحدث فيما يطلق عليه العقدة التي ينبغي أن تصل لذروتها ، وهنا تأتي إمكانية تنمية مهارات التفكير لدى الطفل ؛ حيث ينبغي ترك المساحة للأطفال لكي يتدخلوا في الأحداث ويتوقعوا الحلول فيما يمكن تسميته في علوم التربية باستراتيجية حل المشكلات، وهي طريقة تعتمد على تصميم أو طرح مشكلة على المتعلمين تتعلق بأهداف تعليمية محددة ، ويتم دفع المتلقي للخطوات والعمليات التي تقود لحل المشكلة، وذلك باستثارات مهارات التفكير ، وتقريب بعض المعلومات المرتبطة بالمشكلة ، سعيا للوصول إلى مجموعة من الحلول المقترحة .

وهناك خطوات عامة في حل المشكلات ، تمثل مراحل التفكير العلمي التي يمكن اتباعها لحل المشكلة منها : الشعور بالمشكلة - تحديد المشكلة - افتراض الحلول المحتملة - التحقق من الفروض - الوصول إلى النتائج .

إن إمكانات دمج ما سبق في البناء الفني للقصة ليس بالأمر الذي يمثل صعوبة ، وإن كان يحتاج فقط إلى وعي من قِبَل كُتَّاب وصانعي أدب الأطفال إلى هذه المفاهيم وكيفية تصميم أنشطة لها في سياق البناء الفني للعمل الأدبي .

السرد والحوار:

نعني بالسرد هنا طريقة الحكي ، حيث يستطيع الكاتب أن يحكي قصته بطرق عدة ، إما باستخدام الحكي عن ، أو الحكي بنفسه أي أن يكون المؤلف هو البطل المركزي في الحكاية ، أو باستخدام الوثائق ، أو باستخدام طريقة الرسائل ، أو باستخدام الحوار ، كما يمكن له أن يتبع التسلسل الزمني من القديم إلى الحديث ، وهو أسهل الطرق السردية ، أو أن يتبع الحكي من الحاضر إلى الماضي (التسلسل الزمني المعكوس) ، أو بطريقة الوصف الحاضر ، أو غيرها من الطرق العديدة لإمكانات الحكي والسرد .

أما عن الحوار فإنه يخضع لعدة اعتبارات فنية ، منها :

- بساطة اللغة ، وما يستتبعها من أساليب وتراكيب بما يتناسب والمرحلة العمرية .
- قِصَرُ الجُمَل والتراكيب ، حيث يصعب على الأطفال متابعة الجمل الطويلة ، وبخاصة إذاَ كانت تشمل على معطوفات ومتضايفات .
- وضوح نسب الحوار إلى قائله ، بمعنى تحديد من يقول ماذا ؟
- تناسب الحوار مع الوصف بما لا يجعل الحوار يطغى ، والعكس .

مصادر أدب الأطفال :

تتعدد المصادر التي يمكن استخراج أدب الطفل منها ، سواء أكان قصة أم أغنية، أم حكاية قابلة للتبسيط ، وسواء أكان بهدف الكتابة والتأليف ، أم الحكي ، أم العرض المرئي والتمثيل ، ومنها :

1- القرآن الكريم:

وما يشتمله من قَصَص قرآني يصلح بعضه أن يحكى للأطفال ، سواء كما هو ، أم باختيار مواقف قصصية منه، فعلى سبيل المثال قصة أهل الكهف يمكن حكايتها كاملة، أما قصة سيدنا يوسف في سورة يوسف ، فيمكن التجاوز عن موقف امرأة العزيز معه في قوله تعالى : ﴿ **وراودته التي هو في بيتها عن نفسه وغلقت الأبواب وقالت هيت لك قال معاذ الله إنه ربي أحسن مثواي إنه لا يفلح الظالمون**﴾ (يوسف:23) ، وذلك لما سيثيره لدى الأطفال من تساؤلات حول الموقف إجمالا .

وكما هو معروف فإن القرآن الكريم يزخر بالعديد من القصص التي يمكن الاستعانة بها ، وبخاصة قصص الأنبياء والرسل والصالحين كما رواها الكتاب العزيز .

ومن المهم في هذا الصدد الإشارة إلى أن استقاء القصص القرآني لا يعني بالضرورة أخذ القصة بحرفيتها ، ولكن قد تقتضي المرحلة العمرية استمداد مضمون القصة وموضوعها ، ثم صياغة حكاية بسيطة عليها ، متناسبة مع الفئات المستهدفة ، وإن لم يكن

هناك بد من الإشارة إلى الآيات الأصلية لما في ذلك من أهداف يتعلق بعضها باكتساب مفردات وتراكيب لغوية جديدة ، ويتعلق بعضها بالاستفادة من آي القرآن الكريم واستشعار عظمته وبلاغته على المدى البعيد .

2- الحديث النبوي الشريف :

وبخاصة الأحاديث التي اعتمد فيها الرسول عليه الصلاة والسلام المدخل القصصي ـ في بنائها ، مثل حديث " مثل القائم على حدود الله والواقع فيها، كمثل قوم استهموا على سفينة، فأصاب بعضهم أعلاها وبعضهم أسفلها،............ " ، وحديث الرجل الذي سقى الكلب بخُفِّه ، وحديث المرأة التي عُذِّبَت في قطة حبستها ، وأحاديث رحلة الإسراء والمعراج ، وأحاديث عبد الله بن عباس مع الرسول عليه الصلاة والسلام ، والحسن والحسين رضي الله عنهما ، وغيرها من الأحاديث التي تتخذ القصة لضرب المثل ، وتعليم القيم ، والدعوة إلى الالتزام ، مع مراعاة اختيار الأحاديث المناسبة للمرحلة العمرية كما سبق في تحديد سمات المراحل العمرية ومتطلباتها من القصص والحكايات .

3- القصص المستمد من سير الأولين :

وبخاصة صحابة رسول الله رضوان الله عليهم ، وسيرهم التي تمتلئ بكثير من العظات والعبر التي تنفع الأطفال ، وكذلك سير العظماء والصالحين في التاريخ الإسلامي ، وسير المناضلين من أجل تحقيق المبادئ والقيم والمثل العليا ، سواء أكان من التاريخ القديم ، أم التاريخ المعاصر .

ويضاف إلى ذلك قصص الفتيان والفتيات مع الحكام والقواد ، والواردة في كثير من كتب التراث العربي ، ومنها ما وقع مع عمر بن الخطاب ، أو على بن أبي طالب رضي الله عنهما ، وما وقع مع الحجاج بن يوسف الثقفي ، وغيره من القصص والمواقف التي كشفت عن شجاعة هؤلاء الأطفال في مواجهة المواقف ، والتركيز فيها دوما على ثقافة هؤلاء الأطفال ، ومعارفهم التي تفوق سنهم من ناحية ، والتي تكشف عن حسن توظيفهم لمعارفهم من جهة أخرى .

4- التراث الشعبي الشفاهي القصصي :

حيث لكل أمة تراثها من الحكي والأغاني الخاصُّ بالطفولة ، وهو تراث متوارث عبر الأجيال ، يحفظه الكبار من الرجال والنساء ، وبخاصة الجدات والأجداد ، ويحكونه للأحفاد ، ويستشهدون به في مواقف الحياة اليومية ، وقد شاع في هذا المجال قصص الشاطر حسن المستمدة من ألف ليلة وليلة ، وقصص الحيوان المستمدة من كليلة ودمنة ، والقصص الحكمي المستمد من خبرات الحياة اليومية ، والقصص الخرافي المستمد من معتقدات الشعوب وأساطيرهم ، وغيره من أنواع القصص الشعبي التي ليس لها مؤلف محدد أو معلوم ، وإنما هي مجهولة المؤلف ، ولكنها في النهاية تحمل عديدا من المضامين التربوية والأخلاقية والقيم المراد تعليمها للمستمعين.

والعجيب في هذه القصص أنها دوما تصلح للكبار والصغار على السواء ، فما من حكاية أو أحجية إلا ولها مريدون وراغبون في الاستماع إليها مهما تطورت وسائل العرض المعاصرة من سينما وتليفزيون ووسائل عرض إلكترونية .

5- التراث الشعبي الشعري الشفاهي:

وتمثله حكايات مثل : أبو زيد الهلالي ، وسيرة الفارس عنترة بن شداد ، وغيرها من الحكايات التي كان ينشدها الحكواتي في القرى والمدن والبوادي والأرياف ، ولا يزال بعضها محفورا في أذهان الأجداد والآباء حتى الآن .

6- الأمثال والحكم الشعبية :

حيث يشتمل المثل الشعبي على كثير من القصص والحكايات الموجزة والمختصرة التي يصلح كثير منها لأن يكون مادة لحكاية قصة للطفل ، وكذلك الحكمة العربية التي اختصرت كثيرا من تجارب الحياة ، ويمكن العودة في هذا الصدد إلى الحكمة المتوارثة عن التراث العربي ، وإلى الكتب التي جمعت الأمثال الشعبية ، بدءا من مجمع الأمثال للميداني، وانتهاء بالأمثال الشعبية لأحمد تيمور باشا ، وغيرها من الكتب التي اهتمت برصد المثل الشعبي ودراسته .

7- أغاني الأطفال وأناشيدهم :

وهي الأغاني التي عادة ما كانت الجدة أو الأم (تهنهن) بها الأبناء لكي يناموا ، أو تغنيها لهم على سبيل التسلية ، أو تحفظها لهم على سبيل تعليم قيمة ما ، ويضاف إليها الأغاني والأناشيد التي تنتجها وسائل الإعلام المعاصرة.

أما الأناشيد والقصائد ، فقد برع عدد من الشعراء في هذا المجال وأثروا المكتبة العربية بقصائد تعليمية تعلمية ، بعضها مستمد من القصص الحكمي التراثي ، وبعضها مستمد من الأمثال الشعبية ، والآخر تم تأليفه ، ومن هؤلاء : محمد عثمان جلال، وأحمد شوقي ، ومحمد الهراوي ، وغيرهم .

8- أدب الأطفال المكتوب :

فقد فطن الأدباء لأهمية الكتابة للأطفال ، مما أنتج كتابات عدة في مجالات القص والرواية والمسرح والشعر ، وهو تراث كثير العدد الآن ، برزت فيه أسماء شهيرة ، منها أحمد شوقي وقصائده العديدة على لسان الحيوان ، أو أناشيده الموجهة للأطفال ، ومنها أشعار محمد الهراوي في كتبه : سمير الأطفال للبنين ، وسمير الأطفال للبنات ، وأنيس الأطفال ، ومنها محمد السنهوتي في ديوان السنهوتي للأطفال ، ومنها كتابات كامل الكيلاني ، وقصص يعقوب الشاروني ، وغيرها من الأسماء التي لمعت عبر التاريخ الحديث والمعاصر .

9- الأدب المبسط :

وهو الأدب الذي يتم فيه تبسيط أعمال إبداعية لأدباء كبار ، إلى أعمال تتناسب مع المستويات العمرية المختلفة للأطفال ، ومنه تبسيط قصص الأنبياء للأطفال لعبد التواب يوسف ، وتبسيط أعمال نجيب محفوظ وتوفيق الحكيم وغيرهم من الكتاب لتناسب الأطفال في مراحلهم العمرية المختلفة ، وغيرها من الأعمال الإبداعية التي يمكن تبسيطها ، وهو أمر في مجمله ليس هينا ؛ إذ ليس الاعتماد فيه على الحدث والموضوع فقط ، ولكن أيضا على المحافظة على أسلوب الكاتب ، وكيفية توصيله للأطفال للاستفادة منه في تنمية مهاراتهم اللغوية ، واكتساب المعارف ، والقدرة على التخيل وتنمية مهارات التفكير العليا .

10- **الأدب العالمي للأطفال :**

فقد شهد الأدب العالمي طفرة في الكتابة للأطفال ، وتنوعت طرائق الكتابة بين تبسيط الأعمال الإبداعية لمؤلفين كبار ، وبين استخدام تقنيات معاصرة في الكتابة ، منها التقنيات البصرية ، والاعتماد على الصورة بديلا عن الكلمة ، وغيرها من التقنيات الحديثة التي تتناسب مع تطور المعارف البشرية وأدوات تقديمها .

وتعد حركة ترجمة الأعمال الإبداعية للصغار من أنشط حركات الترجمة في العالم أجمع لعوامل عدة ، منها سهولة الترجمة ، وارتفاع نسب المبيعات التي تحققها وسائل أدب الأطفال على نحو فارق قياسا إلى المبيعات للكبار .

11- **التأليف والإبداع:**

ونعني به إبداع قصص للأطفال تتناسب والموقف المراد تعديل السلوك فيه أو تكوين اتجاه أو قيمة ما لصالحه ، فقد يقوم الأطفال بسلوك ما مثل قطع أوراق نباتات الزينة ، أو إفساد فروع شجرة ، فيعمد الأب أو الأم أو المعلمة إلى تأليف قصة عن شجرة تشكو إلى شجرة أخرى ظلم الأطفال لها ، واتفاقهما على إخبار الطيور الجارحة للانتقام من هؤلاء الأطفال ، وهكذا تمضي القصة في سرد أحداث تخدم فكرة جعل الطفل يندم على قيامه بمثل هذه الأفعال وشعوره بأن النباتات والأشجار كائنات حية تشعر وتتألم لما يصيبها .

12- **الخيال العلمي ومنجزات العصر:**

حيث يتم توظيف المخترعات المعاصرة في نسج قصص حولها ، وتكون هي الحدث المركزي فيها ، مثل نسج قصة حول زرع كاميرا في جسم إنسان لتقوم برحلة داخله ، ومنها تصوير رحلة قطرة ماء منذ كانت نقطة في بحر وتبخرها وانتقالها بفعل السحاب ووصولها إلى نقطة عذبة في نهر ، ثم دخولها إلى المنازل للاستهلاك الآدمي أو نزولها في حقل لتروي نباتا ، أو ، أو ... إلخ .

وهناك مستوى آخر من مستويات توظيف المخترعات هو استشراف الرؤية المستقبلية، وتوقع أفق مستقبل هذه الاختراعات ، ومنها ما تم نسجه من قصص حول العالم بعد

ألف عام مستقبلا ، وتطور وسائل المواصلات فيه لتصبح سيارات طائرة ، وتطور الحبوب لتصبح أطعمة تتضخم عند الحاجة (باستخدام النانوتكنولوجي) [7] ، وتطور الهواتف المحمولة ليتحكم الإنسان من خلالها في منزله عن بعد ، وغيرها من تصوير للحياة في المستقبل ، وتطور الأدوات فيها ، وتطور العلاقات الإنسانية باستخدام الجينات الوراثية ، وقصص غزو الفضاء ، والانتقال للحياة على كواكب أخرى ، على نحو ما تصوره قصص وحكايات وأفلام المستقبل والخيال العلمي .

إن مثل هذه القصص تناسب الأطفال وتستثير الدافعية فيهم ؛ لأنها من جهة تتناسب مع حرية خيالهم وإمكاناتهم العقلية غير المحدودة والقادرة على تخطي الصعاب واجتياز العواقب ، والتوصل إلى أبسط الحلول لأعقد المشاكل- من وجهة نظرهم بالطبع- ولأنها من جهة ثانية تنقلهم إلى مستقبلهم هم الذي يتأصل الحلم به في وجدانهم فطريا .

وهذه القصص تمتلك إمكانات غير محدودة لتكوين الأطفال وتشكيلهم وتربيتهم وبخاصة في مجال بث القيم وتكوين الاتجاهات الإيجابية ، وتأصيل التقاليد ، وزرع الهوية، وغيرها من الأهداف التي يقتضيها واقع ومستقبل الوطن العربي والشخصية العربية .

غير أن ما يمكن ملاحظته على هذه القصص المتاحة للطفل العربي حتى الآن ، سواء المترجم منها عن الغرب أم المكتوب في اللغة العربية ، أنها لا تهتم كثيرا بالجانب القيمي والأخلاقي وتدعيم الهوية العربية ؛ إذ إنها تهتم أكثر بالعمل والآلة والمنتج المادي ، ولا تعول كثيرا على الجانب الروحي والإنساني ، وهو ما نأمل أن يتنبه إليه الأدب العربي الآن، فيوجه اهتمامه **أولا** إلى الكتابة للأطفال على نحو أوسع وأكبر مما هي عليه الآن ، **وثانيا** إلى الاهتمام بالجانب الروحي القيمي وتدعيم الهوية العربية في مضامين تتناسب وروح العصر والتحولات التي تطرأ على مفاهيمه وقيمه، مع الإشارة إلى بعد المستقبل الذي غدا يمثل علما الآن له أسسه وقواعده ومنجزاته التي أصبحت تنتج في شكل سيناريوهات يتلقفها أدب الأطفال ليصنع منها واقعا افتراضيا يدرب أبناء أمته عليه .

---

(7) مصطلح يعني التكنولوجيا الدقيقة الصغر ، مثل اختراع كاميرا صغيرة في حجم رأس دبوس ، وتصغير حجم وحدات التخزين في الكمبيوتر ، وأشعة الليزر الدقيقة الحجم الشديدة القوة مثل استخدام الليزر في قطع الأحجار ، وإذابة الحديد ، وغيره .

الفصل الرابع

التراث العربي ومصادر قصص الأطفال

يتسم التراث العربي بكونه تراثا شفاهيا ، محكيا ، حتى بعد ظهور الكتابية ، ونظرا لطبيعة المجتمع العربي الذي تدور حياته بشكل أساسي حول القيم والعادات والتقاليد ، وأهمية توريثها للأجيال التالية ، فقد كان الاعتماد على الحكي والقصص هو الأساس في تعليم الصغار وتنشئتهم ، وكانت للعرب في ذلك مصادر عدة تشكلت عبر الزمن ، منها الأمثال والحكم ، ومنها القصص التي يتناقلونها عن الواقع المحيط، ومنها القصص المتوارث ، واشتهرت في ذلك الحكايات المأخوذة من ألف ليلة وليلة ، وحكايات علي بابا والأربعين حرامي ، والسندباد ، وغيرها ، والحكايات المأخوذة من كليلة ودمنة والقص على لسان الحيوان بعامة ، والحكايات المأخوذة عن بعض الكتب الأخرى ، ومنها الفرج بعد الشدة للتنوخي ، والحيوان للجاحظ ، وغيرها .

والملاحظ على هذه المصادر جميعها أنها لم تكن في الأساس موضوعة للأطفال، ولم تكن الحكايات التي تعالجها بطلها هو الطفل في الأساس ، ولم يكن الطفل فيها هو المتلقي المقصود ، ولكنها على الرغم من ذلك تناسبت مع الأطفال لأسباب عدة ، منها وضوح الهدف فيها ، وسهولة عرضها ، وتسلسل أحداثها على نحو منطقي ، واشتمال مغزاها على الحكمة والمثل .

وفي هذا الإطار تنوعت طبيعة الراوي القائم بالحكي فتمثلت في الأسرة ، وبخاصة الأم والجدة ، والراوي الذي كان يطوف على المقاهي والمنازل ليحكي ، ومجالس السمر

الأسرية التي كان يجتمع فيها أفراد الأسرة فيقصون النوادر والحكم والأمثال والحكايات.

وعلى مستوى الأطفال ، فقد كانت الأم أو الجدة هي المصدر الأول والأقرب للحكايات أو الحواديت التي تحكيها للأطفال قبل النوم أو أثناء ساعات السمر ؛ وهي تبدأ بالصلاة على النبي ، ثم تقول : كان ياما كان يا سعد يا كرام ؛ وتبدأ في سرد حكاياتها وتقلد الأصوات وتقوم ببعض الحركات التمثيلية أو تقليد الحيوانات ؛ فكانت بهذه الطريقة وهذا الأداء تجذب انتباه الطفل ويتسع أفق الخيال لديه ويرسم الشخصيات والبلاد والجبال والوديان ؛ ولم تكن الحكاية تقتصر على التسلية فقط ، بل كانت تبث القيم والدين والسلوك الصحيح والعادات والتقاليد ؛ وأحيانا يكون داخل الحكاية التاريخ والجغرافيا وأيضا الخير و الشر والصواب والخطأ.

فمثلا حكاية "المعيز الثلاثة" عندما قامت كل منهن ببناء بيت لها ؛ الأولى بالقش والثانية بالخشب والثالثة بالطوب فهجم الذئب وأكل الأولى والثانية ؛ لأن البيت كان ضعيفا ، أما الثالثة فقد نجت ؛ لأن البيت كان قويا .

وهذه الحكاية على الرغم من بساطتها ، إلا أن مغزاها عميق ؛ حيث يتعلم منها الطفل القوة والذكاء والحرص الشديد. ومثل هذه الحكايات كانت تحكى للأطفال صغار السن الأقل من 8 سنوات ؛ فيتعلمون منها الكثير من القيم التي يتم ترسيخها في أنفسهم .

أما الأطفال الأكبر سنا فكانت تحكى لهم حكايات فيها الحكم والمواعظ والبطولات والسير؛ وكانت الجدة تحفظ حكايات ألف ليلة وليلة وبعض السير الشعبية وترويها داخل البيت.

مصادر أدب الأطفال في التراث العربي :

تتعدد المصادر التي يمكن لنا الآن استقاء القصص والحكايات والأشعار والأغنيات والأفكار والاتجاهات لتقديمها إلى الأطفال ، فمنها ما هو شفاهي ، ومنها ما هو مطبوع، ومنها ما هو مرئي أو مسموع ، ومنها ما هو إلكتروني عن طريق وسائط التكنولوجيا ،

ويمكن في هذا الإطار تقسيم المصادر التي يمكن استقاء قصص الأطفال منها سواء للحكي أم للكتابة ، أم للتأليف على النحو التالي :

أولا - قصص القرآن الكريم :

القصص القرآني هو القصص الذي تضمنه القرآن الكريم ليحكي لنا عن الأمم السابقة ، والأشخاص ، والأحداث ، حيث يتميز بأن كل قصة فيه هي قصة هادفة لها غاية أخلاقية ، تستقي أحداثها وشخصياتها من الكون والتاريخ ، وأنها أوحيت من قبل رب العزة سبحانه وتعالى ، وقد تنوعت فيها طرق العرض ، وتنوعت مواضع التشويق ، وطبيعة الحبكة ، وأماكن العقدة والحل ، والفجوات التي يتدخل فيها المتلقي لاستكمالها .

ويمكن تقسيم القصص القرآني إلى نوعين :

- نوع يحكي عن الأنبياء والمرسلين .
- ونوع يحكي عن الأمم السابقة ، وأفعال العباد الصالحين منهم والظالمين .

فمن الأول قصص الأنبياء والرسل (وعددهم خمس وعشرون) كما أحصاهم القرآن الكريم ، بدءا من سيدنا آدم أبو البشر عليه السلام ، وانتهاء بسيدنا محمد عليه الصلاة والسلام .... حيث سميت سور من القرآن الكريم بأسماء بعضهم ، ومنها سورة هود ، وصالح ، ويوسف ، ومحمد ، وجاء ذكر بعضهم عبر سور وآيات حسبما اقتضى السياق ، ومنها ما ورد في سورة القصص من ذكر لأنبياء الله .

ومن الثاني قصص الأمم ومواقف العباد ، مثل قصة اليهود مع البقرة ، وغرق الفرعون في تعقبه لسيدنا موسى ، وقصة أهل الكهف ، وقصة الخضر ـ مع موسى ، وقصة صاحب الحديقة التي احترقت ، وقصة أصحاب الفيل ، وغيرها من القصص التي رواها القرآن الكريم في سياق التأكيد على مبادئ إيمانية ، أو قيم أخلاقية .

ويعد القرآن الكريم مصدرا ثريا لقصص الأطفال ، سواء أكان الاعتماد فيها على النص القرآني كما هو مثل قصة سيدنا يوسف ، وقصة سيدنا موسى ، وقصة أهل الكهف، وقصة ناقة صالح ، وقصة أصحاب الفيل ، وغيرها من القصص ، أم كانت قصصا

معتمدة على القرآن الكريم كمصدر لها ، بمعنى الاعتماد على بعض الآيات التي تكون قد وردت في أكثر من سورة وأكثر من موضع ، ومنها قصص الأنبياء ، التي قام البعض بجمع ما ورد من آيات حولها ، ثم إعادة حكايته على نحو يتناسب مع الأطفال ، وهي محاولات عديدة ، جرت عبر التاريخ ، منذ كتاب "قصص الأنبياء" المعروف باسم "عرائس المجالس"[1] لأبي إسحاق أحمد بن محمد بن إبراهيم النيسابوري الثعلبي المفسر، ثم قصص الأنبياء للكسائي ، وكتاب اللباب في قصص الأنبياء ، لأبي الفرج بن الجوزي، وانتهاء بكتاب قصص الأنبياء للكاتب المصري أحمد بهجت ، وأنبياء الله للأطفال للكاتب نفسه .

وقد عُني القرآن الكريم بقصص الأنبياء عناية كبيرة، لما في ذلك من العبرة والعظة، والحكمة: قال تعالى: ﴿ **نحن نقص عليك** أحسن القصص بما أوحينا إليك هذا القرآن وإن كنت من قبله لمن الغافلين ﴾، وقال : ﴿ **لقد كان في قصصهم عبرة لأولي الألباب ما كان حديثل يفترى ولكن تصديق الذي بين يديه وتفصيل كل شيء شيء وهدى ورحمة للمؤمنين** ﴾ (يوسف:111) ، وقال : ﴿ **كذلك نقص عليك من أنباء ما قد سبق وقد آتيناك من لدنا ذكرا** ﴾ (طه:99) ، إضافة إلى سورة كاملة باسم القصص كما هو معروف .

يقول السعدي في أهمية قصص الأنبياء [2]: " قص الله علينا في كتابه قصصا طيبة من أخبار أنبيائه ، ووصفها بأنها أحسن القصص ، وهذا الوصف من الله العظيم يدل على أنها أصدقها وأبلغها وأنفعها للعباد ، فمن أهم منافع هذه القصص أن بها يتم ويكمل الإيمان بالأنبياء ، صلى الله عليهم وسلم ، فإننا وإن كنا مؤمنين بجميع الأنبياء على وجه العموم

(1) وإن كان ابن تيمية يرى في هذا الكتاب بعض المشكلات الناتجة عن عدم تحري النيسابوري الحديث حسنه وضعيفه .

(2) السعدي: تيسير اللطيف المنان في خلاصة تفسير القرآن- وزارة الشئون الإسلامية والأوقاف والدعوة والإرشاد - المملكة العربية السعودية- 1422هـ .

والإجمال ، فالإيمان التفصيلي المستفاد من قصصهم ، وما وصفهم الله به من الصدق الكامل والأوصاف الكاملة التي هي أعلى الأوصاف ، وما لهم من الفضل والفواضل والإحسان على جميع نوع الإنسان ، بل وصل إحسانهم إلى جميع الحيوانات بما أبدوه للمكلفين في الاعتناء بها والقيام بحقها ، فهذا الإيمان التفصيلي بالأنبياء يصل به العبد إلى الإيمان الكامل ، وهو من مواد زيادة الإيمان .

ومعنى ذلك أن قصص الأنبياء فيها تقرير الإيمان بالله ، وتوحيده ، وإخلاص العمل له ، والإيمان باليوم الآخر ، وبيان حسن التوحيد ووجوبه ، وقبح الشرك ، وأنه سبب الهلاك في الدنيا والآخرة .

وفيما يلي نموذج من قصص الأنبياء للأطفال :

نوح عليه السلام(3)

مات آدم ومرت سنوات.. عاش فيها خمسة رجال صالحين.. هم : (ود). (سواع) . (يغوث) . (يعوق). (نسر).. وبعد موتهم صنع الناس لهم تماثيل لكي يذكروهم. واستغل إبليس الفرصة، وأقنعهم بأن هذه تماثيل آلهة، وبدأ الناس يعبدون هذه التماثيل. وهنا أرسل الله "سيدنا نوحا" إلى قومه لهدايتهم .

* * *

كان "نوح" إنسانا عظيما. كان إذا استيقظ أو نام أو شرب أو أكل أو لبس ملابسه أو خرج أو دخل، يشكر الله ويحمده، ويذكر نعمته عليه، ويعاود الشكر. ولهذا قال الله تعالى عنه : " إِنَّهُ كَانَ عَبْداً شَكُوراً" ، وقد اختاره الله وأرسله نبيا إلى قومه، وخرج نوح على قومه، وبدأ دعوته، فقال لهم : " يَا قَوْمِ اعْبُدُوا اللَّهَ مَا لَكُمْ مِنْ إِلَهٍ غَيْرُهُ إِنِّي أَخَافُ عَلَيْكُمْ عَذَابَ يَوْمٍ عَظِيمٍ" .

شرح "نوح" لقومه أنه يستحيل أن يكون هناك غير إله واحد، هو الخالق .. أفهمهم أن الشيطان قد خدعهم زمنا طويلا، وأن الوقت قد جاء ليتوقف هذا الخداع. حدثهم نوح عن تكريم الله للإنسان.. كيف خلقه، ومنحه الرزق وأعطاه نعمة العقل، وليست عبادة الأصنام غير ظلم خانق للعقل.

(3) أحمد بهجت : أنبياء الله للأطفال - دار الشروق - القاهرة - 2005م - ص17 وما بعدها - بتصرف.

تحرك قوم نوح فى اتجاهين بعد دعوته.. لمست الدعوة قلوب الضعفاء والفقراء والبؤساء، أما الأغنياء والأقوياء.. فقد بدءوا حربهم ضد "نوح".

فى البداية .. اتهموا نوحا بأنه بشر.. " فَقَالَ الْمَلأُ الَّذِينَ كَفَرُوا مِنْ قَوْمِهِ مَا نَرَاكَ إِلَّا بَشَراً مِثْلَنَا" ، واستمرت الحرب بين الكافرين ونوح.. هاجموه فى أتباعه حين قالوا له: لم يتبعك غير الفقراء والضعفاء، والأراذل قال لهم نوح: لقد آمنوا بالله ، و الله أعلم بما فى أنفسهم..

ولجأ الذين كفروا إلى المساومة.. فقالوا لنوح:

- إذا أردت أن نؤمن لك فاطرد الذين آمنوا بك. إنهم ضعفاء وفقراء، ونحن سادة القوم وأغنياؤهم.. ويستحيل أن تضمنا دعوة واحدة مع هؤلاء.

واستمع "نوح" إلى كفار قومه، وأدرك أنهم يعاندون. وبرغم ذلك، كان طيبا فى رده.. أفهم قومه أنه لا يستطيع أن يطرد المؤمنين؛ لأنهم أولا ليسوا ضيوفه، إنما هم ضيوف الله.. وليست الرحمة بيته الذى يدخل فيه من يشاء أو يطرد منه من يشاء، إنما الرحمة بيت الله الذى يستقبل فيه من يشاء..

واستمر نوح يدعو قومه إلى الله ألف سنة إلا خمسين عاما. وكان يلاحظ أن عدد المؤمنين لا يزيد. بينما يزيد عدد الكافرين.

وحزن نوح على قومه.. لكنه لم يبلغ درجة اليأس. وربما كان هذا العمر الطويل لنوح معجزة خاصة له.. وجاء يوم وأوحى الله إليه: (إنه لن يؤمن من قومك إلا من قد آمن) .. أوحى الله إليه ألا يحزن عليهم.

ساعتها دعا نوح على الكافرين بالهلاك.. واستجاب الله لدعوة نبيه.. وأمره أن يصنع سفينة عظيمة..

* * *

أمر الله نوحا أن يزرع شجرا ليعمل منه السفينة، فغرسه وانتظر سنوات، ثم قطعه وبدأ نجارته فى سنوات. وكانت سفينة عظيمة الطول والارتفاع، وكانت من ثلاث طبقات، السفلى للحيوانات والوحوش، والوسطى للناس، والعليا للطيور. وكان بابها فى عرضها ولها غطاء من فوقها.

وكان نوح يصنعها طبقا لتوجيهات الله سبحانه وتعالى وتعليمه وإرشاده، وكان الكفار يمرون عليه فيرونه منهمكا فى صنع السفينة، وكان الجفاف سائدا فترة طويلة ، ولم تكن هناك أنهار قريبة أو بحار.. ويسأله الكفار:

- هل ستجرى سفينتك على الأرض يا نوح..؟! أين الماء الذى ستسبح فيه ؟

ثم ينفجرون بالضحك ويتهمونه بالجنون..

وانتهى من صنع السفينة وخرج الماء من الفرن الكائن فى بيت نوح.. وكانت هذه علامة على اقتراب الطوفان..

وحمل نوح فى السفينة من كل حيوان وطير ووحش زوجين اثنين.. وكان نوح قد صنع أقفاصا للوحوش وهو يصنع السفينة. وصعد أهل نوح من المؤمنين.. لم تكن زوجته مؤمنة فلم تصعد، ولم يكن أحد أبنائه مؤمنا، فلم يصعد.. دخل السفينة من آمن من قومه ، وكان عدد المؤمنين قليلا.. قال نوح:

- (اركبوا فيها باسم الله مجريها ومرساها إن ربى لغفور رحيم)..

* * *

بدأ الطوفان بأن نَبَع من فتحات الأرض. لم تبق هناك فتحة فى الأرض إلا خرج منها الماء. راح ينهمر من السماء بكميات هائلة لم تر الأرض قبلها مثلها.. وراحت المياه تسقط من السماء وتخرج من الأرض. وترتفع ساعة بعد ساعة. ونادى نوح ابنه وكان قد رفض الإيمان به. وكان يقف بعيدا عنه: (يا بنى اركب معنا ولا تكن مع الكافرين..)

وعلى هذا النسق يستمر المؤلف في سرد قصة سيدنا نوح ، وقصص الأنبياء الآخرين ، وهو ما يمثل نموذجا لاستخلاص القصص من القرآن الكريم ، والتأكيد على القيم المتضمنة بها ، وحكايتها للأطفال ، أو تبسيطها ليقرأوها بأنفسهم ، مع مراعاة المرحلة العمرية لهم في ضوء المراحل الثلاث التي سبق الكشف عن سماتها العمرية وحاجاتها النفسية وقدراتها التخييلية ، مع مراعاة استشارة خيال الطفل بهذه القصص بما يجعلهم يتفاعلون معها على نحو إيجابي ، وبما يجعلهم يتساءلون في أنفسهم عن مغزى هذه القصص وأحداثها .

أما النوع الثاني من القصص القرآني ، فهو الذي يعرض لقصص ومواقف عامة للأمم، ولبعض الأشخاص الذين كانت لهم تأثيراتهم في الآخرين ومعتقداتهم ، مثل حكاية السامري الذي أضل قومه ، وحكاية أهل الكهف ، وأصحاب الفيل ، والخضر مع

موسى، وغيرها من القصص التي في الإمكان حكايتها للأطفال ، وفيما يلي نموذج لقصة كما سردها القرآن الكريم ، يقول تعالى في سورة الكهف :

﴿ إذ أوى الفتية إلى الكهف فقالوا ربنا آتنا من لدنك رحمة وهيئ لنا من أمرنا رشدا (10) فضربنا على آذانهم في الكهف سنين عددا (11) ثم بعثناهم لنعلم أي الحزبين أحصى لما لبثوا أمدا (12) نحن نقص عليك نبأهم بالحق إنهم فتية آمنوا بربهم وزدناهم هدى (13) وربطنا على قلوبهم إذ قاموا فقالوا ربنا رب السماوات والأرض لن ندعو من دونه إلها لقد قلنا إذا شططا (14) هؤلاء قومنا اتخذوا من دونه آلهة لولا يأتون عليهم بسلطان بين فمن أظلم ممن افترى على الله كذبا ﴾

وتستمر الآيات حتى الآية (26) ، أما خلاصة القصة كما روتها كتب التفاسير [4] :

أوى الفتية أصحاب الكهف إلى كهف الجبل، هربا بدينهم إلى الله، فقالوا إذ أووا: (رَبَّنَا آتِنَا مِنْ لَدُنْكَ رَحْمَةً) رغبة منهم إلى ربهم، في أن يرزقهم من عنده رحمة ، فاعتزلوا عن قومهم لعبادة الله، فقال أحدهم: إنه كان لأبي كهف يأوي فيه غنمه، فانطلقوا بنا نكن فيه، فدخلوه، وفُقدوا في ذلك الزمان فطُلبوا، فقيل: دخلوا هذا الكهف، فقال قومهم: لا نريد لهم عقوبة ولا عذابا أشدّ من أن نردم عليهم هذا الكهف، فبنوه عليهم ثم ردموه، ثم إن الله بعث عليهم ملكا على دين عيسى، ورفع ذلك البناء الذي كان ردم عليهم ، فقال بعضهم لبعض:(كَمْ لَبِثْتُمْ) ؟ فـ (قالوا لبثنا يوما أو بعض يوم...) حتى بلغ(فَابْعَثُوا أَحَدَكُمْ بِوَرِقِكُمْ هَذِهِ إِلَى الْمَدِينَةِ) وكان ورق ذلك الزمان كبارا، فأرسلوا

(4) انظر في ذلك : الطبري : جامع البيان في تأويل القرآن- تحقيق أحمد محمد شاكر ومحمود محمد شاكر - مؤسسة الرسالة- القاهرة .

أحدهم يأتيهم بطعام وشراب ، فلما ذهب ليخرج، رأى على باب الكهف شيئا أنكره ، فأراد أن يرجع، ثم مضى حتى دخل المدينة، فأنكر ما رأى، ثم أخرج درهما، فنظروا إليه فأنكروه، وأنكروا الدرهم، وقالوا: من أين لك هذا ، هذا من ورِق غير هذا الزمان؟ واجتمعوا عليه يسألونه، فلم يزالوا به حتى انطلقوا به إلى ملكهم، وكان لقومهم لوح يكتبون فيه ما يكون، فنظروا في ذلك اللوح، وسأله الملك، فأخبره بأمره، ونظروا في الكتاب متى فقد، فاستبشروا به وبأصحابه، وقيل له: انطلق بنا فأرنا أصحابك، فانطلق وانطلقوا معه، ليريهم، فدخل قبل القوم، فضرب على آذانهم، فقال الذين غلبوا على أمرهم:(لَنَتَّخِذَنَّ عَلَيْهِمْ مَسْجِدًا).

ثانيا - قصص الحديث النبوي الشريف:

وهو القصص الذي يمكن استمداده من الأحاديث النبوية الشريفة ، وإعادة بنائه بالمفهوم الفني للقص لإبراز القيم التي يتضمنها لصالح الأطفال ، وبما يتناسب وأفهامهم، ومن الأحاديث التي تصلح لحكايتها أو استمداد حكاية منها ما يلي:

- حدثنا زكرياء قال: سمعت عامرا يقول: سمعت النعمان بن بشير رضي الله عنهما، عن النبي ﷺ : **(مثل القائم على حدود الله والواقع فيها، كمثل قوم استهموا على سفينة، فأصاب بعضهم أعلاها وبعضهم أسفلها، فكان الذين في أسفلها إذا استقوا من الماء مروا على من فوقهم، فقالوا: لو أنا خرقنا في نصيبنا خرقا، ولم نؤذ من فوقنا، فإن يتركوهم وما أرادوا هلكوا جميعا، وإن أخذوا على أيديهم نجوا ونجوا جميعا).**[2540] صحيح البخاري ، وسنن الترمذي .
- روي أنه وقف صبي في بعض المغازي ينادي عليه - في يوم صائف شديد الحر - فبصرت به امرأة في خباء القوم فأقبلت تشتد وأقبل أصحابها خلفها، حتى أخذت الصبي وألصقته إلى صدرها ثم ألقت ظهرها على البطحاء وجعلته على بطنها تقيه الحر، وقالت: ابني ابني! فبكى الناس وتركوا ما هم فيه، فأقبل رسول الله صلى الله عليه وسلم حتى وقف عليهم

فأخبروه الخبر ؛ فسر برحمتهم ثم بشرهم فقال: " أعجبتم من رحمة هـذه لابنها؟" قالوا: نعم، قال صلى الله عليه وسلم: " فإن الله تبارك وتعالى أرحم بكم جميعًا من هذه بابنها " فتفرق المسلمون على أفضل السرور وأعظم البشارة " [5].

■ بينما رجل يمشي بطريق اشتد عليه العطش، فوجد بئرا فنزل فيها فشرب، ثم خرج فإذا كلب يلهث يأكل الثرى من العطش، فقال الرجل: لقد بلغ هذا الكلب من العطش مثل الذي كان بلغ بي، فنزل البئر فملأ خفه ماء ، ثم أمسكه بفيه حتى رقى فسقى الكلب، فشكر الله له فغفر له . قالوا: يا رسول الله وإن لنا في البهائم أجرا؟ فقال: "نعم ، في كل كبد رطبة أجر".

وعلى نهج الرسول عليه السلام ، اهتم الصحابة بالأطفال وبتقديم الأدب لهم ، وكان عمر الخطاب رضي الله عنه ، من أوائل من وضعوا منهاجاً لتعليم الأطفال ، وذلك في كتاب بعث به إلى ساكني الأمصار قال فيه:" .... أما بعد فعلموا أولادكم السباحة والفروسية ورووهم ما سار من المثل وحَسُنَ من الشعر"[6].

ثالثا - قصص سير الأولين:

كما سبق فإن القصص الذي يمكن استمداده من سير الأولين يمكن تقسيمه إلى :

- قصص سير صحابة رسول الله رضي الله عنهم أجمعين .
- قصص الصالحين على عهد رسول الله ، وعهد خلفائه الراشدين ، وعهد التابعين وتابعي التابعين .
- قصص الزعماء أو القادة من التاريخ القديم.
- قصص الفتيان والفتيات ومواقفهم مع الخلفاء والقادة والحكام .

وتزخر كتب التراث بالعديد من هذه القصص التي تعمل على تنمية الشخصية لدى المتعلم ، واستمداد العبرة والعظة ، وتساعد على تكوين اتجاهات وميول وقيم إيجابية نحو حياته . وفيما يلي جزء من سيرة عبد الله بن عباس ترجمان القرآن :

---

(5) انظر الحديث في : الغزالي : إحياء علوم الدين .
(6) انظر: الجاحظ : البيان والتبيين – (تحقيق عبد السلام هارون) – القاهرة- 1975- ص99.

اجتهد عبد الـلـه في تحصيل العلم، فقضى معظم وقته في حفظ القرآن الكريم ورواية الحديث، ودراسة اللغة والفقه، والفرائض، وكان عالماً بأنساب العرب، وأيامهم، وظل على تلك الحال من الدراسة والتحصيل حتى أصبح فيما بعد حجة يرجع إليه في أحكام الدين، ولما لحق الرسول- صلى الـلـه عليه وسلم- بالرفيق الأعلى، كان عبد الـلـه شابًّا في الثالثة عشرة من عمره، وصار يجمع الحديث من الصحابة ، وكان يتردد على بيوت الأنصار والمهاجرين طالباً جمع الحديث، حتى نال من ذلك القسط الوافر، فقد بلغ ما رواه من الأحاديث ما يقرب من ألف وستمائة وسبعين حديثاً، وبذلك كانت له منزلة رفيعة بين المحدثين.

ويستمر السرد حتى يأتي على وفاته رضي الـلـه عنه .

ومن هذه القصص التي وقعت للأولين وفيها كثير من العظة والعبرة للمعتبرين ، ما أورده صاحب كتاب الرياض النضرة :

- **عن ابن عمر قال: قدمت رفقة من التجار فنزلوا المصلى .**

فقال عمر لعبد الرحمن: هل لك أن تحرسهم الليلة من السرق؟

فباتا يحرسانهم ويصليان ما كتب الـلـه لهما، فسمع عمر بكاء صبي فتوجه نحوه، فقال لأمه:

- **اتقي الـلـه وأحسني إلى صبيك.**

ثم عاد إلى مكانه ، فسمع بكاءه فعاد إلى أمه ، فقال لها مثل ذلك، ثم عاد إلى مكانه .

فلما كان من آخر الليل سمع بكاءه ، فأتى إلى أمه وقال:

- **ويحك! إني لأراك أم سوء، ما لي لا أرى ابنك لا يقر منذ الليلة؟**
- **قالت: يا عبد الـلـه قد أبرمتني منذ الليلة، إني أربعه على الفطام فيأبى.**
- **قال :ولم؟**
- **قالت: لأن عمر لا يفرض إلا للمفطم.**
- **قال: فكم له؟**
- **قالت كذا وكذا شهرًا.**
- **قال: لا تعجليه.**

فصلى الفجر وما يستبين الناس ، ثم غلبه البكاء، فلما سلم قال:

- **يا بؤسا لعمر، كم قتل من أولاد المسلمين.**

ثم أمر منادياً ينادي أن لا تعجلوا صبيانكم على الفطام، فإنا نفرض لكل مولود في الإسلام، وكتب بذلك إلى الآفاق أن يفرض لكل مولود في الإسلام.[7].

رابعا - قصص من التراث الشفاهي:

التراث الشفاهي ، هو التراث المحكي ، الذي نجهل مؤلفه ، وقد يكون - في الغالب الأعم- قد قام بتأليفه مجموعة من الناس عبر أزمان متعاقبة ، وذلك على الرغم من وجود بعضه مكتوبا مثل ألف ليلة وليلة وسيرة عنترة بن شداد ، وسيرة الأميرة ذات الهمة ، إلا أن الغالب الأعم عليه هو الحفظ في أذهان الناس وتناقله جيلا بعد جيل ، مثل حكايات أبي زيد الهلالي ، وحكايات العرب الهلالية في رحلتهم من المغرب إلى تونس عموما .

وتعد ألف ليلة وليلة هي الأشهر على الإطلاق بين كتب الكبار ، نظرا لما تحويه من قصص يصلح للصغار ويجد فيه الكبار المتعة والحكمة ، وما تحويه من خيال وأخبار شبه أسطورية حول العرب وعلاقاتهم ، وطبيعة حياتهم .

أما عن طبيعة محتوى ألف ليلة وليلة فهي مجموعة متنوعة من القصص الشعبية ، تتنوع بين الفصحى والعامية، تتخللها بعض أبيات الشعر ، ويهدف الكثير منها إلى الحكمة ونقل الخبرات ، وبعضها إلى المتعة والتشويق والإثارة .

إن النظرة التحليلية إلى حكايات ألف ليلة وليلة تكشف أنها حديثة العهد تم تأليف حكاياتها بدءا من العصر العباسي ، وبخاصة في بغداد والبصرة ومدن العراق التي كانت تمثل مقر الخلافة العباسية ، مما جعل البحث في أصلها عسير جدا. و قد قيل إنها مترجمة عن أصل بهلوي فارسي اسمه الهزار أفسانة ؛ أي الألف خرافة، و لكن هذا الأصل لم يعثر عليه قط ، مما يجعل الطبعة العربية الموجود بين أيدينا الآن هي الأصل والأساس .

وتشير المصادر إلى أن ألف ليلة وليلة لم تؤلف في زمن واحد ، ولا على يد شخص أو جماعة بعينهم ، وإنما تم تألفيها على مراحل وعبر أزمان عدة ، وأضيفت إليها على مر الزمن مجموعات من القصص المأخوذة من أخبار العرب القديمة والحديثة ، وبعضها من

(7) انظر الرواية في : الطبري : الرياض النضرة في مناقب العشرة .

الأمم المجاورة التي كانت لها علاقات مع الثقافة العربية مثل الهند وبلاد فارس على وجه الخصوص، وعلى مستوى المكان موقع الأحداث في القصص، فإن القراءة التأملية تكشف عن تكرر أماكن بعينها ، وتمثل أكثر هذه الأماكن تكرارا العراق ، ومصر وسورية.

ألف ليلة وليلة في الآداب العالمية :

تبدأ شهرة ألف ليلة وليلة عالميا وعربيا عندما عثر المستشرق الفرنسيـ أنطوان جالان على النسخة العربية وترجمها إلى الفرنسية عام 1704م، ومن بعده ترجمت إلى عدة لغات أخرى ، وصارت الحكايات الأكثر قراءة في العالم أجمع منذ ذلك التاريخ وحتى اليوم .

ولم تتوقف الثقافة الغربية عند استيعاب ألف ليلة وليلة قراءة ، وإنما ظهرت عبر التاريخ محاولات لتقليد حكاياتها وبنيتها القصصية ، ومنها محاولات كل من "تشوسر" في الإنجليزية و"بوكاتشيو" في الإيطالية .

فقد وضع الشاعر والكاتب جيوفاني بوكاتشيو مجموعة قصصية بعنوان "الديكاميرون" تشتمل على مئة حكاية ، يعتبرها الأدب الإيطالي إحدى روائعه الخالدة ، وهي حكايات مستلهمة من ألف ليلة وليلة ويمكن الكشف عن كثير من أوجه التشابه معها سواء في قصة الإطار أو في مضمون الحكايات ، وقد كانت هذه الحكايات مصدرا لإلهام شعراء عظام فيما بعد ، منهم تشوسر ، وشكسبير .

كما وضع الشاعر الإنجليزي "جيفري تشوسر" مجموعة حكايات بعنوان "كنتربري"، والتي يبدو فيها التأثر الواضح بحكايات ألف ليلة وليلة والخرافات والأساطير التي وردت بها ، مثل المدن المسحورة ، والجن ، والجبال المتحركة والأشياء الطائرة ، وغيرها ، كما ضمت كنتربري حكايات شعبية تكشف عن الطابع العربي الأصيل ، منها حكايات الطحان والتاجر والعمدة والملاك والفارس ورجل القانون ، وهي حكايات تميل في إجمالها إلى الحكمة والوعظ والتعلم " ويظهر بوضوح أثر الأدب العربي في "تشوسر" في الملحمة الإنجليزية The Seven Seers of Rome متى قورنت بالقصة الأولى من ألف ليلة

وليلة في الفكرة والخيانة والتهمة نفسها في حكايات كنتربري"[8]"، ويتحدث "السير هاملتون جب" عن أثر الأدب العربي في الأدب الإنجليزي بعامة ، وأثر ألف ليلة وليلة بخاصة ، فيقول : "إن ما وصل إليه الولع بالقصص الشرقية من نشاط أثر في القرن الثامن عشر وغض الطرف عنها مؤرخو (أدبنا بقصد وبعمد)"[9].

حكايات ألف ليلة وليلة :

الحكايات في ألف ليلة وليلة متداخلة ومتشابكة ، فشهرزاد لا تتبع نمطا واحدا في الحكي ، ولكنها تبدأ الحكاية ، وتنتقل من خلالها إلى حكايات فرعية ، ومن الحكاية الفرعية تنتقل إلى حكايات فرعية أخرى ، وفي الإجمال تبلغ الحكايات الكبرى حوالي 200 قصة ، وحوالي 1420 مقطوعة شعرية ، وهي تترتب بعد استخلاصها في عناوين على النحو التالي :

حكايات الملك شهريار وأخيه الملك شاه الزمان - حكاية الحمار والثور مع صاحب الزرع - حكاية التاجر مع العفريت - حكاية الصياد مع العفريت - حكاية الملك يونان والحكيم دويان - حكاية الحمال مع البنات - حكاية الحاسد والمحسود - حكاية الوزير نور الدين مع شمس الدين أخيه - حكاية الخياط والأحدب واليهودي والنصراني - حكاية مزين بغداد - حكاية الوزيرين (أنيس الجليس) - حكاية التاجر أيوب وابنه غانم وبنته فتنة - حكاية الملك عمر النعمان وولديه شركان وضوء المكان - حكاية العاشق والمعشوق - حكاية تتعلق بالطيور - حكاية الثعلب مع الذئب وابن آدم - حكاية علي بن بكار مع شمس النهار - حكاية الملك قمر الزمان ابن الملك شهرمان - حكاية نعم ونعمة - حكاية علاء الدين أبي الشامات - بعض حكايات تتعلق بالكرام - حكاية تتعلق ببعض مدائن الأندلس التي فتحها طارق بن زياد - حكاية هشام بن عبد الملك مع غلام من الأعراب - حكاية إسحاق الموصلي ، وزواج المأمون بخديجة بنت الحسن بن سهل - حكاية الحشاش - حكاية هارون

(8) هاملتون جب : تراث الإسلام وأثر الأدب العربي 59 .
(9) السابق 54 .

90

الرشيد مع محمد بن علي الجوهري - حكاية هارون الرشيد مع علي العجمي - حكاية هارون الرشيد مع جعفر و الجارية و الإمام يوسف - حكاية خالد بن عبد الله القسري مع الشاب السارق - حكاية أبي محمد الكسلان مع هارون الرشيد - حكاية علي شار مع زمرد الجارية - حكاية بدور بنت الجوهري مع جبير بن عمير الشيباني - حكاية الجواري المختلفة الألوان - حكاية وردان الجزار - حكاية الحكماء أصحاب الطاووس والبوق والفرس - حكاية أنس الوجود مع محبوبته الورد في الأكمام - حكاية تودد الجارية - حكاية السندباد - حكاية الجن والشياطين المسجونين في القماقم - حكاية مدينة النحاس - حكاية جودر بن التاجر عمر وأخويه - حكاية هند بنت النعمان - حكاية هارون الرشيد مع البنت العربية - حكاية جميل بن معمر لأمير المؤمنين هارون الرشيد - حكاية ضمرة بن المغيرة - حكاية أحمد الدنف وحسن شومان- حكاية زواج الملك بدر باسم بن شهرمان- حكاية سيف الملوك وبديعة الجمال- حكاية حسن الصائغ البصري- حكاية مسرور التاجر- حكاية علي نور الدين- حكاية ورد خان بن الملك جليعاد - حكاية أبي قير وأبي صير- حكاية عبد الله البري مع عبد الله البحري- من نوادر هارون الرشيد مع الشاب العماني- حكاية إبراهيم بن الخصيب- حكاية أبي الحسن الخراساني مع شجرة الدر- حكاية قمر الزمان مع معشوقته- حكاية عبد الله بن فاضل عامل البصرة مع أخويه- حكاية معروف الإسكافي.

بعض حكايات ألف ليلة وليلة للأطفال :

ليست كل حكايات وقصص ألف ليلة وليلة صالحة لأن تقدم للأطفال كما هي ، وبوجه عام ، فإنه يمكن تقسيمها إلى ثلاثة أنواع :

- نوع لا يمكن تقديمه للأطفال أصلا ، وهو الذي يعالج قصص الحب والغرام والعشق والعلاقات الجسدية بين الرجال والنساء .

- ونوع يمكن تقديمه مع التبسيط ، والتدخل لحذف بعض المواقف واختصار بعض المشاهد ، وتغيير بعض الرموز والشخصيات والأحداث بما يتناسب مع المرحلة العمرية ، وبخاصة المشاهد التي تعالج معتقدات وعقائد ، أو التي تصور اللهو في مجتمع بغداد القديم الذي تدور حوله معظم حكايات الكتاب .

- ونوع - وهو قليل - يمكن تقديمه كما هو ، أو على أقل تقدير اختيار حكايات منه لتقديمها كما هي دون الاستمرار فيما يترابط معها من حكايات أو يتداخل ، ومنه حكايات السندباد ، وأبو صير وأبو قير ، والحكايات التي تتعلق بالطيور والحيوان، وغيرها من القصص المتداخلة التي تنحو إلى الصراحة والوضوح وتراعي التقاليد والقيم العربية .

ونورد فيما يلي بعض النماذج من القصص التي تتناسب مع الأطفال على اختلاف مراحلهم العمرية ، لما تتضمنه من حكمة ومثل وتنبيه:

الليلة السابعة والسبعين بعد المئة

قالت شهرزاد : بلغني أيها الملك السعيد ، أنه كان في قديم الزمان وسالف العصر والأوان طاووس يأوي إلى جانب البحر مع زوجته ، وكان ذلك الموضع كثير السباع وفيه من الوحوش ، غير أنه كثير الأشجار والأنهار وذلك الطاووس هو وزوجته يأويان إلى شجرة من تلك الأشجار ليلاً من خوفهما من الوحوش ويغدوان في طلب الرزق نهاراً ، ولم يزالا كذلك حتى كثر خوفهما فسارا يبغيان موضعاً غير موضعهما يأويان إليه.

فبينما هما يفتشان على موضع فإذا بهما تظهر لهما جزيرة كثيرة الأشجار والأنهار فنزلا فيها وأكلا من ثمارها وشربا من أنهارها ؛ فبينما هما كذلك وإذا ببطة أقبلت عليهما وهي في شدة الفزع، ولم تزل تسعى حتى أتت إلى الشجرة التي عليها الطاووس وزوجته؛ فاطمأنت فلم يشك الطاووس في أن تلك البطة لها حكاية عجيبة فسألها عن سبب خوفها، فقالت: إنني مريضة من الحزن وخوفي من ابن آدم فالحذر ، ثم الحذر من بني آدم.

- فقال لها الطاووس : لا تخافي حيث وصلت إلينا.

- فقالت البطة: الحمد لله الذي فرج عني همي وغمي بقربكما وقد أتيت راغبة في مودتكما

فلما فرغت من كلامهما نزلت إليها زوجة الطاووس وقالت لها : أهلاً وسهلاً ومرحباً ، لابأس عليك ومن أين يصل إلينا ابن آدم ونحن في تلك الجزيرة التي في وسط البحر ؟ فمن البر لا يقدر أن يصل إلينا ، ومن البحر لا يمكن أن يطلع علينا فابشري وحدثينا بالذي نزل بك واعتراك من بني آدم.

- فقالت البطة : اعلمي أيتها الطاووسة أني في هذه الجزيرة طوال عمري آمنة لا أرى مكروهاً فنمت ليلة من الليالي فرأيت في منامي صورة ابن آدم وهو يخاطبني وأخاطبه وسمعت قائلاً يقول :

- أيتها البطة احذري من ابن آدم ولا تغتري بكلامه ولا بما يداخله عليك فإنه كثير الحيل والخداع فالحذر الحذر من مكره فإنه مخادع ماكر كما قال الشاعر:

يعطيك من طرف اللسان حلاوة   ويروغ منك كما يروغ الثعلب

واعلمي أن ابن آدم يحتال على الحيتان فيخرجها من البحار ويرمي الطير ببندقة من طين ويوقع الفيل بمكره ، وابن آدم لا يسلم أحد من شره ولا ينجو منه طير ولا وحش وقد بلغتك ما سمعته عن ابن آدم.

فاستيقظت من منامي خائفة مرعوبة ، وأنا إلى الآن ما انشرح صدري خوفاً على نفسي من ابن آدم لئلا يدهمني بحيلته ويصيدني بحبائله ، ولم يأت على آخر النهار إلا وقد ضعفت قوتي وبطلت همتي ، ثم إني اشتقت إلى الأكل والشرب فخرجت أتمشى وخاطري مكدر وقلبي مقبوض ، فلما وصلت إلى ذلك الجبل وجدت على باب المغارة شبلاً أصفر اللون ، فلما رآني ذلك الشبل فرح بي فرحاً شديداً وأعجبه لوني وكوني لطيفة الذات ، فصاح علي وقال لي : اقتربي مني.

.... ، وهكذا حتى نهاية القصة كما وردت في الكتاب الأصلي .

إن هذه القصة - على الرغم من ندرة القص على لسان الحيوان في ألف ليلة وليلة - تعد من أنسب القصص التي يمكن اختيارها من هذا الكتاب لتقديمها إلى الأطفال ، سواء في صورة مبسطة ، أم كما هي ، ولمراحل عمرية عدة ، وذلك لكونها تخلو من الحكي عن الحب والعشق والعلاقة الجسدية بين الرجل والمرأة كما تزخر به قصص ألف ليلة وليلة بعامة ، والتي تدور قصة الإطار فيها أساسا حول خيانة زوجة شهريار له ، مما جعله يتزوج في كل ليلة فتاة ويقتلها قبل مطلع الصباح ؛ أي أن الأصل في الكتاب قائم على فكرة الخيانة ، وهي فكرة يصعب تقديمها للأطفال في أي صورة .

ومن جهة أخرى تتضمن حكاية الطيور والحيوانات السابقة كثيرا من الأهداف التربوية ، والمهارات الحياتية ، ومهارات التفكير المطلوب تنميتها لدى الأطفال عموما ،

فهي تتضمن التأكيد على قيم الصداقة ، وأهمية الحرص والحذر والاحتياط من الغرباء ، والتفكير وإعمال العقل فيما يعرض عليهم ، إضافة إلى ما فيها من متعة وتشويق وإثارة تجعل المتلقي في حالة تأهب دائم ورغبة في التقدم مع الأحداث ، وتدبر لما فيها من حكم وأمثال ، وغير خاف بالطبع أنها تعالج قيما إنسانية في صميمها ، إضافة لأنها تنتهي بدعوة إيمانية صريحة تدعو للتسبيح والتدبر .

خامسا - كتاب كليلة ودمنة:

وهو الكتاب الذي وضعه "بيدبا " الفيلسوف الهندي رأس البراهمة لدبشليم ملك الهند وأطلق عليه اسم " كليلة ودمنة" وجعله على ألسن الطير والحيوان ، صيانة لغرضه من العوام ، وحفظا له من كل ما يقرب إلى جهل الإنسان ، وتنزيها للحكمة وفنونها، ومحاسنها وعيونها، تلك الحكمة التي لا غنى عنها للفيلسوف ، ولا يغيب عن أهميتها المثقف والقارئ والمتعلم .

وقد ترجم هذا الكتاب إلى العربية في العصر العباسي على يد عبد الله بن المقفع (ت 142هـ ، 759م) ، وهناك دراسات مقارنة تشير إلى أن ابن المقفع أضاف إليه حكايات وقصص من التراث العربي تزيد على الضعف .

والكتاب في مجمله يعرض لقصص تجري على ألسنة الطير والحيوان ، وتستنطق الحيوان بهدف الوصول لأهداف أخلاقية وإصلاحية وتعليمية ، ومن ثم يزخر الكتاب بالحكمة المباشرة ، إضافة إلى ما يمكن فهمه واستخلاصه من مثل وحكمة نتيجة للموقف والتصرف والسلوك، وهو ما يشير إليه ابن المقفع نفسه: "وأما الكتاب فجمع حكمة ولهوًا؛ فاختاره الحكماء لحكمته والسفهاء للهوه، والمتعلم من الأحداث ناشط في حفظ ما صار إليه من أمر يربط في صدره ولا يدري ما هو"، كما أن ابن المقفع قد صرح في أكثر من موضع من مؤلفاته بأن للكتاب غرضًا ظاهريًا وآخر باطنيًا، يقول:"وكذلك من قرأ هذا الكتاب، ولم يفهم ما فيه ولم يعلم غرضه ظاهرًا أو باطنًا لم ينتفع بما بدا له من خطه ونقشه" .

ويقوم الكتاب في أسلوبه على التراسل والتشابك ، حيث يبدأ كل باب منه بمثل يسأل الملك دبشليم عنه الفيلسوف "بيدبا" ، فيحكي له الفيلسوف قصة تدور حول المثل وتدور على لسان الطير أو الحيوان ، وتأخذ شكلا خرافيا أحيانا ، وشكلا قريبا من الواقعية أحيانا أخرى ، غير أنه لا يسير على هذا الأسلوب في كل القصص ، وإنما تأتي عبر القصة قصص أخرى متشابكة ، ومتفرعة عن القصة الأم ، وهكذا .

وقد كان لكتاب كليلة ودمنة أثره الأدبي الفعّال على كثير من الأدباء في العصور القديمة والحديثة على السواء ، فقد نظمه شعرا كل من ابن سهل بن نوبخت، وعلي ابن داود كاتب زبيدة بنت جعفر، ونسج على منواله كثيرون من الكتاب ، فألفوا كتباً عديدة تجمع الكثير من الروايات والحكايات على ألسنة الحيوانات ، منها : كتاب سلوان المطاع في عدوان الطباع لابن ظفر، وكتاب فاكهة الخلفاء ومناظرة الظرفاء لابن عربشاه.

كما لم يتوقف تأثير كتاب كليلة ودمنة عند الأدب العربي ، بل تعداه إلى الآداب الأجنبية ، حيث تتعدد الترجمات التي نُقلت عن النص العربي مباشرة أو عن نصوص مترجمة عن النص العربي ومنها : السريانية الحديثة، والإنجليزية، والفارسية الأولى ثم الثانية، والفارسية الهندية، والتركية واليونانية، والإيطالية، والعبرية، واللاتينية الوسطى، ثم اللاتينية القديمة، والأسبانية القديمة.

غير أنه تظل أشهر الترجمات العالمية والمتأثرة بكليلة ودمنة ، هي التي تمت في الأدب الفرنسي على يد لافونتين ، والتي أطلق عليها اسم " الفابليات " نقلا عن المصطلح الفرنسي les fables.

وعلى الرغم من أن لافونتين قد صاغها شعرا ، إلا أنها ظلت محافظة على ما فيها من قيمة وحكمة ، وما تحويه من تشويق ومتعة ، كما أنها كانت سببا في تخليد اسم صاحبها على مر التاريخ .

وسوف نشهد لاحقا استمرار مسيرة كتاب كليلة ودمنة في الأدب العربي الحديث شعرا ، والحكايات التي صاغها عدد من شعراء العربية في نهاية القرن التاسع عشر ومطلع العشرين، ومنهم محمد عثمان جلال وأحمد شوقي ومحمد السنهوتي وغيرهم .

وفيما يلي نموذج من كليلة ودمنة :

قصة الحمامة المطوقة

قال دبشليم الملك لبيدبا الفيلسوف: قد سمعت مثل المتحابين كيف قطع بينهما الكذب وإلى ماذا صار عاقبة أمره من بعد ذلك؛ فحدثني، إن رأيت؛ عن إخوان الصفاء كيف يبتدأ تواصلهم ويستمتع بعضهم ببعض؟

قال الفيلسوف: إن العاقل لا يعدل بالإخوان شيئا ؛ فالإخوان هم الأعوان على الخير كله، والمؤاسون عندما ينوب من المكروه. ومن أمثال ذلك مثل الحمامة المطوقة والجرذ والظبي والغراب.

قال الملك: وكيف كان ذلك؟

قال بيدبا: زعموا أنه كان بأرض سكاوندجين، عند مدينة داهر، مكان كثير الصيد، ينتابه الصيادون؛ وكان في ذلك المكان شجرة كثيرة الأغصان ملتفة الورق فيها وكر غراب فبينما هو ذات يوم ساقط في وكره ؛ إذ بصر بصياد قبيح المنظر، سيئ الخلق، على عاتقه شبكة، وفي يده عصاً مقبلاً نحو الشجرة، فذعر منه الغراب؛ وقال: لقد ساق هذا الرجل إلى هذا المكان: إما حيني وإما حين غيري. فلأثبتن مكاني حتى أنظر ماذا يصنع.

ثم إن الصياد نصب شبكته، ونثر عليها الحب، وكمن قريبا منها، فلم يلبث إلا قليلا، حتى مرت به حمامة يقال لها المطوقة، وكانت سيدة الحمام ومعها حمام كثير؛ فعميت هي وصواحبها عن الشرك، فوقعن على الحبِّ يلتقطنه فعلقن في الشبكة كلهن؛ وأقبل الصياد فرحاً مسروراً. فجعلت كل حمامة تضطرب في حبائلها وتلتمس الخلاص لنفسها.

قالت المطوقة: لا تتخاذلن في المعالجة ولا تكن نفس إحداكن أهم إليها من نفس صاحبتها؛ ولكن نتعاون جميعاً فنقلع الشبكة فينجو بعضنا ببعض؛ فقلعن الشبكة جميعهن بتعاونهن، وعلون في الجو؛ ولم يقطع الصياد رجاءه منهن وظن أنهن لا يجاوزن إلا قريباً ويقعن.

فقال الغراب: لأتبعهن وأنظر ما يكون منهن.
فالتفتت المطوقة فرأت الصياد يتبعهن. فقالت للحمام:

- هذا الصياد مجد في طلبكن، فإن نحن أخذنا في الفضاء لم يخف عليه أمرنا ولم يزل يتبعنا وإن نحن توجهنا إلى العمران خفي عليه أمرنا، وانصرف. وبمكان كذا جرذٌ هو لي أخ؛ فلو انتهينا إليه قطع عنا هذا الشرك.

ففعلن ذلك. وأيس الصياد منهن وانصرف. وتبعهن الغراب. فلما انتهت الحمامة المطوقة إلى الجرذ، أمرت الحمام أن يسقطن، فوقعن؛ وكان للجرذ مائة جحر للمخاوف فنادته المطوقة باسمه، وكان اسمه زيرك، فأجابها الجرذ من جحره: من أنت؟

وهكذا تستمر القصة لتنتقل من حكاية إلى حكاية حتى تختم الباب ، لتنتقل إلى باب آخر . وغير خفي بالطبع ما تشمله القصة من حكمة تشير إلى الصداقة والإخاء ، وأهمية مساعدة الآخرين ، وأهمية اختيار من نصادق ، وعدم الانخداع بما هو ظاهر، وهي قيم تتناسب مع النشء والمقتضيات التربوية المطلوبة لهم في مراحل الطفولة العمرية ، حيث ستمنحهم ذخيرة لا بأس بها من القيم والتقاليد والمفاهيم ، التي استطاعت الحكاية أن تقدمها لهم على نحو يضمن استقبالهم له ، وليس على شكل نصائح مجردة وعقيمة في الآن نفسه .

الفصل الخامس

القصص الفرعوني

ما يزال التراث الفرعوني يحمل الكثير من الأسرار ، التي يعجز عنها العالم الحديث بكل ما يحمل من إمكانات ووسائل معاصرة ، ليس فقط على مستوى التحنيط أو بريق الألوان التي لم تزل زاهية بعد ما يزيد عن ستة آلاف عام ، وليس فقط على مستوى هندسة بناء المعابد والأهرامات أو عبقرية الزراعة ومواقيتها ، أو المخترعات والأفكار والتقنيات التي سبقوا بها العالم ، وأقلها ورق البردي ، ليس على مستوى ذلك جميعه فقط ، وإنما على مستوى التربية والتنشئة والأدب وما يرتبط به من حكمة وأخلاقيات وقيم وتقاليد .

المعابد الفرعونية - مثلا - تصور جدرانها قصصا عن الحياة والموت ، والزراعة والحصاد ، والحروب والاحتفالات ، والحرف والصناعات ، والشعب والحكام ، وغيرها من مظاهر الحياة المتنوعة للحضارة ومفرداتها اليومية ، وأحداثها ، وحركة أفرادها ، ومعتقداتهم وأفكارهم وأفعالهم .

ومن بين كثير مما وصلنا من مظاهر عظمة الفراعنة نتوقف عند الأدب والتراث الأدبي، وقصص الأطفال وأغانيهم التي كانوا يستعينون بها بوصفها وسيلة من وسائل التربية ، وأسلوبا من أساليب ترقية النفس وتزكيتها .

ويعد كتاب مصر القديمة لجيمس بيكي- والذي ترجمه نجيب محفوظ في أسلوب أدبي راق- من أشهر الكتب التي تعرضت لأدب الأطفال في مصر الفرعونية ، وذلك عبر

رحلته الخيالية التي قام بها جيمس بيكي إلى مدينة طيبة (الأقصر- الآن) ، ووصف فيها حياة المصريين القدماء في عصر الملوك والملكات ، فقص كيف ركب السفينة الفرعونية التي تحركت بهم من فلسطين إلى البحر المتوسط ثم مرت عن طريق النيل من شمال مصر- إلى جنوبها . ووصف فيها مشاهداته عن مصر- ، وروى عن القصص الفرعونية ، والأساطير المشوقة ، ووصف حياة الأطفال وتربيتهم وألعابهم وقصصهم ، وأورد بعض القصص الفرعونية في عهد الملكة حتشبسوت ورحلاتها الاستكشافية إلى بلاد بنت[1] ، والتي تم تصويرها كاملة على جدران معابد مدينة الأقصر، ثم حكى لنا عن الكتب المصرية القديمة ، واختراع المصريين للكتابة على ورق البردي، ووصف لنا المعابد والقبور الفرعونية ، وبخاصة معبد الكرنك على الشاطئ الشرقي لمدينة الأقصر- ، ووادي الملوك والملكات على الشاطئ الغربي، والتي لا تزال جميعها موجودة حتى الآن .

وبشكل عام فإن القصص التي سجلتها المعابد والبرديات في مصر الفرعونية تحكي في مجملها عن مغامرات وأحداث مشوقة ، وتتضمن الكثير من القيم والأفكار والاتجاهات الإيجابية نحو الحياة والأخلاقيات المرغوب تعلمها للأطفال ، ولذا فليس من المستغرب أن تظل تحكى حتى الآن .

ويعد أهم ما وصلنا من قصص عن طريق البرديات هي قصص : الفلاح الفصيح ، وقصة الغريق في الجزيرة ، وقصة سنوهي (سنوحي).

وفيما يلي نماذج مختصرة لبعض هذه القصص ، والتي يمكن الاعتماد على بنيتها الأساسية في الحكي للمراحل السنية المختلفة ، تبعا للسمات النفسية لكل مرحلة من المراحل الأربع السابق ذكرها :

---

(1) من المرجح أن تكون إحدى مناطق بلاد الصومال الآن ، أو جزءا منها على أقل تقدير ، وهو الرأي الذي تميل إليه كثير من مصادر التاريخ .

1- قصة الفلاح الفصيح [2]

وصلت إلينا "قصة الفلاح الفصيح" من خلال أربع برديات يعود تاريخها إلى الدولة الوسطى، وهي سيرة قديمة تتسم بالطول، وتقع في 430 سطراً. وهي عبارة عن تسع شكاوى تقدم بها الفلاح "خوان أنوب" إلى رئيس الديوان ويدعى "رنسي أو رنزي" بسبب تعرضه لسرقة حميره، وقد أُعجب رنسي بطلاقة لسان الفلاح، فأخبر الملك "خيتي" الثالث بأمره، وبحديثه اللبق، وتركه يتقدم بتسع شكاوى، طالعها الملك مراراً وتكراراً ليروّح عن نفسه حتى أنصفه في آخر الأمر.

إنه فلاح مصري عاش منذ 4000 سنة في قرية تسمى حقل الملح في وادي النطرون، وتحكي القصة أنه لما وجد مخزن الغلال قد أشرف على النفاد، حمل بعضا من منتجات قريته على قطيع من حميره، وقصد المدينة بهدف التجارة وتبديلها مع الغلال، وكان الطريق يحتم عليه المرور بإحدى مزارع الملك، فأكلت الحمير بعضا من حشائش الحقل، فانقض عليه موظف الملك واسمه تحوتي، وقبض عليه وصادر حميره.

وتروى الحكاية أن الفلاح تعرض للإهانة والسجن، ثم أفرج عنه تحوتي، وظن أنه سيفرح بالنجاة، ولكن الفلاح رفض النجاة الكاذبة وذهب إلى رنزي بن مرو مدير البيت الكبير، فأمر بإجراء تحقيق عاجل غير أن بقية الموظفين انحازوا إلى زميلهم ضد الفلاح، وادعوا بأن الفلاح ربما يكون متهربا من الضرائب وتجاهلوا في تقريرهم مسألة الحمير، ولكن الفلاح لم ييأس وذهب إلى مدير البيت الكبير وقال له:

لأنك أنت والد اليتيم وزوج الأرملة وأخ لمن هجره الأهل وستر من لا أم له.
دعني أضع اسمك في هذه الأرض كي تخلد فوق كل قانون عادل .

_____

(2) تم الاعتماد على المراجع التالية في استخلاص قصة الفلاح الفصيح :
- سيد كريم: الكاتب المصري وروائع القصص العالمي- الهيئة العامة للكتاب-مكتبة الأسرة- 2006.
- كلير لالويت. الأدب المصري القديم- ترجمة : ماهر جويجاتي- دار الفكر للدراسات والنشر والتوزيع- كتاب الفكر 16- القاهرة- 1992.

يأيها القائد الذي لا يشوبة الطمع ويتجنب الصغائر .
أجب إلى الصيحة التي أنطق بها فمي .
أقم العدل واكشف الضر عني فإني في حيرة .

وشعر المدير بالسرور من فصاحة الفلاح وذهب إلى الملك يخبره القصة كلها، وسعد الملك كثيرا بشكوى الفلاح الفصيح ، وأمر بإعادة كل الحمير إلى أهله، وتحميلها بما تحتاج إليه قريته .

يبدأ خوان أنوب الشكوى الأولى من شكاواه التسع بقوله:

أيها الملك العادل ظل الإله في الأرض
أنت تجيء كنور الحق وبمجيئك يختفي ظلام الباطل
أنت تجيء كالشبح وبمجيئك ينتهي الجوع
أنت تجيء كالثياب وبمجيئك ينتهي العرى
أنت تجيء كماء نهر الحياة وبمجيئك ينتهي الظمأ
أنت كالنسمة الصافية تجيء بالهدوء بعد العاصفة الهوجاء
أنت الدفء لمن أصابه البرد ولا يقوى على مقاومته
أنت كالنار تنضج الطعام وكالماء تروي العطشان
أيها الملك أنت ظل الإله في الأرض
فلا تكفر بتلك النعم التي خصصك بها الإله
إن العدالة في حكم الناس مسؤوليتك أمام الإله
إنك مسؤول عن اختيار قضاتك وقضاتك مسؤولون أمام الإله

وفي نموذج بارع من أساليب الفلاح الفصيح ، يخاطب القاضي طالبا منه التزام العدل، فيقول :

انظر إنك الرئيس وبيدك الميزان أيها القاضي ، إذا اختل هذا الميزان اختل مركزك أمام الناس وأمام الإله .
لا تول وجهك للظالم وتولي ظهرك للمظلوم فالإله يراك.

إنك صانع العدل ومن يصنع العدل لا يمكنه أن ينحرف عنه.

إنك تمثل القلم والمحبرة ولفة البردي، فلا تترك قلمك يسطر إلا ما يمليه ضميرك

إنك تحاسب الناس فاحكم بالعدل

لا تنسى أن أحكامك ستحاسب عليها عندما توضع عندما يحاسبك الإلـه في ميزان الآخرة.

استمع إلى صوت المظلوم قبل استماعك إلى صوت الظالم .

إنك دفة السماء فلا تنحرف ، وساري الأرض فاستقم.

وفي خطبة أخرى ينقلب الفلاح الفصيح على القاضي "رنسي" بعد انحرافه المقصود لمحاباة "تحوتي نخت" الذي ظلمه واغتصب ماله ووقوف رجال القصر من مساعدي القاضي في صف الظالم.

ولما يئس من إقناع القاضي "رنسي" ومستشاريه بعدالة قضيته ورد حقه المسلوب غدراً وظلماً والتي شرحها في خطاباته السابقة وتكرر التحقيق فيها وسارت سفينة التحقيق ضد تيار الحق، انقلب من الثناء والموعظة التي تعود أن يبدأ بها خطبه إلى الهجوم والاتهام والتحذير من سوء العاقبة لإثبات حقه .

من حين لآخر راح الفلاح الفصيح يضَمِّن خطبه تلك المواعظ والحكم التي رأى فيها المُثُل التي يجب أن يحتذى بها رجال الحكم ، وهى تشبه قانوناً للأخلاق أراد واضعه أن تسود العلاقة بين الحكام والمحكومين فيقول:

إن الموت يدرك الغني والفقير على السواء. فلا تظن أنك خالد فالخلود يبـدأ بعـد خروجك ، من محكمة الآخرة وفيها ميزان عدالة السماء .

لا دوام للكرسي الذي تجلس عليه... فقد جلس عليه من قبلك وسيجلس عليه مـن يأتي بعدك .

إذا غرقت سفينة العدالة فكيف ترى أن تعبر النهـر هـل تـرى أن نعبره بأقدامنا... وهل ذلك ممكن.

إن البستاني الذي يروى أرضه بالخبث ويزرعها بالشر ـ لا يحصد إلا البهتان ولا ينتج بستانه سوى الرذائل .

لا أمان لمن لم يكترث بالناس ، ولا صديق لمن يصم أذنيه عن الحق، ولا سعادة لمن عاش على الجشع .

لا تغمض عينيك عما تعرف ، ولا تتجاهل من يقصدك ولا تنهر من استجار بك .

كما أن الأب مسؤول عن أولاده ، فالكبير مسؤول عن الصغير، والحاكم مسؤول عن المحكوم ، والرئيس مسؤول عن مرؤوسيه ، ولو شاء الإله لجعلهم على درجة واحدة ، وبذلك حياة المجتمع وسيحاسب الإله ، كل واحد على تأدية الأمانة التي وضعها في يده .

الظلم ظلام القلب الذي يفتقد به الحاكم ، النور الذي يرى به المظلوم أو يرى نفسه ، ولا يرى الإله الذي لا تغفل عيناه عن مراقبة أعماله ووضعها في ميزان الحساب .

همس المظلوم أعلا صوتاً من صراخ الظالم .

كلما ارتفعت إلى أعلا وجه نظرك إلى أسفل حتى لا تنسى نفسك وتنسى۔ مسؤوليتك أمام الإله الذي رفعك .

إذا تغلب الشر على النفس أصبح الإنسان أسيرا لهواه وعبدا لغرائزه .

ويخرج "خوان أنوب " ليعود إلى قريته وقد فقد كل ما يملك ، ولما علم الملك بما دار في المحكمة ، طلب من رنسي أن يحمل له لفة البردي التي تحوي خطبه التسع ، وأمره أن يقرأها أمامه. فسر۔ قلب الملك وأمر رنسي أن يحضر سجل الضرائب الخاص بالناحية التي يتبعها "خون انبو" وتم التحقق من موقفه القانوني ومن عدد أفراد أسرته. وطلب من رجال القصر حصر أملاك "تحوتي نخت" وما طرأ على ثروته من تضخم ، ثم أمر الملك عقابه بأن تسلم ثروته للفلاح الفصيح ، بالإضافة إلى تسليمه قطيع حمير إضافي ، وهو الذي عاد به محملاً بالبضائع والهدايا التي قدمها له الملك.

على هذا النحو يمكن عرض قصة الفلاح الفصيح على الأطفال ، لإكسابهم القيم والمضامين الإيجابية التي تساعدهم في تكوين شخصياتهم ، وبخاصة مفاهيم الشجاعة والمثابرة على طلب الحق ، والتزام القانون ، إلى جانب الجانب المعرفي المتعلق بالحضارة الفرعونية وما يتضمنه من استقرار للحياة ومفاهيمها الحضارية .

قصة الجندي مينا [3]

وردت هذه القصة في كتاب مصر القديمة لجيمس بيكي ، يقول :

كان للملك الفرعوني حارس خاص به هو أغرب حارس في الدنيا لأنه كان أسداً مستأنساً، دُرب لخدمة سيده والدفاع عنه بأسنانه ومخالبه إذا هاجمه عدو.

وسأحكي لكم قصة جندي حدثت في معركة من أهم معارك التاريخ:

كان مينا من أمهر راكبي العربات في الجيش المصري ، وقد ساعده نبوغه على الترقي والتقدم رغم صغر سنه ، حتى تم اختياره ليكون سائق عربة فرعون نفسه لما خرج الجيش من زارو (حصن مصري على الحدود) ليحارب جيوش الحيثيين في شمال سوريا.

ولقد سار الجيش مسافة طويلة عبر الصحراء ، ثم مر في أراضي فلسطين عبر الجبال ولم يظهر للعدو أثر ، وكان مينا موجها اهتمامه لقيادة الخيل وإدارة العربة .

وابتدأ الجيش ينحدر إلى وادي الأورنت في اتجاه قادش ، وقد تسربت الكشافة إلى جميع الجهات ، ووقف الجيش ينتظر قدوم العدو وهو قلق.

وكان المكان خاليا من أثر الإنسان مما زاد في دهشة الملك .

وجاءت الكشافة وأعلمت الملك بأن جيش الأعداء تراجع إلى الشمال من الخوف ، فظن الملك أنه مستول على المدينة بلا عراك ، ثم أسرع بتقسيم الجيش إلى أربع فرق ، وقاد الفرقة الأولى ، وسار بها نحو قادش بجرأة عظيمة وبلا تردد أو تدبير ، وأمر الفرق الأخرى باللحاق به على ألا تبدأ فرقة بالمسير إلا إن ابتعدت منها الفرقة السابقة لها بمسافة معلومة .

ووصلت الفرقة الأولى يقودها فرعون إلى شمال غرب المدينة وعسكرت هناك بعد أن أصابها التعب .

وبينما فرق الكشافة تستطلع الجهات المختلفة عثرت على عربتين فقبضت عليهما وسارت بهما إلى المعسكر وقدمتهما إلى فرعون ، وأمر الملك بضربهما حتى اعترفا بأن ملك العدو مختبيء في الجهة المقابلة لمعسكر المصريين، وأنه ينتظر الفرصة ليهجم عليهم ويهزمهم.

(3) وردت القصة في كتاب مصر القديمة - جيمس بيكي - في الفصل الخامس "حياة الجندي " - انظر الكتاب – دار الشروق – القاهرة – 2006م .

وقبل أن يصعد الملك رمسيس إلى عربته - التي جهزها مينا للرحيل- انفجرت في الفضاء ضوضاء مزعجة ، وشاهدوا الفرقة المصرية مشتتة يطاردها العدو وينتصر عليها.

ركب الملك رمسيس عربته وأمر رجاله المخلصين باتباعه وأمر مينا بسوق العربة للقاء الأعداء.

وفي الحال سابقت جياد مصر الريح قاصدة جيوش الأعداء ، وكان لاندفاعها غير المنتظر أثره في نفوس الأعداء ، وتجمعت فرق المصريين ، واخترق الملك رمسيس قلب صفوف العدو، ولم يكن الجندي مينا خائفا فاخترق بعربته صفوف جيش العدو لا يهتم بآلاف السهام المتطايرة في الجو ، وكان الأمراء وراء عربة الفرعون التي يقودها الجندي مينا بمنتهى السرعة والشجاعة حتى انتهت الحرب بهروب الأعداء.

ووقف الفرعون وسط جنده وخلع من رقبته طوقا ذهبيا ووضعه حول رقبة تابعه الأمين "مينا" الذي لم يتركه ساعة الخطر.

ورجع مينا إلى مصر ، وكان فخوراً وهو يقود عربة الملك داخل أرض الوطن ويتلقى الورود من جميع الناس الذي جاءوا لاستقبال الجيش المنتصر .

وواضح أن القصة تهدف إلى الإعلاء من شأن التفاني في سبيل الوطن ، والدفاع عنه وهي قيم مرغوب في إكسابها للأطفال منذ الصغر .

قصة الملك خوفو وأولاده [4]

وقد وردت في كتاب مصر القديمة لجيمس بيكي ، تحت عنوان "بعض الأساطير" ، يقول :

في أحد الأيام دعا الملك خوفو " وهو الذي بنى هرم الجيزة الأكبر" أولاده وعقلاء مملكته ثم قال لهم:

"هل فيكم من يستطيع أن يروى لى قصص قدماء الساحرين ؟ ".

وهنا وقف الأمير بوفرا - ابن الملك - وقال "مولاي سأروي لكم قصة غريبة حدثت في عهد الملك سنفرو أبيكم العظيم.

---

(4) انظر الحكاية كاملة في جيمس بيكي : مصر القديمة.

فقد تضايق الملك يوما وشعر بالملل فقال لضباطه أحضروا إلي الساحر ، وعندما حضر الساحر ، قال له الملك: لقد بحثت في جميع قصري فلم أجد شيئا يذهب عني الملل.

فقال الساحر : تفضل يا مولاي بالركوب في القارب ليسير بنا في بحيرة القصر، ومر بإحضار عشرين فتاة ليحركن المجاديف ، وركب في القارب مجاديف من الأبنوس المرصع بالذهب والفضة ، ولابد أن يذهب عنك الملل بمشاهدة طيور الماء وشواطئ البحيرة الجميلة والحشائش الخضراء ، وتعيد لنفسك سرورها .

وركب الجميع في السفينة الجميلة التي سارت بهم في بحيرة القصر، وجلست الفتيات تجدف وتغنى أجمل الأغاني. وبدأ السرور يدخل في قلب الملك، ولكن حدث أن مجداف إحدى الفتيات لمس خطأ رأس فتاة ثانية فسقط تاج فيروزي صغير من على رأسها ، فتوقفت عن التجديف والغناء وتوقفت الفتيات اللاتي في صفها كذلك .

فسأل الملك: "لم توقفتن عن العمل؟

فأجابت الفتاة: تاجي الفيروزي سقط في الماء.

الملك: استمرا في الغناء وسأعطيك واحدا غيره.

الفتاة: أريد تاجي القديم ولا أريد غيره.

فدعا الملك الساحر: هل عندك حل لهذه المشكلة.

وهنا وقف الساحر في القارب وقال كلمات غريبة غامضة فارتفعت مياه البحيرة وأصبح نصفها مليئا بالمياه والنصف الآخر خاليا من المياه فظهر التاج، فقفز الساحر وأتى به ورجع إلى السفينة ، ثم تكلم مرة أخرى بكلمات غريبة فرجعت البحيرة إلى ما كانت عليه أولا ، وأمضى الملك يوما سعيدا وأعطى للساحر مالا وهدايا.

ولما حكى ابن الملك قصته دخل السرور إلى قلب الملك.

وهي قصة يمكن تصنيفها في إطار السحري والغرائبي ، وهو نمط مرغوب لدى الأطفال لما فيه من خرق لقوانين الطبيعة يتناسب مع طبيعة تفكيرهم ، مع أهمية التأكيد على عدم واقعية مثل هذه الأحداث في حياتنا اليومية .

قصة ملاح السفينة المكسورة

وقد تعددت روايات هذه القصة في المصادر التي روتها ، فرواها جيمس بيكي تحت عنوان " ملاح السفينة المكسورة" ، يقول:

القصة التي أرويها الآن تشبه قصة السندباد البحري ، والملاح نفسه هو الذي يحكيها ، قال :

أبحرت سفينتي حول بلاد فرعون العظيم وكانت سفينتنا من أعظم السفن، وكان عدد ملاحيها 150 رجلا ، قلوبهم قوية كالأسود، وكنا جميعا سعداء، ولكن عند اقترابنا من أحد الشواطئ هبت عاصفة عظيمة فارتفعت الأمواج كالجبال العالية، فغرقت سفينتنا الجميلة وامتلأت بالمياه وذهب كل مجهودنا لإنقاذ السفينة، وكان من حُسن حظي أن تعلقت بقطعة خشب كبيرة، حملتها المياه وأنا عليها ثلاثة أيام طوال حتى رست بي على شاطئ جزيرة، وكنت وحيدا فقد غرق كل من كان معي على ظهر الباخرة، وجلست من التعب تحت غصون بعض الأشجار، ولم أعرف كم من الوقت مر بي حتى استرددت بعض نشاطي فقمت باحثا عن طعام.

ولم أبذل جهدا في ذلك لأن الجزيرة كانت غنية بالفواكه كالتين والأعناب وكافة الحبوب وأنواع الطيور، فأكلت حتى شبعت وأوقدت نارا، وجلست مفكرا، ثم دوى صوت صارخ كالرعد في السكون ، وهز الأشجار وزلزل الأرض، فنظرت حولي بخوف فرأيت ثعبانا هائلا يزحف نحوى، وكان جسمه يتلألأ تحت أشعة الشمس كالذهب، ولما اقترب منى التف حول نفسه حتى صار كعمود مرتفع، فارتعبت وسقطت على وجهي من شدة الخوف والفزع ، فقال لى:

ما الذي أتى بك إلى هنا؟ أيها الشيء الصغير. ما الذي أتى بك إلى هنا؟ تكلم إنك إن لم تخبرني سريعا عما أتى بك إلى هذه الجزيرة فسأفنيك كما يفنى اللهب.

ولم يتم حديثه حتى أخذني في فمه وحملني ، ثم تركني على الأرض ولم يمسني بأي سوء ثم قال ثانيا:

ما الذي أتى بك إلى هنا أيها الشيء الصغير؟ ما الذي أتى بك إلى هذه الجزيرة؟

وهنا حكيت له تاريخ رحلتي من وقت إبحارنا حتى ساعة غرق السفينة ، وأخبرته كيف غرق زملائي ونجوت وحدي ، فقال لي:

لا تخف أيها الصغير ولا تحزن إذا كنت أتيت إلى هنا فالرب هو الذي أرسلك إلى هذه الجزيرة المملوءة بالخيرات. اسمع الآن ستقيم هنا أربعة أشهر. وفي نهايتها ستأتي سفينة من وطنك إلى هذه الجزيرة وستعود إلى وطنك آمنا حيث تموت في مسقط رأسك.

وإن أردت أن تعلم شيئا عنى فاعلم أنى أقيم هنا مع رفقاء لي ومع أولادي وعددنا جميعا خمسة وسبعون.

وهنا انحنيت أمامه باحترام ووعدته بأن أقص خبره للفرعون وأن أعود إليه بسفن محملة من جميع كنوز مصر التي لا يوجد مثيل لها في البلدان الأخرى. ولكنه ابتسم لكلامي وقال:

ليس في بلادك ما أرغب فيه، لأني أمير بلاد "بنت" وكل كنوزها ملك لي، وفوق ذلك فإنك بعد أن ترحل من هنا لن ترى هذه الجزيرة مرة أخرى لأنها ستكون وقتها أمواجا كأمواج البحر.

وانتظرت أربعة أشهر وصدقت كلمة الثعبان ، وأتت السفينة وقد حدثني الثعبان قائلا:

وداعاً وداعا، اذهب الآن إلى وطنك، أيها الصغير، وتمتع برؤية أطفالك بعد هذا الغياب، ولا تذكر اسمي إلا بالخير.

ودعته وركبت السفينة بعد أن زودني بعطايا نفيسة مثل العاج والأخشاب وغيرهما .

وقد وصلنا إلى أرض مصر بعد شهرين في الماء ، وسأقف بين يدي فرعون وأحكى له قصتي ، وأقدم له هدايا الثعبان ، وسوف يشكرني الملك في حضرة عظماء مصر .

وهذه القصة على الرغم من استهدافها في الأساس الإعلاء من شأن الفرعون المصري، ومحاولة إثبات معرفة الفراعنة للبلاد البعيدة ، ومنها بلاد "بنت" التي يرجح أنها الصومال الآن ، إلا أنها تحمل الكثير من التشويق والإثارة التي تتناسب مع رغبات الأطفال والكبار معا .

قصة الأمير الهالك

وتحكي هذه القصة عن أسرة حكمت مصر ، واشتهرت بميلها الحربي، وقد أسس أفرادها إمبراطورية كانت من السودان جنوباً إلى سوريا وناهارينا شمالا،وكانت هذه الإمبراطورية أرضا مجهولة قبل فتحها وامتلاكها.

وتقول القصة :

يحكى أنه كان بمصر ملك لم يلد وارثا لعرشه. وقد سبب له ذلك حزنا دائما وكان كثيرا ما يصلي للآلهة ويدعوها أن تهبه طفلا ، وكان له ما أراد .

ولما جاءت "جداته" ليكشفن الستار عن مستقبله قلن: "سيكون موته على يد تمساح أو ثعبان أو كلب" ولما سمع الملك ذلك زال عنه السرور وعاد إلى الحزن والألم، وبعد تفكير طويل عزم على حفظ الطفل في مكان آمن حيث لا يمكن أن يصل إليه ضرر أو سوء. وبنى له قصرا بعيدا في الصحراء وأثثه بأفخم الأثاث وأرسل إليه الطفل تحت رعاية خدم أمناء يحرسونه ويسهرون على راحته. وهكذا نما الطفل وكبر في هذا القصر ـ بعيدا عن العالم وما فيه.

ولكن في ذات يوم وكان الطفل واقفا على سطح القصر، رأى رجلا يسير في الصحراء يتبعه كلب فقال للخادم الذي معه:

"ما هذا الذي يتبع الرجل".

"إنه كلب".

"أحضر لي واحدا مثله".

ثم إن الخادم ذهب إلى الملك وأعلمه بالخبر. فقال الملك:

ابحث له عن جرو "كلب صغير" وخذه إليه حتى لا يحزن.

ونفذ الخادم أمر الملك واشترى للأمير كلبا صغيرا.

وشب الأمير وكبر وشعر بالملل من وجوده وحيدا في القصر ـ ولما نفد صبره أرسل لأبيه رسالة جاء فيها:

"ولماذا تحبسني هنا دائما؟ إن كان الموت سيأتي لي على يد أحد الحيوانات الثلاثة فاتركني أنال في الدنيا ما أتمناه وليقض الرب ما يريد".

واقتنع الملك برأي الأمير، فأعطوا للأمير سلاحا وذهبوا معه إلى الحدود الشرقية وقالوا له : "اذهب حيث تشاء" فسار صوب الشمال وكلبه يتبعه حتى وصل إلى ناهارينا.

وكان لحاكم هذه البلاد بنتا واحدة بنى لها قصرا عجيبا ، شيده على قمة صخرة عالية جداً وكان بالقصر سبع نوافذ.

وقد جمع الحاكم أبناء حكام البلد الصغار وقال لهم:

"ستكون ابنتي زوجة من يستطيع منكم تسلق الصخرة والدخول من إحدى النوافذ".

وقد عسكر الأمراء حول الصخرة المبنى عليها القصر ـ ثم أخذوا يحاولون تسلق الصخرة كل يوم ، ولكن واحدا منهم لم يستطع الوصول إلى النافذة لأن الصخرة كانت مرتفعة وعظيمة الانحدار والميل.

ففي ذات يوم وهم في محاولتهم مر بهم الأمير المصري وكلبه الأمين فرحبوا به وأعطوا له زاداً هو وكلبه وسألوه:

"من أين أتيت أيها الشاب النبيل"؟

ولم يرغب في أن يخبرهم بأنه ابن فرعون مصر فأجاب:

"أنا ابن ضابط مصري، وقد تزوج أبي أخرى، ولما ولدت أطفالا كرهتني أشد الكره وطردتني من منزل أبي".

فضموه إليهم وعاش بينهم، ثم سألهم:

"لماذا تقيمون هنا؟ ولماذا تحاولون تسلق هذه الصخرة؟"

فأخبروه عن الأميرة الجميلة التي تعيش في القصر ـ وكيف أن أول من يصل إلى نافذتها يتزوجها.

واشترك الأمير معهم ونجح في الوصول إلى الغرض ولما رأته أحبته وقبلته.

وفي الحال نما الخبر إلى مسامع الحاكم ولما سأل الذي أوصل له الخبر عن الأمير الذي ظفر بابنته أجاب الرجل:

"هو ليس أميرا، إن هو إلا ابن ضابط مصري طردته زوجة أبيه من المنزل".

فثار غضب الحاكم وقال:

"هل تتزوج ابنتي مصريا متشردا؟ أرجعوه إلى مصر".

ولما رجع الرسول إلى الأمير وأعلمه بإرادة الحاكم القاضية بإقصائه عـن ملكه أمسكت الأميرة بيده وقالت :

"إذا أبعدتموه عنى، فسوف لا آكل ولا أشرب حتى أموت في أقرب وقت".

فأرسل الأب رسلا ليقتلوا المصري ولكن الأميرة تعرضت لهم وقالت :

"إن قتلتموه؛ ستجدوني ميتة قبل غروب الشمس، لـن أعيش سـاعة واحدة بعيـدة عنه"

وعلى ذلك وافق الحاكم على كره وتزوج الأمير من الأميرة ووهب الحاكم لهما قصرا وعبيدا وخيرا جزيلا.

وبعد مضى زمن طويل قال الأمير للأميرة:

"كتب لى الموت إما بيد تمساح أو ثعبان أو كلب".

"إذا لماذا تحفظ بجانبك هذا الكلب؟ دعنا نقتله".

"كلا لن أقتل كلبي الأمين الذي نشأ عندي منذ كان جروا صغيرا".

وامتلأ قلب الأميرة بالخوف على حياة زوجها فما كان يبعد عن عينيها لحظة.

وبعد أعوام رجـع الأمير وزوجته وكلبه إلى مصر ـ حيث أقـام الجميع في سعادة واطمئنان.

وفي ذات مساء نام الأمير نوماً عميقاً وملأت الأميرة إناء لبنا ووضعته بجانبه ثم جلست تحرسه بعينيها الساهرتين، فرأت حية عظيمة تزحف نحو الأمير فـأمرت الخدم أن يقدموا لها اللبن فأقبلت عليه تشرب منه حتى لم تستطع حراكا.

وهنا قتلت الأميرة الحية بعدة طعنات من خنجرها.

ثم إنها أيقظت زوجها الذي كانت دهشته عظيمة عندما رأى الحية الميتة بجانبه. وقالت زوجته:

"لقد نجاك الرب من الخطر الأول وسينجيك من الآخرين".

هنالك قدم الأمير للآلهة تضحية وشكرها من أعماق قلبه.

وفي يوم من الأيام ذهب الأمير للتمشية في أملاكه يتبعه كلبه كالمعتـاد، وفي أثناء سيرهما جرى الكلب في جهة معينة لغرض خفي عن الأمير ولكنـه تبعـه في الحـال حتى اقتربا من النيل وسار الكلب ناحية الشاطئ والأمير خلفه وهنا ظهر للأمير تمساح عظيم أمسك الأمير وقال:

"أنا مقدورك ـ أتبعك حيثما سرت".

....

وهنا تنتهي القصة بلا نهاية ولم توجد بعد بقية لفات البردي، ونحن لا نعرف ما حدث للأمير وأظن أنه نجا من التمساح بمساعدة الكلب. ثم إنه مات بواسطة الكلب الأمين الذي يحبه ويخلص له.

وعلى كل حال فنهاية القصة كانت حتما بموت الأمير؛ لأن المصريين كانوا يؤمنون بالقدر وبأنه لا يمكن لإنسان أن يحول إرادته عما ينوى فعله بالإنسان، ولربما يعثر بعض المستكشفين الذي يفتشون أرض مصر بحثا عن آثارها بأوراق البردي الباقية وسنعرف وقتئذ ما إذا كان الكلب هو الذي قتل الأمير أو أن الآلهة نجته من الأخطار الثلاثة كما أرادت بذلك زوجته.

هذا مثال للقصص التي كان يستمع إليها الأطفال كل مساء إذا تعبوا من اللعب والجري.

إن هذه النماذج القليلة التي تم تسجيلها من القصص الفرعوني تمثل مصدرا مهما من مصادر أدب الأطفال ، إذ إنها تتنوع بين التشويق والإثارة ، وبين تقديم المثل والحكمة ، وبين التعليم والتنشئة ، وهي جميعا أمور مطلوبة في هذه المرحلة العمرية للأطفال ، وعلى الرغم من كون هذه القصص تحوي الكثير من السحر والكهانة ، إلا أنها في نهاية الأمر أخف وطأة من القصص الهندي والصيني القديم التي تتضمن أفكارا قد تتنافى مع الفكر العربي بعامة والثقافة العربية الإسلامية والمسيحية .

الفصل السادس

الأدب الحديث وقصص الأطفال

فطن الأدب العربي الحديث إلى أهمية الكتابة للأطفال ، وأهمية الاستعانة بالقصص في تحقيق أهداف تربوية ، وفي تحقيق الإمتاع والدهشة لهم ، وبخاصة مع مرحلة التطور الحضاري التي انتقل فيها أدب الأطفال من مرحلة الشفاهية إلى مرحلة التدوين ، حيث عمد الشعراء والكتاب والأدباء إلى الكتابة للأطفال ، إيمانا منهم بأهمية الدور الذي يقومون به في سبيل التربية والتوجيه والنصح والإرشاد، وبخاصة بعد انتشار التعليم والطباعة والكتب ، ثم أخيرا الثورة المعلوماتية وتطور وسائل الاتصال وأدوات المعرفة ومعطياتها المتسارعة على الدوام .

وقد مرت كتابة القصة للأطفال بعدة مراحل يمكن رصدها عبر تعاقب الأجيال التي استطاعت أن تحفر لنفسها مكان الريادة في الكتابة للأطفال وفي تطوير تقنيات الكتابة لهم، ويمكن رصد هذه الأجيال على النحو التالي:

الجيل الأول : جيل الكتابة الشعرية القصصية :

وهو الجيل الذي اعتمد على الكتابة الشعرية القصصية ؛ أي كتابة القصائد الشعرية التي تحكي حكاية بأسلوب مبسط ، وبمفردات قريبة من معجم الطفل ، وأنجزت في هذا الصدد قصص اعتمدت على لسان الحيوان والطير ، وقد برزت في هذا الشأن أسماء ، منها محمد عثمان جلال ، وأمير الشعراء أحمد شوقي ، الذي استحق بقصائده وقصصه الشعرية التي كتبها على ألسنة الطير والحيوان للصغار أن يكون رائدا لأدب الأطفال في

العربية ، كما يتربع على القمة محمد الهراوي الذي وضع عـددا مـن الـدواوين الشعرية تناولت القصص العربي والعالمي لصياغته شعرا يتناسب مع الأطفال ، إضافة لتجديده في هـذا الفـن على مـا سيرد.

الجيل الثاني : جيل الكتابة النثرية القصصية :

يرى البعض أن جذور هذه الكتابة في النهضة الحديثة تعود إلى تاريخ بعيد ، حيث يربطها البـعض بكتابات رفاعة الطهطاوي ، وبخاصة كتابه المرشد الأمين في تربية البنات والبنين عام 1875م ، وقصصـه المترجمة لحكايات الأطفال، مثل عقلة الإصبع، إضافة لإدخال الطهطاوي قراءة القصص في المنهج المدرسي .

أما الكتابة الفعلية فتأتي متمثلة في كتابات: علي فكري عام 1903م ، في كتابه "مسامرات البنات ، " ثم كتاب "النصح المبين في محفوظات البنين " عام 1916م ، وكتابات عمران الجمل، وفرج الجمل، وحسن توفيق، ونعمة إبراهيم، وتوفيق بكر ، ومحمد عبد المطلب، وقد غلب الطابع التعليمـي علـى كتابتهم جميعا.

ثم يأتي الجيل الذي ظهر في الثلث الثاني من القرن العشرين ومنهم: كامل كيلاني، ومحمـد سـعيد العريان ، وعطية الإبراشي، وإبراهيم عزوز، وأحمد نجيب ، والذين تمكنوا من إنجاز عدة مشـروعات ، منها :

- الاقتباس والنقل من اللغات الأجنبية .

- التبسيط لكتب العرب القدامى ، وإحياء التراث العربي ، وبخاصة ألـف ليلـة وليلـة وكليلـة ودمنـة، والحكايات الشعبية .

- الكتابة الإبداعية والتأليف لقصص من نسج خيالهم .

الجيل الثالث : الإبداع واستمرار المسيرة :

وهو الجيل الذي استطاع أن يستوعب مـا بـدأه الـرواد ، وأن يتجاوزهم بحكم التطور وتفـوق اللاحق على السابق ، وبحكم ما أضافوه من خبرات عالمية ، وما واكبوا به قضايا العصرـ ، ومـا أنجزوه من إبداع لم يزل متحققا ، ومن أشهر أسماء هذا الجيل ، عبد التواب يوسف ، ويعقوب الشاروني ، وغيرهم .

الجيل الرابع : جيل ما بعد الحداثة :

وهو الجيل الذي بدأت تجربته في الظهور بنهايات الألفية الثانية وبدايات الألفية الثالثة، فتفاعـل مع قضايا عصره ، والمستجدات التي طرأت عليها ، والتحولات التي طرأت على شخصية الأطفال ، وعلى أساليب تعلمهم ، وطريقة حياتهم ، وتطور إمكاناتهم العصريـة بفعـل وسائل الاتصـال وتكنولوجيا المعلومات .

كامل كيلاني الرائد - نموذجا للجيل الثاني:

يعتبر كامل كيلاني من أبرز كتاب هذه المرحلة ، والرائد الفعـلي لأدب الأطفال القصصي- في مصر- والوطن العربي ، حيث كتب أكثر من مائتين وخمسين قصة ومسرحية للأطفال، بدأها بقصة السندباد البحري عام 1927م ، ثم تعاقبت أعماله الإبداعية في تصنيفات وتنويعات عدة ، فكتب لجميع الأعمار ، وجميع الفئات ، وعالج معظم الموضوعات التي يحتاج الأطفال إليها ، سواء لمعالجة القيم والمثـل والمبادئ ، أم لمعالجة تساؤلات حول الطبيعة والكون والحياة من حولهم .

وقد تميـز أدب كيلاني بحرصه عـلى الجانب الأخلاقي والتأكيـد عـلى القيم والتقاليـد والعـادات الإيجابية ، وتأكيده على استخدام الفصحى في الوصف والحوار ، إضافة إلى الجانب المعرفي المتنـوع بـين الأساطير والأدب الشعبي ، والأدب العالمي ، إضافة إلى كتاباته الشعرية التي كان يقدم بهـا قصصه أو يختتمها بها .

وقد كان كيلاني أول من خاطب الأطفال عبر الإذاعة ، وأول من أسس مكتبة للطفل في مصر والعالم العربي. وغالبا ما يتم تصنيف كتاباته تحت عناوين تسعة هي:

قصص فكاهية - قصص من ألف ليلة - قصص هندية - قصـص شكسـبير - أسـاطير العـالم- قصـص علمية - أشهر القصص - قصص عربية - قصص تمثيلية.

إضافة إلى قصص وحكايات أخرى متنوعة ، مما يشير إلى مصادر كيلاني المتعـددة التـي لم تتوقف عند حدود الترجمة أو الاستلهام من التراث فقط.

وفيما يلي نموذج من القصص الفكاهية ، لقصة بعنوان الأرنب الذكي[1] :

1- حديقة الذئب

كان للذئب حديقة صغيرة ورثها عـن أمـه ، وكـان يـزرع فيهـا كثيـرا مـن الكرنـب ، ويتعهدها بعنايته (أعني : يزورها ، ويتردد عليها - مرة بعد مـرة - ليصلحها) ، حتى امتلأت حديقته بأحسن أنواع الكرنب اللذيذ .

2- الأرنب في حديقة الذئب

وفي يوم من الأيام ، دخل الأرنب حديقة الذئب ، ورأى ما فيها من الكرنـب الشـهي - وكان قد نضج (أي : استوى) - فأكل منه الأرنب حتى شبع ، ثم خرج من الحديقة وعاد إلى بيته فرحان مسرورا .

3- عودة الذئب إلى حديقته

وبعد قليل من الزمن عاد الذئب إلى حديقته ، ليتعهد ما فيها من الكرنب ، فلـما رأى ما أصاب الكرنب من التلف ، دهش أشد دهشة ، وقال في نفسه متعجبا:

- من يا ترى جاء حديقتي ، وكيف جرؤ على أكل ما زرعته فيها من الكرنب ؟!

وبحث الذئب في أرض الحديقة ، فرأى آثار أقدام الأرنب ، فعرف أن جاره الأرنب دخل حديقته ، وأكل مما فيها من الكرنب .

ثم فكر الذئب طويلا في الوسيلة التي يسلكها للانتقام مـن ذلك الأرنب الجريء، وأخيرا اهتدى إلى حيلة ناجحة يصل بها إلى غرضه .

4- تمثال الصبي

ثم ذهب الذئب إلى مكان قريب من حديقته الجميلة ، فأحضر ـ قليلا مـن القطران، وصنع من ذلك القطران تمثال صبي صغيرا ، ثم وضعه بـالقرب مـن شجيرات الكرنـب ، أعني : أشجاره الصغيرة ، وكان منظر ذلك التمثال ظريفا مضحكا جدا .

وفرح الذئب باهتدائه (أي: توصله) إلى هذه الحيلة وعلم أنه سينتقم مـن عـدوه الذي اجترأ على دخول حديقته ، ثم عاد الذئب إلى بيته وهو فرحان أشد الفرح

(1) كامل كيلاني : الأرنب الذكي - دار المعارف - القاهرة - 1989م.

5- الأرنب يحيي تمثال الصبي

وفي اليوم التالي عاد الأرنب إلى حديقة الذئب ليأكل من الكرنب كما أكل في اليوم الماضي.

ولما رأى التمثال بجوار شجيرات الكرنب ، ظنه صبيا جالسا ، فحياه الأرنب (أي : سلم عليه) - مبتسما - وقال له :

- " صباح الخير أيها الصبي الظريف " .

فلم يرد عليه التمثال تحيته ولم يجبه بشيء .

فعجب الأرنب من سكاته ، وحياه مرة أخرى، ولكن التمثال لم يرد عليه تحيته، ولم ينطق بكلمة واحدة، فزاد عجب الأرنب من صمته (أي:سكاته)،وقال له غاضبا:

- كيف أحييك فلا ترد التحية على من يحييك ؟

ولكن التمثال لم يرد عليه أيضا .

6- الأرنب يقع في الفخ

فاغتاظ الأرنب من سكات ذلك الصبي وقال له ، وقد اشتد غضبه عليه : سأرغمك على رد التحية أيها الصبي الجريء .

ثم اقترب الأرنب من التمثال ، وضربه بيده اليسرى فلزقت بالتمثال ، وحاول الأرنب أن ينتزعها منه بكل قوته ، فلم يستطع وذهب تعبه كله بلا فائدة ، فصاح الأرنب مغتاظا : " لاتمسك بيدي أيها الصبي العنيد ، أطلق يدي وإلا لطمتك بيدي الأخرى " .

فلم يجبه التمثال ، فاشتد غيظ الأرنب منه ، ولطمه بيده اليمنى ، فالتزقت بالتمثال ، كما التزقت اليد اليمنى من قبل ، وعجز عن نزعها منه أيضا ، وهكذا أوثق التمثال يديه (أي : ربطهما) ، فاشتد غضب الأرنب على التمثال ، وأراد أن يركله برجله (أي يضربه) ، قائلا : أتظنني عجزت عن ضربك بعد أن أوثقت يدي؟، إنني أستطيع أن أرفسك ، فلم يجب التمثال ، فركله الأرنب (أي: رفسه)، برجله اليمنى ، فلزقت رجله به ، ولم يستطع أن يخلصها منه ، فركله برجله اليسرى ركلة عنيفة ، فالتصقت به ولم يستطع أن يخلصها ، فصرخ الأرنب متألما وقال :

اتركني أيها الولد العنيد ، دعني أذهب من حيث جئت ، وإلا نطحتك برأسي ، ولكنه لم يجبه ، فاشتد غضب الأرنب وغيظه ، ونطحه برأسه ، فالتصق رأسه بالتمثال أيضا . وهكذا أصبح جسم الأرنب كله ملتصقا بالتمثال ، ولم يجد سبيلا إلى الخلاص منه.

7- محاورة الذئب والأرنب

وبعد قليل من الزمن ، عاد الذئب إلى حديقته ، فرأى الأرنب ملتصقا بالتمثال ، ففرح بنجاح حيلته وظفره بعدوه ، الذي أكل الكرنب من حديقته ، وقال له ساخرا : "صباح الخير يا أبا نبهان" ، آنستنا يا سيد الأرانب ، ومرحبا بك أيها الضيف العزيز ، لقد زرت حديقتي الأمس واليوم ، ولن تزورها بعد ذلك مرة أخرى .

فزعر الأرنب (أي : خاف) حين رأى الذئب أمامه ، وزاد رعبه (أي : خوفه) حين سمع منه هذا التهديد ، وأيقن بالهلاك ، وندم على مجيئه أشد الندم ، وقال له متوسلا ، معتذرا عن زلته (أي : خطئه) : "اصفح عن ذنبي يا أبا جعدة وتجاوز عن خطئي ، اصفح عن زلتي يا سيد الذئاب ، وأطلق سراحي في هذه المرة ، فلن أعود إلى حديقتك بعد هذا اليوم ".

وظل الأرنب يعتذر للذئب ، ويتوسل إليه أن يغفر له ذنبه ، ولكن الذئب أصر على الانتقام منه ، ولم يشأ أن يعفو عنه .

8- حيلة الأرنب :

فلما رأى الأرنب إصرار الذئب على قتله ، لجأ إلى الحيلة ، فقال له : ومـاذا تريد أن تصنع بي يا سيد الذئاب ؟

فقال له الذئب : سأشوي لحمك .

فلما سمع الأرنب تهديد الذئب (أي : تخويفه) اشتد رعبه وأيقـن بالهلاك ، ولكنـه أخفي قلقه وفزعه (أي : كتم اضطرابه وجزعه) ، ولم يظهر الخوف أمام الذئب ،بـل قال له ضاحكا : " ها ها أنا لا أخشى- النـار أبـدا ، فامض بربك في إحضـار الوقود (أي الخشب والحطب) وأشعل النار لتحرقني بها فإنني لا أريد منك غير ذلك ، هات الوقود بسرعة يا سيدي ولا تتوان (يعنى : لا تبطئ ولا تتأخر في تنفيذ وعيدك) فقد كنت أخشى أن تلقيني على الشوك فإنني لا أخشى إلا الشوك".

فقال له الذئب : لن أحرقك في النار ، ولكنني سألقيك على الشوك ، أقسـم لك لـن أرميك إلا على الشوك ، فصاح الأرنب متظاهرا بالخوف والرعب الشديدين : " آه ارحمني يا سيد الذئاب ، أتوسل إليك يا أبا جعدة ألا ترميني على الشـوك ، فإنـني لا أخشى إلا الشوك " .

9- نجاة الأرنب

فانخدع الذئب بحيلة الأرنب وأسرع إليه ، فانتزعه من التمثال ، الذي كان ملتصقا به ، ثم ألقاه على الشوك ، فأسرع الأرنب بالفرار ، والتفت إلى الـذئب بعـد أن وثـق مـن نجاته وقال :

أشكرك يا سيد الذئاب ، فقد أنقذتني من الهلاك ، أنا لا أخشى الشوك يا سيدي ، فقد ولدت وعشت طول عمري بين الأشواك .

10- خاتمة القصة

وأسرع الأرنب يعدو "أي يجري مسرعا " إلى بيته وهو فرحان بنجاته مـن المـوت، ولم يعد بعد ذلك اليوم إلى حديقة الأرنب، لكي لا يعرض نفسه للهلاك مرة أخرى .

إن هذه القصة على طولها تحقق أهدافا عديدة لـدى الأطفـال ، فهـي تحقـق الإمتاع والتشـويق، وتخاطب قدرات الأطفال العقلية ، وتداعب خيالهم ، وتدربهم علـى كيفيـة التخلـص مـن المواقـف والمآذق ، وتنمي فيهم مشاعر الاعتماد على النفس وقوة الشخصية ، وتنمي معجمهم اللغوي وبخاصة مع طريقة كامل كيلاني في الكتابة ، التي تستخدم المفردات والتراكيب اللغوية في مستوياتها الفصيحة ، وتضع المرادف بين قوسين بعدها مباشرة عندما يستدعي السياق ذلك .

غير أنه دوما هناك محاذير ، فعلى الرغم مـن اشتمال القصة علـى كثير مـن المفاهيم الإيجابية والأهداف المرغوب تحقيقها مع الأطفال ، إلا أن هناك ما يمكن أن يشكل اتجاهات سلبية في أنفسهم ، فالحيل المتكررة التي تبني عليها القصة ، والتي يتخذها الأرنب للهروب هي في ذاتها تعد مـن المـآذق التي يخشى على الأطفال منها ، بمعنى أنه قد ينشأ في أنفسهم اتجاه نحو فعل أي شيء وتبريره بالحيلة ، وهنا تكمن أهمية تعديل الاتجاهات ، بتدخل المرسل (الحاكي أو السارد أو القارئ أو ولي الأمـر) في التعليق على سلوك الأرنب ، والكشف عن سلبياته وإيجابياته ، وهكذا مع بقية المواقف المشابهة التي يمكن أن يفكر فيها الأطفال ، وهناك دوما وسيلة سهلة للوصول إلى ذلك ، وهي أن

يطلب من الأطفال المتلقين أنفسهم التعليق على القصة ، وانتقاد المواقف السلبية فيها ، وإبداء رأيهم في الشخصيات ومواقفها ، ومن ثم إمكانية التدخل لمعالجة السلبي منها .

عبد التواب يوسف واستمرار المسيرة[2]:

يعد الكاتب عبد التواب يوسف من أكثر الذين كتبوا للأطفال إنتاجا، وقد طبع من كتبه المخصصة للأطفال ما يقرب من 595 كتابا ، وترجمت أعماله إلى لغات عدة ، وطبعت في نسخ كثيرة .

مؤلفاته للأطفال :

– سلسلة هيا نقرأ عن الدار العربية للكتاب بمصر ، وتضم ثلاثين عنوانا ، منها: الكتاب غال – الكتاب إنسان – المستثمر الصغير – النمل والعدل– مذكرات تلميذ – أنا أقرأ فأنا موجود – طارد الطيور – الفأر القارض للشعر .

– سلسلة حكايات مصري في أمريكا ، عن دار الشعب ، ومنها : الخلود لمصر– بلد آمن – منصف ريفي – صديقي الحقيقي .

– سلسلة كتب إسلامية عن دار الشعب ، وتضم: محمد خير البشر– أبطال الإسلام – كوكب الأرض– عمرو في مصر– راية الإسلام تعلو في عمان.

– سلسلة قصص للصغار عن دار الشعب ، ومنها : شرف المحاولة – الحاسة السادسة– أرنب لطيف – الطائر المغرد – اختيار صعب – حيوانات عصرية.

– سلسلة قصص عربية عن دار الشعب ، ومنها : الحصان الوفي – الصياد والصغار والوزير المكار – يوم الحصاد – سلطان العلم – مائدة الحب .

– سلسلة أولادنا ، الصادرة عن دار المعارف ، وتضم: الأربعة الذين سرقوا الزمن – عميل في المصيدة – سميراميس – صديقي فوق الشجرة .

---

(2) عبد التواب يوسف أحمد ولد عام 1928م، وتخرج في جامعة القاهرة عام 1949م، عمل مشرفا على برامج الإذاعة المدرسية بوزارة التربية ، ثم رأس قسم الصحافة والإذاعة والتليفزيون بهما ، وتفرغ للكتابة للأطفال منذ عام 1975 وهو صاحب فكرة إصدار أول مجلة إسلامية للأطفال اسمها (الفردوس) في عام 1969م. 595 كتابا للأطفال طبعت في مصر.

- سلسلة الوقت من ذهب ، عن دار المعارف ، ومنها : سيف الوقت - ساعة من عمرك - حفل آخر السنة - الوقت المطاط - الحيوان والزمان .
- سلسلة المكتبة الخضراء ، عن دار المعارف ، وتضم ما يزيد على خمسين عنوانا ، منها : سندريلا - السلطان المسحور - البجعات المتوحشات - الأميرة الحسناء - عروس البحر - عقلة الإصبع - جبل العجائب.
- سلسلة يحكى أن ،عن دار المعارف ، ومنها : العنزة الخضراء - عمرو والطائرة الورقية - عقد من قطرات الندى .
- سلسلة مكتبتي ، عن دار المعارف ، ومنها : شجار الأشجار - سطور مضيئة - أنت ومالك لأبيك - كوكب الأرض السجين - المقعد المتحرك .
- سلسلة إنجاز بامتياز ، عن دار المعارف ، ومنها : شرق العوينات - المدينة المتحركة مترو الأنفاق - دلتا الصعيد توشكى - النيل يعبر ترعة السلام .
- سلسلة غزوات القرن الحادي والعشرين ، عن دار المعارف ، ومنها : صناعة الأقمار - الجرار التذكار - قطرة ماء - ثروة من التراث - حرب البحار .
- سلسلة الرواية العالمية ، الصادرة عن الهيئة المصرية العامة للكتاب ، ومنها : وداعا مستر تشببس (تأليف جيمس هايلتون) - زبلن .
- سلسلة قصص الأنبياء للأبناء ، عن دار الكتاب المصري اللبناني ، وسلسلة محمد خاتم النبيين ، وسلسلة رجال الأعمال ، وسلسلة حكايات توشكى ، وسلسلة اللقاء الفريد بين علماء العرب وعلماء الغرب ، وسلسلة رائدة المعارف الصغرى للتربويين ، وسلسلة كيف ترسم ، وسلسلة غنوة وحدوتة ، وسلسلة لغتنا الجميلة - الحروف الضاحكة ، وسلسلة البيئة ، وسلسلة لغتنا الجميلة حكايات نحوية ، وسلسلة لغتنا الجميلة وعلامات الترقيم ، وسلسلة حكايات عائلية ، وسلسلة حكايات مدرسة ضاحكة ، وسلسلة هيا نتفوق، وسلسلة محمد خير البشر .

وباختصار يمكن القول إنه لا توجد دار نشر في مصر لم يكن لها نصيب من نشر مؤلفات عبد التواب يوسف وقصصه للأطفال .

ومن أشهر كتبه ، كتاب " حياة محمد في 20 قصة " ، حيث طبع منه ما يزيد على 7 مليون نسخة ، والذي يحكي فيه للأطفال قصة سيرة سيد البشر والأنبياء محمد عليه الصلاة والسلام ، ولكن بطريقة جديدة ، حيث جعل كل كائن أو جماد يصف من وجهة نظره علاقته بالنبي محمد عليه السلام ، فبدأ من الفيل في الحكي عن قصة أصحاب الفيل، ثم بحمارة حليمة السعدية، ثم الحجر الأسود ، ثم ليلة القدر ، وهكذا حتى يصل إلى راية الإسلام التي تحكي كيف مات النبي بعد أن رفع راية الإسلام عالية .

وفيما يلي نموذج لأسلوب الكاتب وكيفية معالجته للأحداث ، من كتاب حياة محمد في عشرين قصة[3] ، يقول :

1- أنا فيل

لي خرطوم طويل .. ولكنني لست فيلا في غابة ، أو في حديقة الحيوان . بـل عشـت منذ زمن بعيد .

بدأت حكايتي في بلاد الحبشة ، وكنت أعيش حرا بين الأشجار وكان الناس يخافون منى لأني فيل قوى أدمر وأكسر بقدمي أي شيء.

وفي يوم من الأيام أصبحت ملكا لقائد جيش اسمه "أبرهة" وكان عنده معبد كبير ، وبنى فيه كعبة من الذهب ليحج الناس إليها بدلا من الكعبة الموجودة في مكة ، ولكن الناس لم يذهبوا لكعبة أبرهة فغضب غضبا شديدا وقرر أن يهدم الكعبة التي في مكة.

وأعد أبرهة جيشا كبيرا ليحارب به مكة وأهلها ، وبدأ السير نحو مكة ، والحقيقة أني لم أكن راضيا عن هذا العمل ، وقد سمعت الجنود في الطريق يقولون إن الـذي بنى هذه الكعبة نبي اسمه إبراهيم عليه السلام ، وقالوا إن إبراهيم صاحب معجزات ، فقد رماه قومه في النار ولم تحرقه .

وعرفت أن هذه الكعبة شريفة ، وأنها في بيت اللـه الحرام ، وأن هذا البيت الحرام بيت آمن يحبه الناس ويحتمون فيه ويصلون .

وكان قد بقى لنا ليلة واحدة لنصل إلى مكة ونهدم الكعبة ، وكان كل من في الجيش ينظر إلى ويقول : "تقدم يا بطل سر يا فيل أبرهة يا أعظم الأفيال" .

---

(3) عبد التواب يوسف : حياة محمد في عشرين قصة- دار الشروق- القاهرة.

وفيما نحن في طريقنا جاءنا خبر أن عبد المطلب زعيم مكة عندما علم بمجيئنا لهدم الكعبة لم يخف بل قال :"للبيت رب يحميه".

خفت من هذه الكلمات عندما سمعتها ، ولم أقدر على التحرك من مكاني ، كأن أرجلي التصقت بالأرض ، وكذلك كل الأفيال والخيول والجمال التي كانت في الجيش لم تتحرك وأصبحوا غير قادرين على السير.

غضب أبرهة والجنود وعندما أداروني إلى الخلف تمكنت من السير وعندما أداروني إلى اليمين أو اليسار أتمكن من السير ولكن عندما جعلوني في اتجاه الكعبة عجزت عن أن أتحرك ، لن أذهب إلى مكة . لن أهدم الكعبة .

وفجأة حدث شيء عجيب ، رأيت بعيني طيرا تغطي السماء كلها فلا تظهر منه شيئا ، وسمعت الجنود يصرخون :

- "هذه طير أبابيل ترمى بحجارة من سجيل" .

وتساقطت علينا حجارة صغيرة ، ربما لا تزيد عن حجم حبة الفول أو القمح ، ينزل الحجر الواحد منها على أضخم فيل من زملائي ، فإذا به يرقد على الأرض ، يهبط على أضخم رجل فإذا به ينتهي ويموت .

ووجدتني أركع وأنا أرى من بعيد نورا يمتد بين الأرض والسماء ، كان هذا النور حول مكة .. ورأيت عبد المطلب واقفا يتقبل التهاني لأن جيش أبرهة قد انتهى ، ولن يستطيع أن يدخل مكة أو يهدم الكعبة .

وكان عبد المطلب يحكي لمن حوله ما رآه في المنام ، لقد رأى كأن سلسلة من الفضة خرجت من ظهره ، لها طرف في الأرض وطرف في السماء ، وظهرت هذه السلسلة بعد قليل كأنها شجرة ، وعلى ورقة منها نور وتعلق به كل الناس .

وفسر السامعون له الحلم على أن ابنه عبد الله سيرزق ابنا يتعلق به الناس في الشرق وفي الغرب وقالوا: ماذا تسميه؟ قال : أسميه محمدا ليحمده من في الأرض ومن في السماء.

وكانت بشرى مولد محمد عليه أفضل الصلاة والسلام مع نهايتي أنا فيل أبرهة وبقيت مكة وبقيت الكعبة خالدة عزيزة.

(بسم اللـه الرحمن الرحيم)

﴿ ألم تر كيف فعل ربك بأصحاب الفيل (1) ألم يجعل كيدهم في تضليل(2)وأرسل عليهم طيرا أبابيل(3) ترميهم بحجارة من سجيل (4) فجعلهم كعصف مأكول ﴾ (الفيل : 1 - 4) .

وإضافة إلى هذا القصص الديني فإن عبد التواب يوسف يعد من الكتاب المتميزين ، حيث جمع بين الكتابة للأطفال ، والدراسات النقدية ، وكتابة المقالة ، والمسرحية ، والتمثيليات الإذاعية والتليفزيونية ، والإسهام في المؤتمرات المختلفة ، مما جعله كما يرى النقاد أن نتاجه الإبداعي يجمع " بين الاهتمام بالتراث العربي والتراث الشعبي الفولكلوري ، والعناية بالعصر ، سواء في طبائع ومشكلات الحياة الاجتماعية (الواقعية)، وقراءة الآداب الأجنبية ، والإفادة من منجزاتها الفنية في مجال أدب الأطفال ، هذا فضلا عما اتجه إليه من كشف عن جهود الرواد - في مصر - الذين سبقوا جيله في الكتابة للأطفال " [(4)].

يعقوب الشاروني[(5)] :

تنوعت اهتمامات الشاروني القصصية للأطفال بين الترفيه والإمتاع ، والتثقيف والإفادة عبر اهتمامه بالتاريخ والتراث والحضارة الإنسانية بعامة ، إضافة إلى اهتمامه الواضح بالقرية المصرية التي كانت مصدرا لعديد من إبداعاته .

وعبر مسيرته قدم الشاروني ما يزيد على 400 كتاب ، وعددا من الدراسات والأبحاث حول الطفل وأدبه ، حيث تفرغ تماما للكتابة للأطفال منذ عام 1981م عقب

(4) د. محمد حسن عبد اللـه : قصص الأطفال ومسرحهم - مرجع سابق - ص 214.

(5) يعقوب إسحق قليني الشاروني ، ولد عام 1931 بالقاهرة ، وحصل على ليسانس الحقوق عام 1952 ، له مؤلفات عدة للأطفال تنوعت بين المسرح والقص ، وقد أهلته للحصول على جوائز عدة ، منها : جائزة الآفاق الجديدة في معرض بولونيا الدولي لكتب الأطفال ، وغيرها من الجوائز ، وله باب أسبوعي في جريدة الأهرام تحت عنوان "ألف حكاية وحكاية" يحرره منذ عام 1981، وحتى الآن .

فوزه بجائزة رواية الأطفال العالمية ، وكان نتاج ذلك عددا من السلاسل ، منها : موسوعة ألف حكاية وحكاية، وموسوعة العالم بين يديك، وأجمل الحكايات الشعبية، وسلسلة في كل زمان ومكان، وكيف نلعب مع أطفالنا، وكيف نقرأ لأطفالنا، وكيف نحكي قصة، وتنمية عقل وذكاء الطفل، وثقافة طفل القرية وثقافة الطفل العامل ، ومن أهم العناوين : سر الاختفاء العجيب، مفاجأة الحفل الأخير، مغامرة البطل منصور، شجرة تنمو في قارب، صندوق نعمة ربنا، حكاية طارق وعلاء، أحسن شيء أني حرة، مغامرة زهرة مع الشجرة، عفاريت نصف الليل، أيام الفرح والحزن لأميرة الحذاء الأحمر، المفلس معروف في بلاد الفلوس، ضائع في القناة، البنت منيرة وقطتها شمسة، حسناء والثعبان الملكي، الجدة شريفة وحفيدتها ابتسام، معركة الدكتور ماجد، تامر ونوال في العاصفة، سر ملكة الملوك، أميرة الأجنحة المسحورة، الشاطر حسن، أبطال أرض الفيروز.

الجيل الرابع : الحداثة وما بعد الحداثة ، ومأزق الكتابة ..

مأزق هذا الجيل متعددة ، فقد سبقتهم أجيال من الرواد استوعبوا التراث العربي والعالمي وقدموه للأطفال ، وأضافوا إليه من إبداعاتهم ما ملأ الأسماع ولم تزل أقلامهم تبدع ، كما أن المرحلة التي ظهر فيها هذا الجيل ، وهي مرحلة التسعينات والعقد الأول من الألفية الثالثة ، هذه المرحلة تمثل كثيرا من التحديات العالمية والثورات المتعاقبة ، وبدايتها ثورة المعرفة والتكنولوجيا والمعلوماتية ، ومن ثم كانت الكتابة للأطفال تقتضي وجود تحولات تواكب هذا التطور ، على مستوى الموضوع ، وعلى مستوى آليات الكتابة ، وعلى مستوى الوسائط التي يمكن تقديم الأدب عبرها .

يضاف إلى ذلك تحد آخر يتمثل في دور الأسرة الذي شهد هو الآخر تحولات جذرية ، فقد كانت الأسرة هي المصدر الأول للمعرفة لدى الطفل ، وكانت العلاقات الأسرية مترابطة إلى درجة تجعل الطفل يعيش دوما في نموذج من التعليم والتعلم المستمر المستمد من الأسرة ، ولكن مع التطور الذي لحق كل هذه الأنماط ، أصبح كثير من الأطفال يعتمدون على أنفسهم ، ويعيشون وحدتهم بعيدا عن أفراد الأسرة في غالب الأحيان (في الروضة أو المدرسة ، أو لانشغال الآباء عنهم بأعمالهم) ، وبفعل تفاعل الأطفال مع

وسائل الإعلام ، وانفتاحهم على ثقافات عالمية عن طريق النت والفضائيات ، وغير ذلك كثير من المتغيرات والتحديات التي تتزايد يوما بعد يوم .

وهو ما كان في إجماله سببا لتحولات حدثت بدورها في الأطفال أنفسهم ، فقد طرأت على الأطفال تحولات في بنية شخصيتهم وفي حواراتهم مع الكبار ، وفي أساليب معيشتهم ، والأهم في طرق تفكيرهم ، وهو ما أدى جميعه إلى أن يفرض على الأدب والحكي أهمية أن يتم تبني مداخل أخرى للكتابة ، وابتكار الموضوعات التي تتناسب وهذه الطبيعة للأطفال .

فهل استطاع بالفعل هذا الجيل أن يعي هذه المتغيرات ، وأن يكون إنتاجه الأدبي مواكبا لها ؟ ذلك ما ستكشف عنه دراسة اتجاهات الكتابة القصصية في الجيل الرابع ، هل سارت على خطى الرواد تماما متبعة أساليبهم وموضوعاتهم ، أم أنها اخترعت لنفسها اتجاهات جديدة .

اتجاهات الكتابة القصصية في الجيل الرابع :

على المستوى المضموني تنوعت الموضوعات التي عالجها كتاب الأطفال في هذا الجيل ، ويمكن رصد عدد من الاتجاهات السائدة في الكتابة ، ومنها : اتجاه القصص العلمي – اتجاه التوعية بالقضايا والمفاهيم العالمية المعاصرة - اتجاه تنمية القدرات والذكاءات ومهارات التفكير - اتجاه بناء الشخصية - اتجاه الإمتاع والتشويق- اتجاه القصص التربوي التعليمي .

1- اتجاه القصص العلمي

وهي القصص التي تدور في إطار توظيف نتائج العلوم التطبيقية ومنجزاتها في سياق أدبي ، مثل معارف الكون والفضاء وجسم الإنسان والكمبيوتر والحاسب الآلي ، والخيال العلمي ، والسفر إلى الماضي أو المستقبل عبر آلة الزمن ، وعلى الرغم من أن قصص الخيال العلمي فن قديم يعود إلى أساطير ما قبل التاريخ وقصص الرحلات والمغامرات الوهمية ، وما كتبه فرنسيس بيكون في القرن السابع عشر الميلادي حول أطلانتس الجديدة ،

ورحلات جليفر في القرن الثامن عشر الميلادي لجوناثان سويفت ، ثم رحلة إلى مركز الأرض لجول فيرن ، وغيرها ، وقد تنبأ قصص الخيال العلمي بالعجائب التقنية والعلمية لعصري الذرة والفضاء. ووضع كاريل كابك كلمة روبوت لأول مرة في مسرحية آر يو آر عام1921م، وناقش القنبلة الذرية في روايته كراكاتيت عام 1924م، وقد تطور قصص الخيال العلمي وزاد الاهتمام به ، وتزايد عدد قرائه بعد الحرب العالمية الثانية ، وبخاصة مع التطورات التي لحقت العالم في الطاقة النووية واكتشاف الفضاء ، ثم أصبح ضرورة لتقريب المفاهيم التكنولوجية والمفاهيم المتعلقة بالسوفت وير في عصرنا الحاضر، وأحدثت الميديا ثورة في كتابة القصص العلمي للأطفال والكبار على السواء ، فظهرت أفلام عدة قلما تجد إنسانا لم يشاهدها ، ومنها مثلا سلسلة أفلام حرب الكواكب.

إن القصة العلمية بعامة وعلى اختلاف أشكالها ومستوياتها ، تعد مصدرا مهما من مصادر تثقيف الأطفال وتقريب مفاهيم العلوم إليهم ، وهو ما تنبه إليه الإبداع العربي المعاصر ، فظهر عدد من المؤلفين الذين تناولوا منجزات العلوم في قصص الأطفال ، مثل عبد التواب يوسف ، ويعقوب الشاروني ، ونهاد شريف رائد رواية الخيال العلمي في مصر والعالم العربي .

أما من الجيل الرابع ، فقد برزت أسماء عدة في مصر ، منها : السيد نجم ، ورجب سعد السيد (كعكة من الجليد) ، ومنير علي الجنزوري (نورا وسالي والإنسان الآلي - بهلول في رحلته العجيبة- معتز وزيزي والقمر الصناعي)، وفتحي أمين (كوكب الأشباح- بعثة إلى أورانيا - عمالقة أطلنطس - قراصنة الفضاء) ، وصلاح طنطاوي (ثوار كوكب لوكور- حرب الكواكب - كوكب التاتاريس)، وسمير عبد الباقي (نداء من كوكب ميت- الآلات المفترسة) ، ومجدي صابر (اختطاف فوق القمر- كوكب المتوحشين) ، وهويدا حافظ (إنترنتاوي صديقي - أحلام بلوتو الصغير) ، بالإضافة إلى العديد من الأسماء في أنحاء الوطن العربي ، وبخاصة سورية والأردن ولبنان والمغرب العربي .

السيد نجم [6]، التثقيف والخيال العلمي :

استطاع السيد نجم أن يتدرج مع الأطفال بتقديم الأدب المتنوع في مخاطبته للمراحل العمرية ، وعبر مسيرته الروائية والقصصية ، خصص للأطفال مساحة كانت لها أهميتها في تقريبهم من عالم الواقع المحيط ، وبخاصة أن السيد نجم ينتمي إلى جيل الثمانينات حيث كانت الأمة العربية تمر بمنعطف معرفي بين تغلل المعرفة الغربية ومحاولة الحفاظ على الهوية ، من هنا تأتي إبداعات السيد نجم في الكتابة للأطفال متميزة في مضمونها وطرائق تعبيرها ، وهو ما تكشف عنه عناوين أعماله التي تنوعت بين الرواية والقصص والكتابة العلمية ، ومنها :

- قصص "سامح يرسم الهواء" 1998م ، و"الأسد هس والفيل بص" 1998م ، و"المباراة المثيرة" (خيال علمي) 1999م ، وكتاب "الأمومة في عالم الحيوان " 2001م، عن دار المعارف.

- قصص"حكايات القمر"1999م ، و"روبوت سعيد جدا"2003م ، ورواية "كامس ابن الشمس"2007 ، و"مرنبتاح فرعون الخروج"2008،عن دار الهلال .

- رواية "الأشبال على أرض الأبطال" 2002م عن هيئة قصور الثقافة (وقد قررتها وزارة التربية والتعليم المصرية في مدارسها).

- قصص "حكايات الولد" 2006م عن دائرة الثقافة والإعلام بدولة الإمارات العربية المتحدة.

---

(6) السيد عبد العزيز علي نجم ، عضو اتحاد الكتاب بمصر ، وعضو نادي القصة ، وعضو مؤسس بالهيئة الإدارية لاتحاد كتاب الإنترنت العرب ، له روايات منها : أيام يوسف المنسي ، والعتبات الضيقة ، والسمان يهاجر شرقا ، وله مجموعات قصصية عديدة ، منها : أوراق مقاتل قديم ، والمصيدة ، ولحظات في زمن التيه ، وعودة العجوز إلى البحر ، وغرفة ضيقة بلا جدران ، وله كتب ودراسات عدة ، أشهرها : المقاومة والأدب ، وطفل القرن الحادي والعشرين ، والمقاومة والحرب في الرواية العربية ، وحصل على عديد من الجوائز الدولية في أدب الطفل .

وقد تنوعت القضايا التي عالجها السيد نجم من خلال هذه القصص ، بين تقريب المفاهيم العلمية إلى أذهان الأطفال وتبسيط العلوم ، والإمتاع والتشويق ، والتربية والتعليم ، وتنمية الذكاء ، والتنشئة السليمة للأطفال بعامة .

وفيما يلي نموذج من قصة "سامح يرسم الهواء"[7] ، يقول :

فكر "سامح" أن يرسم لوحة جديدة، فقرر أن يرسم "الهواء"!!

وبعد تفكير طويل في شكل ولون وحجم الهواء، لم يجد الإجابة، واستمر لساعات طويلة أمام فرخ الورق الأبيض السميك وعلبة الألوان، لكنه لم يستطع أن يرسم خطا واحدا.

قرر سامح أن يستعين بوالديه، فسألهما.

ضحك الأب وقال : فعلا الهواء بلا شكل.

شعر سامح أن الهواء الذي يظن أنه ضعيف جدا قد هزمه، وهو لا يحب الهزيمة.

فقالت الأم: لكننا نستطيع أن نشعر بالهواء عندما يجرى أو عندما يغضب.

دهش "سامح"، فتابعت الأم:

- عندما يجرى يتحول من نسمة رقيقة إلى رياح شديدة، ثم إلى ريح قوية، وربما يتحول إلى إعصار.. وفي هذه الحالة يقدر الهواء على غرق السفن في البحار، وكسر الأشجار والمنازل على الأرض.

فقال سامح في نفسه: إذن أرسمه وهو يجرى، وهو غاضب.

....

دخلت أخته "بسمه" عليه وهو يرسم، وقالت:

- لماذا لا ترسم الهواء وهو هادئ ووديع؟ ففيه تطير الطيور الجميلة، وفيه تطير الطائرات التي تنقل الناس والبضائع من بلد إلى آخر.

رفع "سامح" اللوحة التي رسم فيها الهواء غاضبا، وبدأ لوحة جديدة.. فرسم النهر وعلى الجانبين الأشجار والطيور السعيدة.

---

(7) السيد نجم : سامح يرسم الهواء" (للمرحلة العمرية من 3 حتى6 سنوات)- سلسلة "يحكى أن" – دار المعارف – القاهرة- 1998م (أعيد نشرها2001م) .

وبعد أن انتهى "سامح" من اللوحة، شاهدها الأب وقال:

- لكن لماذا لا ترسم الهواء وهو يعمل؟

فسأله "سامح": وهل يعمل الهواء؟!

فقال الأب: طبعا، كل شيء في الدنيا خلق ليعمل ويسبح بحمد الله، فالهواء يحمل بخار الماء الصاعد من الأنهار والبحار، ثم يتجمع معا ويصبح سحابا، يحمله الهواء لمسافات بعيدة. وعندما تصطدم معا تسقط على شكل الأمطار لتروي الأرض الزراعية، فتكبر وتنمو النباتات، وتمتلئ الأنهار بالمياه ثانية.

....

عاد "سامح" إلى غرفته، لكنه فكر أن يرسم الهواء وهو يلعب مع الأطفال والكبار، وبدأ يرسم لوحته الجديدة. فرسم شاطئ البحر والأطفال يحملون البالونات و"الطائرات" الورقية الكبيرة. وعندما انتهى من اللوحة لم يخرج بها إلى والديه، بل خرج غاضبا وهو يقول:

- بعد كل هذه اللوحات التي رسمتها، لم أرسم الهواء.. أنا أعتقد أنه بلا شكل، ولا يستحق أن أفكر فيه!!

فقال الأب: لا تتسرع يا سامح، إن الهواء هو سر الحياة، ولا نستطيع العيش من غيره.. ليس الإنسان وحده، بل كل النباتات والطيور والحيوانات، وحتى الأسماك.

فسأله سامح: أرجوك اشرح لي كيف يكون الهواء مهما للأسماك والنباتات؟!

فقال الأب: الأسماك تأخذ الهواء الذائب في المياه عن طريق الخياشيم، والنباتات تأخذ الهواء الذائب في مياه الري لتتنفس أيضا.

فأسرع "سامح" ليرسم لوحة جديدة وجميلة للأسماك والنباتات في قاع البحر.

فور أن انتهى سامح من لوحته الجميلة الأخيرة، سأل أخته "بسمة":

- لماذا إذن لا نطير مثل الطيور، في هذا الهواء الخفيف جدا؟

قالت "بسمة": لأن الطيور لها أكياس هوائية في صدرها، ولها أجنحة قوية، وشكل جسمها يساعدها على الطيران. بينما الهواء بالنسبة للإنسان يضغط علينا، ويمنعنا من الطيران، بل ويجذب كل شيء إلى الأرض.

....

جلس "سامح" وحده في غرفته، يفكر فيما سمعه من أخته، ثم قال:

- "لذلك نرى في التليفزيون رواد الفضاء يسبحون في الفضاء وهم خارج المركبة الفضائية، أو داخلها.. لعدم وجود الهواء!!

عاد ووقف "سامح" أمام لوحة جديدة بيضاء، ثم قال:

- "قررت أن أرسم لوحة جديدة بلا هواء، سوف أرسم مركبة فضائية داخلها الرواد يسبحون في الفراغ"

حقا ما أجمل الإبداع عندما يتضافر مع المفاهيم العلمية – باعتبار العلم لغة العصر- والمستقبل ، وأحد مفاهيم القوة – فقد استطاع السيد نجم أن يقارب بين مفاهيم علمية بحتة تتمثل في حركة الرياح ودور الهواء في الكون ، وبين الخيال المبدع للأطفال وإحدى هواياتهم المحببة وهي الرسم ، وأن يحقق مبادئ التربية الأسرية المعاصرة من خلال تعدد وجهات نظر أفرادها وتعدد رؤاهم بما يتناسب وطبيعته في الحياة ، فالأب والأم يريان الهواء على غير ما تراه الابنة والجميع على صواب ، والجميع يقدم رأيه بود ومحبة ، وتأتي المعلومات العلمية عبر السياق السردي منسابة هادئة تتناسب وبنية القص .

2 - اتجاه التوعية بالقضايا والمفاهيم العالمية المعاصرة:

تمثل القضايا والمفاهيم العالمية المعاصرة جملة من التحديات العالمية التي اقتضى- على التربية أن تتصدى لها لمعالجتها ، وتعليم وتعلم مهاراتها ؛ لأنها تمثل أهمية ليس على المستويات المحلية فحسب بل على المستوى العالمي ، فلا يمكن مثلا اعتماد متعلم لا يمتلك على أدنى تقدير وعيا حول حقوق الإنسان ، والبيئة والمحافظة عليها ، والصحة الوقائية والعلاجية، وغيرها من القضايا التي لا تخص بيئة بعينها بقدر ما تخص الأمم مجتمعة . بحيث أصبح اكتساب مفاهيم ومهارات هذه القضايا يعد من سمات المتعلم التي لا غنى عنها .

وقد تم رصد هذه القضايا ، وتحليل كل قضية إلى مفاهيم رئيسية وفرعية، وقد بلغ ما تـم رصـده في الأدبيات التربوية إحدى وعشرون قضية، وهى [8]: حقوق الإنسان - الوعي القانوني - حقـوق المـرأة ومنع التمييز ضدها - حقوق الطفل ومقاومة عمالة الأطفال - المهارات الحياتيـة - البيئـة ، حمايتهـا وتجميلها - الزيادة السكانية والتنمية - حسن استخدام الموارد وتنميتها - ترشـيد الاسـتهلاك - احـترام العمل وجودة الإنتاج - التربية من أجل المواطنة - الوحدة الوطنية ومحاربة التطرف- الصحة الوقائيـة والعلاجية- الإدمان - السياحة - الوعي المروري- العولمة - التسامح والتربية مـن أجـل السـلام - الـوعي الضريبي - الديمقراطية - القانون الدولي الإنساني.

وتتداخل هذه القضايا لترتبط بالمهارات الحياتية ، ومنظومة القيم السائدة في المجتمع ، وهـو مـا يفيد في كتابة الأدب الموجه إلى الأطفال ليحقق متطلبات المفاهيم الرئيسة والفرعية والمهارات الحياتية المرتبطة ، ومنظومة القيم ، وفيما يلي نماذج للارتباطات التي يمكن أن تتداخل في القضية الواحدة [9] :

- حقوق الإنسان ، وما تتضمنه مـن توعيـة بـالحقوق والواجبـات والحريـات وأنواعهـا ، والديمقراطيـة ومتطلباتها، والمهارات الحياتية المرتبطة بحقوق الإنسان مثل : (القدرة علـى التفـاوض والحـوار - القدرة على التخطيط - تحمل المسئولية - احـترام الـذات- الحريـة الشخصية وحـدودها - تقبـل الاختلافات) ، والقيم المتداخلة : (الانتماء- تحمل المسئولية- العدل- التعاون).

- الوعي القانوني ، وما يقتضيه من الإلمام بالقوانين الأساسية في حياة الإنسان التي تضمن لـه المحافظة على كرامته وآدميته ، والمهارات الحياتية المرتبطة بهذا الوعي ، مثل:

(8) يمكن العودة إلى : كتب القضايا والمفاهيم المعاصرة في المناهج الدراسية – مركز تطوير المناهج والمـواد التعليميـة – مصر – 2000م. , حيث أصدر المركز سلسلة من الكتب توضح خطوات وطرق دمج هذه القضايا .
(9) - للاستزادة يمكن العودة إلى : محمـود الضبع وآخرون : الموسوعة المرجعيـة للـتعلم النشط – الـدليل المرجعـي للقضايا العالمية والمهارات الحياتيـة في المنـاهج الدراسـية – مركـز تطوير المنـاهج وهيئة اليونيسـيف – القاهرة- 2005.

(الاعتزاز بهويته ووطنه . الـوعي بـالحقوق والواجبات . مهـارات تحمـل المسئـولية.وحـل المشـكلات .والعلاقة بين الأشخاص .والتعامل مع النظم . ومع المعلومات) ، والقيم المتداخلـة معهـا (الـولاء والانتماء – العدالة) .

- حقوق المرأة ومنع التمييز ضدها ، وما يستدعيه من معرفة حقوق الرجل على المرأة ، وحقوق المرأة على الرجل ، وحق المرأة في التعليم ، وحقها في الصحة ، وحقها في الملكية ، والمهارات المتعلقة : (تقبل الاختلافات في النوع .مهارات الاتصال والتواصل والعلاقات بـين الأشخاص . مهـارات التعـاون والمشاركة) .

- حقوق الطفل ومقاومة عمالة الأطفال ، مثل حق الطفل في التعليم ، وحقـه في الصـحة ، وحقـه في الرعاية ، والمهارات المتعلقة بها (حسن الاستماع والقدرة عـلى الحـوار.مهـارات الاتصـال والتواصـل. مهارات وعي الذات .مهارات التفكير الإبداعي.القدرة على التعلم الذاتي)، والقيم المتداخلـة (أدب الحوار – الأمانة).

- البيئة ... حمايتها وتجميلها (إدراك مفهوم البيئة والمحافظة عليها . احترام الملكيـة العامـة . المشـاركة في الأعمال الجماعية والتطوعية .تجميل المكان .حماية البيئة من التلوث) ، والقيم المتداخلة معهـا (النظافة– تذوق الجمال).

- ترشيد الاستهلاك (القدرة على التخطيط السليم -أهميـة الادخـار- أهميـة المـوارد- حمايـة واستثمار موارد البيئة .ترشيد الإنفاق والادخار).

وفي إطار الوعي بهذه المفاهيم ، وبخطورة هذه القضايا على الوعي البشري بعامة ، وعـلى ثقافـة الأطفال ومستقبلهم بخاصة ، وانطلاقا من أهمية ترسيخ قيم ومفردات هذه القضايا في النفوس وعـلى نحو إجرائي ، فقد اهتمت بعض الأعمال الأدبية بها ، وعالجها عدد من الكتاب[10] ، منهم :

---

(10) سنكتفي هنا باستعراض نموذج واحد فقط ، وإن كانـت القائمـة تزخـر بأسماء مبـدعين كثر ، ينتمـي بعضهم إلى الجيل الثالث ، ومنها قصص السيد القماحي برسوم محسن رفعت ، التي اهتم فيهـا بقضايا المـرور ، والصـحة ، والبيئة ، وحقوق الإنسان ، وغيرها.

هويدا حافظ [11]، وفرقة الناشط علي :

سلسلة "فرقة الناشط علي" [12] باللغتين العربية والإنجليزية ، سلسلة قصصية تستهدف معالجة قضايا تتعلق بحقوق الإنسان ، وهي عبارة عن مجموعة قصص موجهة للأطفال حتى سن 12 سنة ، تهتم بتعريف الأطفال حقوق الإنسان من خلال إلقاء الضوء على المواثيق والمعاهدات الدولية والقوانين التي تنظم حقوق الإنسان المتعارف عليها في مصر والعالم ، وذلك في إطار ما ورد في الإعلان العالمي لحقوق الإنسان واتفاقية حقوق الطفل والمعاهدات والمواثيق الدولية المهتمة ، وترتبط القصص جميعا بحبكة فنية تدور حول علي وأصدقائه من الجيران وزملاء المدرسة ، ولكن ينضم إليهم في القصة الأولى الصديق انترنتاوي ، وهو شخصية خيالية تخرج من الكمبيوتر وتستمر معهم عبر القصص تقدم لهم ما يحتاجون إليه من معلومات .

لقد استطاعت هويدا حافظ أن توظف أحداث ومواقف الحياة اليومية في بناء قصص مشوق يتضمن قضايا ومفاهيم جافة في طبيعتها ، ويجذب إليه الأطفال على نحو تفاعلي حقيقي ، وليس على نحو تعليمي ممل ، ففي قصة "انتخبوا أستيكة" ، تعالج الانتخابات والقوانين المنظمة لها ، وحق الإنسان أن يدلي بصوته ، وبعض السلبيات التي قد تحدث في الانتخابات وكيفية البعد عنها ، والتأكيد على انتخابات نظيفة تحقق الغرض من ورائها ، وفي قصة "لون حياتك" تتحدث عن حق الإنسان في العلاج وفي الحياة ، وأهمية الأمل والتفاؤل وعدم الاستسلام لليأس ، وضرورة طلب العلاج والتأكيد على حق الطفل في الرعاية ، وفي قصة "مذكرات خضرة" تتناول البيئة وضرورة المحافظة عليها والتوعية بمخاطر الإهمال من خلال الإشارة إلى قوانين المحافظة على البيئة ، أما قصة "الغش

---

(11) هويدا محمد عبد اللطيف حافظ ، ولدت عام 1969م ، كاتبة صحفية تعمل بمجلة بلبل (إحدى إصدارات مؤسسة أخبار اليوم الموجهة للأطفال).

(12) نشرتها المنظمة العربية للإصلاح الجنائي خلال عام 2006م ، وما تزال السلسلة مستمرة في إنجازها حتى تاريخ صدور هذا الكتاب ، وقد صدر منها عشرون عنوانا .

مالوش رجلين" فتناقش قوانين حماية المستهلك بهدف منع الغش ومحاربة الفساد وحق المجتمع في توافر الأمن والثقة في شراء السلع التي يحتاجها ، وتأتي قصة " اتفقنا " لتتحدث عن المعاهدات الدولية والمصطلحات التي وردت بها ، وتتحدث قصة "قابلني ع الرصيف" عن أطفال الشوارع والمشردين وحقوقهم على المجتمع ، أما قصة "بلا وطن" فتتحدث عن اللاجئين الدوليين والذين لا يجدون مجرد الوطن لينتموا إليه والذين فرضت عليهم الظروف أن يعيشوا مغتربين في غير أوطانهم ، وتأتي قصة "اوعى ونشك" لتتحدث عن قوانين المرور وضرورة الاهتمام بتنظيم المرور كسلوك حضاري يجب علينا جميعا مراعاته والاهتمام به ، وتعالج قصة "نقابة عم عبده" دور النقابات في تنمية المجتمع، وقوانين النقابات والتشريعات المنظمة لها ، وضرورة مراعاة البعد الاجتماعي للفئات التي لا تجد من يمثلها أو يتحدث عنها ، وكذلك قصة "تحت القبة" التي تدور حول البرلمان ومجلس الشعب وما يتم فيه من مناقشات لإصدار التشريعات وممارسة الدور الدستوري الديمقراطي في الدولة ، وتعالج قصة "مش بإيدي" موضوع ذوي الاحتياجات الخاصة وحقهم في الحياة والرعاية وممارسة دورهم الطبيعي في المجتمع مع حق المجتمع عليهم في الاهتمام بهم وتوفير كافة التسهيلات لهم ، وتدور قصة "الشورى شورتك" حول مجلس الشورى ودوره في العملية الدستورية مع التأكيد على ضرورة تطبيق الديمقراطية والاهتمام بالتعريف بمصطلحات الحياة النيابية وإلقاء الضوء عليها ، كذلك تعالج قصة "زي بعض" قضية إزالة الفوارق بين الولد والبنت والتأكيد على المساواة بين الجنسين وتساويهم في الحقوق والواجبات ، أما قصة "دموع زهرة " فتدور حول حقوق أبناء السجناء وحقوق السجين وماله وما عليه وضرورة تطبيق القاعدة التي تؤكد على براءة المتهم حتى تثبت إدانته .

والنموذج التالي من قصة "نقابة عم عبده " يكشف عن واقعية الأحداث ودقة الحبكة الفنية ، وقدرة الكاتبة على توظيف مفاهيم حقوق الإنسان في سلاسة وانسيابية، حيث تبدأ القصة على النحو التالي :

نزلت دينا درجات السلم مسرعة ، لتلحق بموعد التمرين في النادي ، وكانت أختها نادين قد سبقتها مع والدتها إلى جراج العمارة لتجهيز السيارة ، حتى لايتأخروا على موعد تمرين التنس الذي سيعقبه لقاء ممتع مع أصدقائهما من أعضاء فرقة الناشط علي .

ووصلت دينا إلى الجراج ، وركبت السيارة ، وكانت والدتهما منهمكة في الحديث مع أم رامي زوجة عم عبده سايس الجراج ، وكانت أم رامي تبدو في حالة سيئة ، ودموعها تتساقط بغزارة ، وهي تتحدث وتحمل على كتفها ابنتها شروق ، بينما كان رامي يقف بالقرب منها .

وبدت على وجه والدة دينا ونادين علامات التأثر والاهتمام بعد انتهاء الحديث.

ثم أخرجت مبلغا من المال ودسته في يد أم رامي التي قبلته على استحياء .

وتستمر القصة لتحكي عن عم عبده الذي طرده صاحب العمارة هو وزوجته من العمل في الجراج بسبب كبر سنه ، وفي النادي تناقشت دينا وأختها نادين مع الأصدقاء في أمر عم عبده ، وتفرع الحوار وتدخل فيه الكبار ، ونوقشت فكرة النقابات وتاريخها في مصر ، وانتهت القصة بالتفكير في إنشاء نقابة لعم عبده وأمثاله .

على هذا النحو ومن خلال البناء القصصي الذي يدور حول الأطفال ويضعهم في سياق الحبكة الدرامية ، استطاعت مجموعة الناشط علي أن تبث مفاهيم حقوق الإنسان بطرق ربما لا تستطيع أنواع المعرفة الأخرى أن تحققها لدى الطفل .

قضايا البيئة والتوعية بأخطارها :

تمثل انتهاكات البيئة موضوعا مهما من موضوعات أدب الأطفال ، بوصفها المحيط المادي الأقرب إدراكا إلى الأطفال في كافة مراحلهم العمرية ، ولأنهم يعيشون فيه بالفعل ، ويعانون من سلبياته ، ويمتلكون القدرة على التواصل مع جمالياته ، وقد تعددت تنويعات قصص وحكايات الأطفال في محاولة لإنقاذ البيئة البشرية بين الكشف عن جماليات البيئة وأهمية المحافظة عليها نظيفة نقية كما خلقها الله تعالى ، وبين التوعية بمظاهر تلويثها كما جنت عليها مظاهر الحضارة المعاصرة ، وقد تعدد الكتاب والمؤلفون ، ومنهم :

ناهد السيد[13] :

تأتي رواية ناهد السيد "عروس النيل "[14] لتعالج بعض قضايا البيئة ، وبخاصة التلوث، والنظافة من خلال قصة عروس النيل التي كانت نائمة في هدوء في قاع النيل ، لولا التلوث الذي لحق النهر بسبب مخلفات السفن والمصانع وغسل الحيوانات والملابس فيه ، وإلقاء أكوام المخلفات .

وتتدرج قصة ناهد السيد في مشاهدها لتنتقل من الحديث على لسان عروس النيل، إلى الحديث على لسان الأطفال الذين طلبت منهم المعلمة أن يرسموا موضوعا عن نهر النيل فبدأ الأطفال يرسمون حلولا لملوثات النهر :

رسمت أمل عربات ضخمة ترفع المخلفات من قاع النيل

ورسمت ندى حراس الشاطئ يحرسون النيل بمنتهى اليقظة ، وقد كتبوا لافتات عليها : لاتلق بالمخلفات حتى لاتتعرض لعقوبات .

بينما رسمت ندى عروس النيل جميلة تبتسم للصيادين ، وتقول لهم : " حافظوا على نظافة النيل .. بمنحكم السمك الجميل " .

قالت المعلمة : الرسوم رائعة .. لكم هذه الجائزة .. لكن الأكثر روعة .. أن نبدأ نحن بالحفاظ على نهر النيل البديع .. فيفعل مثلنا الجميع .. "

هكذا يبدأ الأطفال في توزيع الأدوار على نحو عملي ، ويتفق الجميع على تصميم مجلة حائط عن خيرات النيل ، ووضعوا شعاراتهم ، وتعلم الأطفال كيف يحافظوا على بيئتهم نظيفة نقية آمنة صحيا .

(13) ناهد سيد محمد أحمد ، محررة صحفية بمؤسسة الأهرام ، وعضو اتحاد كتاب مصر ، لها دواوين بالعامية المصرية ، منها " أنثى " ، و" كعب عالي " ، ولها قصص وروايات للأطفال ، منها "مذكرات مروان في دار الأيتام" تحكي فيها عن حياة الأطفال في دار الأيتام ، و"كوكب المعرفة" للأطفال من سن10-14 ، وتنتمي إلى الاتجاه العلمي التعليمي ، ولها "يا ليتني كنت أرى لألعب كرة" للأطفال من10-15، وتتحدث فيها عن الأطفال المكفوفين.

(14) ناهد السيد : عروس النيل- رسوم :حجازي - مكتبة الدار العربية للكتاب - القاهرة - 2008م.

وتتميز قصص ناهد السيد للأطفال باهتمامها بالجانب الإنساني على نحو دقيق ، ويؤكد ذلك اختيارها لشخصيات وأبطال قصصها ، التي لاتسير على النهج التقليدي ، وإنما تلتقط نماذج تستوجب العطف الإنساني ، مثل شخصية هاني الطفل الكفيف في قصة "يا ليتني كنت أرى لألعب كرة " ، وشخصية مروان في قصة "يوميات مروان في دار الأيتام" ، والسياق القصصي الذي يضع الطفل المتلقي لهذا الأدب ويقيم مقارنة بين حياته وبين حياة الأطفال الذين يقرأ عنهم .

وفي إطار الاهتمام بالبيئة تأتي بعض أعمال **إيمان سند** للأطفال ، حيث تعالج قصة "مدرسة نظيفة .. شارع نظيف " موضوع البيئة عبر حبكة قصصية تدور حول اتفاق الأصحاب الثلاثة : خالد ونورا وسارة على تنظيف شارعهم من خلال مشروع ابتكروه يحمل عنوان القصة .

وعبر سياق الأحداث يتم بث الوعي البيئي والصحي للأطفال بما يساعدهم على اكتساب المفاهيم ، والرغبة في تقليد شخصيات القصة في أعمالهم التي تدور حولها الأحداث .

3- اتجاه بناء الشخصية

وهو اتجاه قديم قدم الأدب ذاته ، فمنذ نشأته ويسعى أدب الأطفال إلى بناء الشخصية في كافة جوانبها النفسية والاجتماعية والبدنية والأخلاقية ، فمن المتعارف عليه في علم النفس أن تعرض الأطفال للقصص بأي وسيط حكيا أم قراءة أم استماعا أم مشاهدة بصرية ، يوسع من مداركهم ويمنحهم القدرة على التحاور مع الآخرين والاتصال والتواصل ، وينمي فيهم روح المناقشة والاستفسار ، ويمنحهم القدرة على النقد ، ويكسبهم قدرة على الملاحظة والتأمل .

غير أن بناء الشخصية يتطور بتطور الزمن والحياة ، فما كان يكفي شخصية في القرن السادس عشر ، لا يكفي مقوما للشخصية في القرن الواحد والعشرين ، فمع تطور الحضارة وارتقائها ، يتطور الإنسان وتنمو متطلباته ، وتزداد المهارات التي ينبغي توفره

فيها ، فعلى سبيل المثال تعد المهارات الحياتية الآن ضرورة لا غنى عنها لأي إنسان صغيرا كان أم كبيرا ، ومن أهمها : مهارات استخدام الكمبيوتر بكفاءة ، ومهارات اتخاذ القرار ، ومهارات التفاوض والإقناع بالبراهين والحجج العلمية ، ومهارات التعامل مع التكنولوجيا في الشارع مثل حجز تذكرة ، والتعامل مع الإشارات الضوئية الإلكترونية ، واستخدام البطاقات الإلكترونية بأمان ، واستخدامات ماكينات الخدمات ، بل حتى استخراج الشهادات والوثائق الرسمية إلكترونيا ، وغيرها مما يقتضي- التعامل مع التكنولوجيا ، وهو ما يقتضي جميعه اكتساب مهارات التفكير المنطقي والتفكير التشعبي وغيرها من مهارات التفكير .

وباختصار فإن المهارات الحياتية عموما تعني تلك المهارات التي تساعد الأطفال - والبشر عموما - على التكيف مع المجتمع الذي يعيشون فيه ، مع التركيز على النمو اللغوي ، وأساليب الطعام السليمة، وأساليب ارتداء الملابس ، والقدرة على تحمل المسؤولية ، والتوجيه الذاتي ، والمهارات المنزلية ، والتفاعل الاجتماعي.

من هنا - وقد تناولنا جانبا واحدا فقط من جوانب عدة تشكل شخصية الإنسان المعاصر - تأتي أهمية القصص الذي يفتح الباب أمام الطفل لاكتساب هذه المهارات العديدة السابق الإشارة إليها .

عزة أنور[15] :

تخيرت عزة أنور في كتابتها للأطفال التركيز على المرحلة العمرية بين الثامنة والثانية عشرة ، وتسعى عبر مجموعاتها القصصية لأن تتبنى اتجاهات بعينها ، تتنوع بين التوعية بالمهارات الحياتية ، وبين التأكيد على القيم التي تلتهمها الحضارات المتطورة وتقلل من دورها ، ففي مجموعتها القصصية "شجرة عمرو" تعالج مفهوم الحب عن الأطفال ،

(15) عزة أحمد أنور ، عضو اتحاد كتاب مصر ، لها مجموعات قصصية عديدة للأطفال، منها : "نحرور مطرب مغمور" ، و"بيت من الرمل" عن سلسلة قطر الندى ، و"شجرة عمرو" عن الهيئة العامة للكتاب ، ومدينة العجائب ، وحكايات عن الأفيال ، ومسرحية "مدرسة الألوان" ، إضافة إلى مجموعاتها القصصية للكبار .

لتخرج به من مجرد حب الوالدين إلى حب الحياة والكون والفهم الصحيح لمعنى الحب ، فتأتي أولى القصص لتدور حول شجرة وثلاثة أطفال كل منهم يدعي أنه يحبها ويستحق أن تطلق عليها اسمه .. أحدهم يعبر عن حبه لها برسمها ، والآخر يعبر عن حبه بقطف أوراقها الذابلة ورعايتها وريها ، وثالثهم لا يقدم لها شيئا سوى أنه أصغر أفراد الأسرة ويستحق لصغره أن تسمى الشجرة باسمه ، ولكن الأب يحسم الموقف ، فيرى أن المحب هو من يفعل شيئا مفيدا لمن يحبه ، ويقدم له ما يساعده على الحياة ، وهو ما ينطبق على الطفل الثاني .

وفي قصة أخرى تعالج فكرة تشبث الأطفال بلعبة ورغبتهم الشديدة في امتلاكها ظنا منهم أنهم يحبونها ، ولكنهم بعد قليل من الوقت يكتشفون أنها ليست بالسحر الذي تخيلوه ، وهو الدرس الذي تعلمه الطفل بطل القصة وخرج منه بنتائج عقلية منطقية .

على هذا النسق تأتي قصص عزة أنور لتعالج المفاهيم احتكاما إلى المنطق العقلي الذي يتناسب مع قدرات الأطفال وينمي مهاراتهم الحياتية والعقلية معا .

وفي مجموعتها **"نحرورمطرب مغمور"** تعتمد منطلقها العقلي أيضا في نسج قصتها حول الحمار ، ذلك الكائن الذي يصفه الناس بالغباء ، ولا تتعامل معه من الخارج ، وإنما تدخل إلى عالمه هو فتصوره كائنا يفهم الموسيقى ويحبها ، ويتفاعل مع النباتات والأشجار ويستمتع بالعالم الجميل ، ويحلم بالحياة في المدينة ليكون مطربا، فهو يرى أن كل مفردات الكون من حوله تغني ما عدا هو .

وبالفعل يهرب الحمار ، ويذهب إلى المدينة ، ولكنه يكتشف أن المدينة ليست أرض الأحلام التي تخيلها ، ويرصد لسلبيات المدينة وعيوبها ، وفي سياق ذلك تنمو صداقة بينه وبين حمار آخر مثله ويدرك من خلاله معنى التضحية وأهمية مساعدة الغير دون مقابل.

وعبر القصة وفي سياق الحبكة الدرامية تعالج الكاتبة مفاهيم عدة تسعى بها لتكوين وجهات نظر إيجابية لدى الأطفال ، ومنها أن الحمار ليس رمزا للجهل والغباء ..ولكن أي كائن يتوقف عن التعلم هو الجاهل ..أيضا هو يضيق بأذنه ويرى أنها ليست نموذجا

للشكل الجميل .. ويرفضها ..لكنه يدرك بعض فترة أن ليس كل ما نرفضه هو غير مفيد لنا ..فربما يكون في كثير من الأحيان هو قمة تميزنا وتفردنا .. فهو ينجح في القبض على لص القرية بأذنيه تلك ..لأن طولهما ساعده على أن يسمع بدقة أكثر.

وتنتهي القصة بفشله في تحقيق حلمه لكي يكون مطربا ..لكنه يصبح سعيدا ، لأنه حصل على دور جديد يفيد به من حوله .. وهو نقل الأطفال من الأماكن البعيدة في القرية إلى المدرسة لكي يتعلموا .. ويشعر بالسعادة لأنه وجد مكانا في العالم .. وهذا الوجود يصبح له معنى عندما نثري الحياة ونتعاون مع الغير في إثراءها .

ويمكن في هذا السياق إدراج قصص هويدا حافظ "سلسلة الناشط علي " السابق الإشارة إليها ، بدءا من قصة إنترنتاوي صديقي ، حيث يكتسب الأطفال من خلالها كثيرا من المهارات الحياتية في التعامل مع القوانين ، وحسن استخدام الموارد ، ومفاهيم الاتصال والتواصل ، وغيرها الكثير مما يرد عبر سلوكيات الناشط علي وأصدقائه .

وتأتي قصص **رانية حسين أمين** في سلسلة **فرحانة** ، لتضع الطفل في سياق محك التجربة لاختيار سلوكياته التي تتنوع عبر القصص في إطار إكساب المهارات الحياتية المعاصرة ، وذلك على الرغم مما أثارته هذه القصص لدى بعض المتلقين ، حيث رأوا فيها سلوكيات غير سليمة تقوم بها فرحانة الفتاة الصغيرة بطلة القصص في بعض قصصها ، مثل القصة التي عاشت فيها حيرة لاختيار فستان تحضر به حفلا ، غير أنها لم يعجبها أي فستان ، وفي النهاية خلعت كل ملابسها .

والحقيقة أن قصص فرحانة ، تحقق لدى الأطفال مهارات أكثر من مجرد اكتساب سلوكيات ، فهي تضعهم على محك اكتساب مهارات التفكير الناقد ، وتجبرهم عبر سياق القصة على أن يحكموا بأنفسهم على سلوكيات فرحانة ؛ أي أن التوصل إلى الحكم على السلوك لا يأتي من الخارج في شكل توجيه، وإنما يستنتجه الأطفال أنفسهم.

وتأتي أيضا سلسلة ولد وبنت للأطفال (من سن 10 – 14 سنة) ، للكاتب أحمد صبيح ، والتي تتنوع في موضوع حكيها بين التراث والمعاصرة ، ولكنها تسعى عبر ذلك إلى مناقشة جوانب معاصرة في حياة الإنسان الطفل ، وإكسابهم إياها من خلال تقليد

أبطال وشخصيات القصص ، ومنها مجموعة الصياد الصغير ، ومجموعة فانوس رمضان ، وغيرها .

كما تأتي قصص **نجلاء علام** لتعبر عن هذا السياق من خلال الربط بين التراث والمعاصرة ، وفي مجموعتها "أمير الحواديت" تؤكد على قيم التعاون والمحبة ومساعدة الآخرين ، ومفهوم الجمال الحقيقي ، وغيرها من المفاهيم المهمة لحياتنا .

4- اتجاه تنمية القدرات والذكاءات ومهارات التفكير :

كان للنتائج التي توصلت إليها أبحاث المخ ودراسات الطفولة آثارها على أدب الأطفال ، حيث أكدت هذه الدراسات على إمكانية تعليم وتعلم الذكاء ، وتنمية القدرات ومهارات التفكير ، وهو ما تعامل معه الأدب على نحو إجرائي من خلال الممارسات والأنشطة الإبداعية التي تنمي مهارات الإبداع والتفكير والخيال ، وظهرت أعمال أدبية عدة في هذا المجال ، منها :

- قصص المغامرات والكشف عن الأسرار ، ومنها قصص رانية حسين أمين : اختفاء نهر النيل .
- قصص الجاسوسية والكشف عن الجريمة .
- سلسلة الألغاز، وألغاز الأذكياء لمحمد صالح عبد الحفيظ ، ومحمد محمود القاضي ، ورسوم هناء رشاد
.

غير أن هذا الاتجاه يحتاج إلى اهتمام ودعم من قبل كتاب الأطفال ؛ إذ إن الفكر التربوي المعاصر يهتم بتنمية مهارات التفكير العليا بوصفها مكونا أساسيا من مكونات الشخصية في حاضرنا ومستقبلنا .

5- اتجاه الإمتاع والتشويق :

والإمتاع والتشويق أحد أهداف الأدب بعامة ؛ إذ ينظر الأدب كما تنظر الفلسفة على أن الإمتاع هو هدف في ذاته ، بل وجدت عبر تاريخ الأدب اتجاهات تنادي بألا يكون للأدب غاية سوى الإمتاع ؛ أي الأدب من أجل الأدب ، والفن من أجل الفن ، والجمال

من أجل الجمال ، ومنها على سبيل المثال جماعة البرناسية في كتابة الشعر في الوطن العربي ، ومن المعروف أن الإمتاع والترفيه للطفل وللإنسان عموما يحقق له التوازن النفسي ـ ويجعله مقبلا على الحياة ، قادرا على القيام بأعماله بجودة وإتقان ، وهو ما حققته أعمال أدبية كثيرة منذ جيل الكتابة الأول ، وبخاصة كامل كيلاني الذي خصص قسما كاملا من كتاباته للإمتاع ، ثم واصل جيل الكتابة الرابع المسيرة مستفيدا من التقنيات البصرية والصوتية المعاصرة ، ومن الأعمال البارزة لكتاب هذا الجيل :

- سلسلة "حكايات رياض الأطفال" لمحمد عبد الله خير الدين ورسوم مصطفى بكر ، ومنها كتاكيتو وقشر الموز ، وكتاكيتو وحنفية المياه ، وكتاكيتو وزجاجة الدواء، وكتاكيتو والتليفزيون ، وكتاكيتو ومفتاح الكهرباء ..... .

- سلسلة "حكايات ظريفة جدا " للمؤلف نفسه ، ورسوم عبدالرحمن بكر ، ومنها: القرد والتمساح ، وأرنوب الشقي ، وانتقام الثعلب المكار ، والغراب الكذاب ، والأرنب ملك الغابة ، والرجل والنمر ، ورعب في الغابة ، والحمار الغبي ، وغيرها ، وهي قصص تجمع بين الحكي وبين تدريب الأطفال على تلوين الصور المرسومة والمعبرة عن مشاهد القصة.

- حكايات عدلي رزق الله الرسام التشكيلي ، ومنها : القط يحب الغناء ، والفانوس والألوان ، والنقطة السوداء ، وأم الظل ، وغيرها كثير في سلسلته التي يؤلف حكاياتها ويرسمها بنفسه .

غير أنه ينبغي التأكيد على أن الإمتاع والتشويق لا تخلو قصصه من معالجة القيم والتقاليد ، وبخاصة ما يتعلق منها بالعلاقات الاجتماعية والدعوة للسلوكيات الحسنة ، واكتساب القيم الحميدة .

6- اتجاه القصص التربوي التعليمي :

إن كل قصة هي بالضرورة تربوية ؛ لأنها تتضمن على نحو ما قيما ، وتعمل بالضرورة على تنمية اتجاهات ، وتكوين ميول ، وتكسب خبرات ، وتنمي مهارات ، إضافة إلى التشويق والإمتاع ، وإلا لما قرأ الطفل القصة ، أو استمع إليها .

ولكن الفارق بين قصة وقصة يكمن دائما في أهداف الكاتب وراء كتابته ، وهو الذي يحدد مساره في الكتابة ، فعلى سبيل المثال عندما يكون الهدف من القصة هو تعليم مهارات اللغة العربية ، فإن كتابة القصة ستختلف عما لو كان الهدف هو تعليم مهارات العلوم مثلا ، أو تعليم الأرقام والمسائل الحسابية ، وما إلى ذلك .

لقد تطورت علوم التربية ومنطلقاتها وفلسفتها وأدواتها وطبيعة تناولها للمناهج ، نتيجة للتطورات العالمية ، فحدث تحول من التعليم إلى التعلم ، ومن التعليم المحدود بالفصل والعام الدراسي، إلى التعلم المستمر والتعلم في أي مكان ، ومن مفهوم المقرر الدراسي من كونه مصدرا وحيدا للتعلم إلى كونه أحد مصادر التعلم ، التي تتجاور معه مصادر أخرى عديدة ، منها الرسوم المتحركة ، والأفلام التليفزيونية ، والبرامج الإذاعية ، والقصص والحكايات ، والأنشطة ، وغيرها من مصادر التعلم المتنوعة .

ونتيجة لهذا التحول ظهرت أعمال أدبية قصصية تهدف لتعليم أهداف ومهارات المقررات والمواد الدراسية المختلفة ، وبخاصة في الأهداف العامة والمعارف والمهارات الأساسية ، مثل الطاقة والحرارة في العلوم ، وبناء الجملة وأنواع الكلام والمفرد والمضاد والجمع في اللغة العربية ، والحدود الجغرافية والمعالم السياحية في الجغرافيا ، وأسس تشغيل الكمبيوتر وأساليب تطبيق البرامج في الحاسب الآلي ، وغيرها من المقررات والعلوم الدراسية .

وفيما يلي نموذج من قصص كان الهدف من كتابتها منذ البداية هو تعليم مهارات اللغة العربية ، والتأكيد على بعض القيم والأخلاق بعينها، وهي قصة أسرة متعاونة [16] ، نقدمه كما هو دون تدخل :

---

(16) محمود الضبع : الحقيبة التعليمية للتعلم النشط – مركز تطوير المناهج وهيئة اليونيسيف – القاهرة – 2004م.

قصة أسرة متعاونة

المقدمة

عزيزي التلميذ / التلميذة:

الحياة الناجحة تقوم على التعاون بين الأفراد ، والتعاون يتطلب أن يؤدي كل فرد ما عليه من واجبات ، وأن يحصل على ما له من حقوق.

وقطعا تختلف حقوق الأفراد وواجباتهم حسب مراحل العمر التي يمرون بها ... وفي الأسرة يتعاون الكبار والصغار ، والأم والأب ، والإخوة والأخوات في أداء الأعمال المنزلية المختلفة....

هيا معا نقرأ قصة " أسرة متعاونة " ، ونصحب سعاد وعمر ، لنستمتع بالمواقف التي تعرضت لها أسرتها ، ونرى كيف تصرف كل فرد في الأسرة ، ونتعرف مثالا لقيمة التعاون والمشاركة ، ونتعلم كيف يمكن أن يقوم كل فرد في الأسرة بواجباته ، وأن يحصل على حقوقه...

عزيزي التلميذ / التلميذة:

تعالوا معنا نعرف ماذا فعل كل من سعاد وعمر،وكيف تصرفا في غياب الأم ؟

الأهداف

تجمع قصة " أسرة متعاونة " في أهدافها بين الإمتاع والتعلم ، وتحقق أهدافا تربوية:

- الاستمتاع بأحداث القصة ، والتفاعل مع شخصياتها .
- تمثل السلوكيات التي يسلكها أبطال القصة .
- تنمية السلوك الإيجابى نحو الحقوق والواجبات داخل الأسرة.
- استخلاص القيم والسلوكيات التي تتضمنها القصة مثل:
- - احترام العمل. - تقدير قيمة عمل الوالدين. - الاعتزاز بالأسرة.
- تلخيص أحداث القصة في صفحة واحدة.
- كتابة مقال قصير عن أسرته وكيفية مساهمته معها .

- تلخيص حقوق وواجبات كل فرد في الأسرة من خلال القصة.
- إدراك مدى خطورة عدم قيام كل فرد بواجبه في الأسرة .
- تنمية المهارات اللغوية ، والتأكيد على القواعد النحوية ، مثل :النعت - الحال - المبتدأ - الخبر .

1- سفر مفاجئ

سعاد وعمر يعيشان مع أبويهما في سعادة وسرور .. الأم تعمل موظفة في إحدى الشركات ، أما الوالد فيمتلك ورشة صغيرة لإصلاحِ السياراتِ في المدينةِ القريبةِ من قريتِهم .

في أحدِ الأيامِ وصلتهم برقية من المحافظةِ التي تقيم فيها جدتهم والدة أم سعاد ، تخبرهم بأن الجدة مريضة .. سيطر القلق على الأسرةِ، وجلسوا جميعا يتشاورون في الأمرِ ، قال الأب : لا بد أن نسافر جميعا للاطمئنانِ على جدتكم .

ردت الأم قائلة : لا نستطيع السفر جميعا لأن سعاد وعمر مرتبطانِ بالدراسةِ، وأنت لا تستطيع إغلاق الورشةِ لارتباطِك بتسليمِ السيارةِ التي أخبرتنا عنها .

وبعد المشاورةِ توصل أفراد الأسرةِ إلى الاتفاقِ على سفرِ الأم بمفردِها لزيارةِ والدتِها المريضةِ، وبقاءِ سعاد وعمر والأب .

في اليومِ التالي لسفرِ الأم إلى الجدةِ ، عادت سعاد وأخوها عمر من المدرسةِ إلى المنزلِ ، وجلسا يفكرانِ في كيفيةِ أداءِ أعمالِ المنزل في أثناء غيابِ أمهما .

قال عمر : ألم يكن من الأفضلِ أن نذهب مع أمنا لزيارةِ جدتي ؟

ردت سعاد مستنكرة: وهل نترك دراستنا والمدرسة، ونتأخر عن متابعةِ دروسنا؟

قال عمر : ولكننا الآن لا نعرف ماذا سنفعل .... ولا كيف نتصرف ؟

قالت سعاد باسمة : طبعا ، يا عمر أنت لا يشغل بالك إلا الطعام .. لا تقلق سوف نقوم بتحضيره، ولا تنس أن أمنا قد جهزت لنا- في الثلاجة- كل ما يكفينا طوال مدةِ سفرها ، وما علينا إلا أن نتعاون معا ، ونعد الطعام ، ونطهوه ، ثم ننظف الأطباق بعد الأكل .... لا تقلق ، سننجح بإذن الله ، وسيكون كل شيء على ما يرام .

قال عمر(وقد بدت على وجههِ ملامح الضيق) : ولكنى لم أتعود أن أشارك في الأعمالِ المنزليةِ من قبل .. فهذا عمل المرأةِ .. لا ... سوف أطلب من أبي أن يسافر بنا إلى أمي .... لقد اشتقت إليها كثيرا .

ضحكت سعاد من كلامِ عمر، وقالت له : ليس هذا العمل قاصرا على المرأةِ فقط كما تقول يا عمر، ولكنه عمل كل أفرادِ الأسرة ، فالحياة مشاركة بين الرجلِ والمرأة، ثم قل لي بصدق : أحقا اشتقت إلى أمك أيها الماكر .. أم أنك لم تتعود فعل شيء في المنزل لأنك لا تعرف واجباتِك المنزليةِ .

رد عليها عمر قائلا : لا يا ست سعاد إنني أنهي كل واجباتِي المنزليةِ قبل أن أنام... وأذاكر كل دروسِي أولا بأول .

ضحكت سعاد مرة أخرى من كلام عمر، وقالت : يا عمر يا حبيبي... أنا لا أقصِد واجباتِك المدرسيةِ، ولكنني أقصِد واجباتِك المنزلية،أي مسئولياتِك في الأسرةِ .....

ألا تعرف أنه كما أن لك حقوقا في البيت، فعليك أيضا واجبات يجب أن تؤديها .

تعجب عمر من كلام سعاد ، وقال بسخرية : وما حكاية الواجباتِ والحقوقِ في المنزل هذه؟ ومن سيقوم بتصحيحِها إن شاء الله ؟ وماذا أفعل إذا حصلت على درجة ضعيفة فيها ؟

قالت سعاد : إنها مسألة مهمة حقا يا عمر ، لا تدعو للسخريةِ ، ولكنها أمور واجبة على كل واحد منا ، وعلينا جميعا أن نلتزم بها ، وسوف أسألك يا عمر :

ألم تفكر يوما فيما يبذله أبوانا من جهد لتوفيرِ الطعامِ والشرابِ والملبسِ والمسكنِ من أجلنا؟

ألم تفكر يوما في مسئوليتِهما تجاهنا لتعليمنا ؟

هذه جميعها حقوقنا على أبوينا ، ولكن كما أن لنا حقوقا عليهما ، فعلينا أيضا واجبات نقوم بها نحوهما .

قال عمر : أعرف ذلك ، وأنا دائما أشكرهما وأطيعهما في كل ما يأمراني به .

قالت سعاد : لا يا عمر ... هذا لا يكفي فأنا لا أقصد ذلك ، فهذا أمر مفروغ منه ، ولكنى أعنِي واجبك كفرد تعيش في هذا البيت ، نحو الأسرة التي تعيش معها .

هيا ساعدِني أولا في تجهيزِ طعامِ الغداء قبل أن يحضر أبونا ، وسوف أشرح لك الأمر بالتفصيلِ بعد الانتهاءِ من إعدادِ الغداء .

ودخلت سعاد ومعها أخوها عمر إلى المطبخِ ، وبدءا في إعدادِ الطعامِ بحرص ودقة،وهما في منتهى السعادةِ، فقاما بإخراجِ الخضار الذي سيطهوانه من الثلاجةِ، ثم غسلاه جيدا،ثم أشعلت سعاد عود الكبريت، وفتح عمر مفتاح الإشعالِ، ثم وضعا الإناء على النار ، وبدءا يكملان طهو بقية الأطعمةِ ، وغسل

عمر الخضرواتِ جيدا ، وتعاونت معه سعاد في عملِ طبقِ السلاطةِ .

وبعد الانتهاءِ تأكدا من إقفالِ أنبوبةِ البوتاجاز ، وتنظيفِ

الحوضِ، وجمعِ القمامةِ في كيس وربطِه ووضعِه في مكانِه . وجلسا ينتظرانِ عودة أبيهِما من الورشة.

2- على الغداء

عاد الأب من عملِه واستقبله عمر وسعاد بفرحة ، وأخذهما الأب بين ذراعيهِ، وسألهما عن أحوالِهما اليوم ، وكيف كان يومهما بالمدرسة .

قال عمر : الأمور كلها على ما يرام يا أبي ، ولكنى اشتقت لأمي كثيرا... لماذا تركتها تسافر يا أبي ؟

رد عليه الأب بحب وحنان ، وقال : كلنا اشتقنا إليها يا عمر ، ولكن ليس من حقنا أن نمنعها من السفرِ فهي تريد أن تزور أمها، وهذا واجبها نحو أسرتِها وأهلِها . ويجب علينا نحن أن نساعدها على ذلك ، وألا نحرمها من أداءِ هذا الواجب . المهم أن نتمنى لها أن تعود إلينا بالسلامة بإذن الله..... هيا يا سعاد ، هيا يا عمر ، استعِدا للخروجِ ، فسوف أصطحبكما لتناولِ الغداءِ في مكان جميل .

قال عمر : لا يا أبي لن نخرج ... لقد أعددنا الغداء ، وكل شيء جاهز .

لم يصدق الأب ما سمِعه ، ثم قام معهما إلى المطبخِ ، وشاهد بنفسِه ما أعداه من أطعمة ، ولاحظ نظافة المطبخِ ، وترتيب كل شيء في مكانه ...

فرح الأب بأبنائه ، واحتضنهما بشدة ، وبدأ يساعدهما في نقلِ الطعامِ إلى المائدةِ في الصالة ، ولكن سعاد قالت له : اجلس أنت يا أبي ... سوف نقوم نحن بكل شيء .

رد عليها الأب : لا يا سعاد ... من واجبِنا جميعا أن نتعاون في أعمالِ المنزل، وقد قمتما بواجبِكما ، فدعوني أكمل أنا ... فكم أنا سعيد بكما.

قال عمر : ولكنك متعب يا أبي ولا نريد إرهاقك ، يكفيك ما تقوم به من عمل في الورشةِ طوال اليوم .

قال الأب : لا يا عمر ... إن الإرهاق والتعب لا يعفيانِ من مسئولية القيام بالواجب نحو الأسرةِ والمنزل الذي تعيش فيه ، فكلنا يعمل ولا عذر لأحدِنا في أن يتخلى عن واجبِه .

تعاون عمر وسعاد مع الأب في تجهيزِ مائدةِ الطعام ، وأخذ الأب يضع الطعام في الأطباقِ ، وعمر وسعاد ينقلانه إلى المائدة في الصالة ، ثم جلسوا جميعا وتناولوا غداءهم في مرح وسرور .

وبعد الانتهاءِ ، قام الجميع بإعادةِ الأطباق إلى المطبخ ، وأخذ عمر يعِد الشاي لوالده، بينما تعاونت سعاد مع أبيها في غسيلِ الأطباق ، وتنظيفِ المطبخ.

3- في اليوم الرابع

بدأت الأسرة : الأب ، وسعاد ، وعمر يتعودون سير الأحوالِ في غياب الأم ، ومضت ثلاثة أيام ، والأمور كلها على ما يرام ، الكل يقوم بواجبه ، والجميع يتعاون ويؤدى ما عليه ..... وفي اليومِ الرابعِ ، عاد عمر وسعاد من المدرسةِ ، وسرعان ما وصل الأب من ورشته، وبدأ الجميع المشاركة في إعداد الغداء. وبينما هم كذلك إذا بجرسِ البابِ يدق ، فقام عمر ليفتحه ، وصاح مهللا :

- ماما..ماما، حمدا لله على سلامتِك .. ماما وصلت يا سعاد.. ماما وصلت يا أبي.

واندفعت سعاد وأبيها نحو الأم فرحين بعودتها ، وسألتها سعاد عن سبب حضورِها مبكرا ، فأجابتهم بأن صحة والدتها (جدتهم) قد تحسنت بشكل سريع وكبير، والحمد لله، وبناء على ذلك .... فقد قررت العودة إليهم ، لأنها اشتاقت لهم كثيرا، ولم تستطع البعد عنهم أكثر من ذلك .

اطمئن الجميع على صحةِ الجدة ، وأخبرتهم الأم بأنها تبلغهم تحياتِها ، وتشكرهم على السماحِ لأم سعاد بالسفر إليها .

رد عليها عمر قائلا : لا يا أمي إن هذا حقها عليك ، وعلينا جميعا ، ومن واجبنا أن نتعاون من أجلِ تحقيقِه .

شكرت الأم أبناءها وزوجها ، ووضعت حقيبتها، وقالت : حمدا لله ، أنكم جميعا بخير.. وسوف أذهب إلى المطبخِ لأعد لكم طعام الغداء، لا تقلقوا.. لن أتأخر عليكم .

ضحك الأب ونظر إلى سعاد وعمر وضحك الجميع ، وقال الأب : يا أم سعاد عليك أن ترتاحِي من عناء السفرِ، وتجلسِي هنا كالأميرات ، وسنحضِر لك نحن الطعام في دقائق قليلة .

نظرت الأم إليهم بدهشة ، وأشرقت الابتسامة على وجهِها ، وقالت : كم أنا فخورة بكم جميعا ... نحن بحق أسرة رائعة ، كل واحد فيها يعرف حقوقه وواجباته ، فأباكم يعمل ويوفر لنا كل ما نحتاج إليه، ويعاملنا بمنتهى الحنانِ والعطفِ ، ولا يتأخر عن مساعدتِي في أعمالِ المنزل.

وأنا أعمل في وظيفتي خارجِ البيت ، وأوفر لكم ما تحتاجونه من طلبات، وأهتم بشئونِكم خيرِ اهتمام .

وأنتم تتعاونونِ معي ، ومع أبيكم في القيامِ بأعباءِ المنزلِ ، إضافة لاجتهادِكم في دروسكم وتفوقِكم في واجباتِكم المدرسية..... .

إننا حقا عائلة سعيدة .... حمدا لله يا ربي على كل شيء .

تدريبات وأنشطة

- **اقرأ ، ثم أجب :**

في اليومِ التالي لسفرِ الأم إلى الجدةِ ، عادت سعاد وأخوها عمر من المدرسةِ إلى المنزل، وجلسا يفكران في كيفيةِ أداء أعمالِ المنزل في أثناء غيابِ أمهما .

- ذكرت سعاد في حديثِها مع عمر أربعة حقوق .. اذكرها وبين رأيك فيها ؟
- من وجهةِ نظرِك : ما الواجبات التي تقابل هذه الحقوق ؟
- اذكر ثلاثة حقوق أخرى ترى أنها من حقك في المنزل؟ ثم اذكر واجباتك نحوها ؟
- لو كنت مكان سعاد وعمر بعد عودتهما من المدرسة ... كيف تتصرف؟

- **أكمل الجدول التالي :**

	الحق	الواجب
الأب		
الأم		
الأبناء		

- من خيالِك ... ارسم صورة لهذِه الأسرة السعيدة ....
- أي شخصية أعجبتك أكثر من غيرِها في القصة ... ولماذا ؟
- هات من القصةِ كل مثنى وكل جمع ، وبين علامة إعرابه .
- اكتب قصة عن أسرة متعاونة .. ودور كل فرد فيها .
- أتعرف لماذا تعتبر عائلة سعاد وعمر عائلة سعيدة ؟
- احك قصة عن أسرة سعيدة .
- لخص القصة في سبعة أسطر على الأقل .

تعقيب لابد منه :

إن استقراء الأدب الذي أنتجه كتاب الجيل الرابع ، يكشف عن غياب بعض الموضوعات الأدبية أو تراجعها إلى الوراء ، على الرغم من هيمنتها في الأجيال السابقة عليهم ، ومنها مثلا موضوع الدين والقصص الديني بعامة ، مقارنة باهتمام عبد التواب يوسف وأحمد بهجت بالموضوعات الدينية في قصصهم ، كذلك تراجعت قصص الأساطير والخرافات إلى أن كادت تنمحي مقارنة بالجيل الأول الذي شكل هذا الموضوع بالنسبة له مادة ثرية ، كما أنه قد تراجعت الموضوعات التي تدور حول المعلمين والعلماء من كبار السن ، وحل محلها الموضوعات التي تدور حول أساليب البحث عن المعلومات التكنولوجية ومن ثم اعتماد الأطفال أبطال الحكايات على أنفسهم وليس على غيرهم من الكبار .

إن هذا التطور يمكن النظر إليه من المنظور الإيجابي على أنه يمثل خطوات تقدمية في سبيل مواكبة الأدب للحياة المعاصرة ، وسد الفجوات الحالية في ثورات العلوم المختلفة ، هذه الفجوات التي أضحت تمثل خطرا على مستقبل الأمم جمعاء (وبخاصة التي تستهلك المعلوماتية ولا تنتجها) ، كما أن المنجز الذي استطاع الأدب القصصي أن يقدمه حتى الآن عن الموضوعات التي تراجعت ، يعد كافيا إلى حد ما ؛ إذ إن الأجيال المتعاقبة من أعلام أدب الأطفال الذين تم ذكرهم ، أو الذين لم يذكرهم الكتاب ولكن أعمالهم باقية وخالدة في ذاكرة التاريخ ، هؤلاء جميعا استطاعوا أن يناقشوا كافة الجوانب تقريبا في هذه الموضوعات ، ومن المعلوم أن أدب الأطفال لا يقدم ولا يبلى ؛ لأنه أدب لا يرتبط بأحداث زمانية أو سياسية بعينها ، ولكنه أدب عام يحمل الإبداع والتشويق والقيم والمضامين ، بدليل بقاء قصص ألف ليلة وليلة وقصص عبد الله بن المقفع كليلة ودمنة ، وقصص كامل كيلاني وعبد التواب يوسف ويعقوب الشاروني ، وغيرهم كثير وكثير حتى يومنا هذا ، وستظل باقية للأجيال القادمة يجدون فيها المتعة ذاتها ، ويكتسبون منها القيم ذاتها .

غير أنه يظل مدخل المعالجة مهم أيضا ، فالحداثة مطلوبة دوما في معالجة الموضوعات ولا يستثنى من ذلك الموضوعات الدينية ذاتها ، فمثلا من المهم كتابة قصص عن أطفال معاصرين جدا ، ويؤدون واجباتهم الدينية على أكمل وجه ، كأن يقوم الأطفال أبطال القصص من أمام الكمبيوتر لأداء الصلاة ، وأن يتحروا الصدق في ممارساتهم ، وأن يراقبوا الله في أعمالهم ، فالعزلة التي تفرضها التكنولوجيا ووسائلها على البشر ، تقتضي ضرورة التأكيد على المفاهيم الدينية من مراقبة أفعال العباد والحساب الأخروي وغيرها مما يشكل صميم العقائد الدينية ، والتقاليد والقيم الإنسانية ، فما أخطر أن تنسى الإنسانية إنسانيتها في سياق الجري وراء الحضارة والتحضر ، وما أخطر أن تذوب هويتنا الثقافية العربية الأصيلة في خضم الثورات العالمية المعاصرة التي تجتاحنا شئنا أم أبينا .

الفصل السابع

تبسيط أدب الأطفال

على الرغم من صعوبة الكتابة للأطفال إلا أن الكتابة تعد أسهل بكثير من التبسيط ؛ إذ إنه لم يتم التوصل حتى الآن إلى معايير محددة وأساليب واضحة لتبسيط القصص والحكايات والكتب للأطفال ، كما أن الأعمال التي خضعت للتبسيط حتى الآن تنتمي إلى الأدب المترجم عن لغات أخرى ، ومن ثم تخضع عملية تبسيطها دوما للتركيز على الأحداث وحركة سير القصة ، ومن ثم لا تخضع لبعض المحكات التي تمثل أهمية قصوى في ثقافتنا العربية وأدبنا العربي ومنها أسلوب الكاتب ، وهو العائق الأكبر أمام من يقوم بتبسيط عمل أدبي ينتمي إلى اللغة العربية ، فكيف يمكن التخلي عن أسلوب طه حسين ، وتوفيق الحكيم ، و نجيب محفوظ ، وهو المعول عليه في بناء العمل الأدبي بعامة ؟

من هنا تأتي أهمية تحديد الملامح العامة لتبسيط الأعمال الإبداعية في الأدب العربي ، وبخاصة أن هناك محاولات جادة تقوم بها بعض دور النشر في مصر لتبسيط أعمال الأدباء الكبار لمراحل سنية مختلفة [1] .

وتختلف مداخل وإجراءات تبسيط كتب الأدب والفكر للرواد والأعلام باختلاف المرحلة العمرية للأطفال والأهداف المتوقع تحقيقها لدى المتلقين ، ذلك أن التبسيط لأطفال ما قبل المدرسة يختلف عن

---

(1) يمكن العودة إلى مشروع تبسيط الأعمال الإبداعية لنجيب محفوظ وتوفيق الحكيم الذي تقوم به دار الشروق ، وتبسيط أعمال يحيى حقي ويوسف إدريس الذي تقوم به نهضة مصر ، والبقية تأتي .

التبسيط لتلاميذ المرحلة الابتدائية، كما أنه يختلف عن التبسيط لتلاميذ المرحلة الإعدادية، وهكذا، كذلك فإنه بداخل كل مرحلة من هذه المراحل التعليمية هناك مراحل عمرية لابد من مراعاة سماتها وخصائصها .

إلا أنه يمكن إجمالا تبسيط الأعمال الإبداعية والفكرية لأية مرحلة سنية ولكن بشرط الوعي بالمرحلة العمرية لمن تتوجه إليهم الأعمال المبسطة، وتعرف سماتهم النفسية وميولهم واتجاهاتهم، والوعي باللغة المناسبة والمتناسبة مع استيعاب الأطفال.

تبسيط أدب الأطفال في الغرب والشرق :

قبل القرن التاسع عشر لم يكن هناك اهتمام بالكتابة للأطفال بعامة لا في الغرب ولا في الشرق، ولكن مع نهايات هذا القرن بدأت حركة من الانفجار العلمي تطور البحث في كافة أنواع العلوم، وبخاصة أبحاث علم النفس وتطور البحث في مراحل الطفولة وتحديد السمات النفسية للأطفال، وأبحاث التربية وعلومها، وأبحاث العلوم الإنسانية وتنمية مهارات الإنسان، وتزايد الاهتمام بالمعرفة عالميا، وهنا تنبهت شعوب العالم لأهمية تقديم الأدب للأطفال، ونظرا لأنه لم يكن هناك تأليف موجه إلى الأطفال على نحو خاص، فقط كان الطريق الأسهل هو العودة إلى الوراء للبحث في التراث العالمي عن قصص وكتب تناسب الأطفال، أو يستطيعون أن يتواصلوا معها مسموعة أو مقروءة، غير أن الكتب من هذه النوعية قليلة، وهي في نهاية الأمر لا يمكن تقديمها للأطفال مباشرة دون المرور بعمليات من التهذيب والفحص والتدقيق لصالح القيم والتقاليد العامة، وخوفا على الصغار من الأفكار التي يمكن أن تؤثر عليهم بالسلب، وهنا ظهرت أشكال عدة من هذه التدخلات، كان على رأسها التبسيط.

والمعني به هو تبسيط الأعمال الأدبية الموجهة للكبار في صورة تتناسب مع أفهام الصغار، وبالطبع لم يكن هناك تحديد دقيق للمراحل العمرية، بل كان هناك تقسيم للأدب إلى فئتين فقط، أدب للكبار وأدب للصغار، دون تمييز بين احتياجات الصغار أو خصائصهم في مرحلة دون الأخرى .

وفي مجال تبسيط الكتب للصغار اشتهرت أسماء بعينها، منها في الغرب : جون نيوبري البريطاني الذي قام بتبسيط أعمال الأدب الأوروبي بعامة، ومنها مثلا روبنسون كروزو

للمؤلف دانيال ديفو التي صدرت عـام 1716م ، ورحـلات جـاليفر للمؤلف جوناثان سـويفت الصادرة عام 1726م ، وحكايات أمي الأوزة للمؤلف الفرنسي تشارلز بيرو ، ثم قام تشارلز وماري لامب بتبسيط نماذج من مسرحيات شكسبير للأطفال تحت عنوان From Shakespeare Tales عام 1807م ، وتوالت المحاولات في الأدب الغربي وعلى نحو متطور فلم تـترك نموذجـا أدبيا رفيعـا مـن القديم أو الحديث ، ومن الشرق أو الغرب إلا وقامت بتبسيطه ، فأخذت من الأدب العربي مثلا حكايات ألـف ليلة وليلة ، وحكايات كليلة ودمنة تحت عنوان خرافات الحيوان أو الفابليات كما أطلق عليها لافونتين ، وقصص الشاطر حسن ، وعلاء الدين ، والسندباد ، وغيرها كثير.

أما في الأدب العربي فقد بدأ الاهتمام بتبسيط الأعمال الأدبية للأطفال متأخرا نسبيا ، حيـث تنبه كامل كيلاني (1879-1959م)، إلى أهمية تبسيط أدب الكبار فقام بتبسيط حكايات ألف ليلة وليلة وقدمها للأطفال بأسلوب سهل يلائم مراحلهم العمرية ، كما أنه اهتم بتقديم قصص وحكايات مـن جميع أنحاء العالم في صورة مبسطة ، ومنها: قصص جاليفر ، وروبنسون كروزو ، وقصـص مـن الهنـد ، وأخرى من الصين ، وغيرها من الغرب.

غير أنه في نهاية الأمر يلاحظ أن حركة التبسيط في الثقافة العربية أقل بقليـل ممـا استطاعت الثقافة الغربية إنجازه ، بل إن التبسيطات الغربية استطاعت أن تغزو الثقافة العربية ، ربما لكثرتها أمام قلة ما هو عربي ، وربما لأن النصف الثاني مـن القـرن العشرـين كانت الثقافة الغربية في الأدب خاصة تفرض هيمنتها على الأدب العربي ، إلى درجة أن المؤسسات التعليمية العربية نفسها كانت تقرر على طلابها نماذج من الأدب الغربي في صورته المبسطة .

إجراءات التبسيط :

هناك إجراءات عامة لابد من تحديدها قبل البدء في أي عمل يخضع للتبسيط ، فيجب أولا اختبار إمكانية صلاحية العمل لأن يتم تبسيطه أم لا ، فمثلا روايات : الشيطان يعظ لنجيب محفوظ ، ودعاء الكروان لطه حسين ، وأيام الإنسان السبعة لعبد الحكيم قاسم ،

وما يسير على شاكلتها من روايات ، يصعب تبسيطها لأن الحدث المركزي أو الفكرة الأساس فيها إما قائمة على فكرة فلسفية دينية أو فكرة الجنس ، أو فكرة الحياة الأخروية ، وجميعها أفكار سيصعب على المتلقي الطفل أن يستقبلها أو يتفاعل معها ، بل على العكس قد تأتي بنتائج عكسية على غير ما يمكن توقعه ، ولا يمكن في هذا الإطار تبني الأفكار التي تدعو إلى فتح الأبواب أمام الأبناء وعدم فرض الوصاية عليهم ؛ لأن ما سنحجبه عنهم اليوم سيشاهدونه شئنا أم أبينا من مصدر آخر ، إلا أننا لا نرى ذلك ، فلا ضرورة حتمية لعرض ما يمكن أن يعترض طريقهم بالصدفة ، وعند تعرضهم له بالصدفة يأتي العلاج ، وليس العكس .

على أية حال فإن الخطوة المبدئية لتبسيط عمل ما تأتي متمثلة في قراءة العمل قراءة كلية واختباره بحس القارئ الناقد المثقف التربوي الواعي بتأثير الأفكار على المتلقي وكيفية تشكل الاتجاهات والميول والقيم لديهم ، والمحك الأساسي هنا فقط هو الحس والذوق الفني الرفيع .

وبعد اختبار العمل ، تأتي المراحل الفنية التي ستتعامل مع العمل الأدبي على نحو إجرائي بأن تحدد أولا نوعه (قصة - شعر - مسرحية) والعناصر الأساسية المكونة لبنيته، والسمات الأسلوبية العامة لكاتبه ، ثم سمات المتلقى المبسط له العمل ، ومن ثم يتحدد المعيار النسبي المتوقع لحجم العمل .

وتتمثل السمات العامة للمتلقي في ثلاث : تحديد المرحلة العمرية ، وتحديد المعجم اللغوي ، وتحديد الملامح العامة لثقافة هذه المرحلة ، وذلك لكي يحقق العمل أهدافه بعد تبسيطه ، ولا يكون عائقا في سبيل تنمية التوجه الإيجابي نحو الأدب باعتباره مدخلا من مداخل التربية والتثقيف .

أولا - تحديد المرحلة العمرية المراد التبسيط لها .

وهناك تقسيم معترف به في هذا الصدد ، يقسم الأطفال بحسب أعمارهم إلى مرحلة ما بين الثانية إلى الرابعة ، ومرحلة ما بين الرابعة إلى السادسة ، ومرحلة ما بين السادسة إلى

التاسعة ، ومرحلة ما بين التاسعة إلى الثانية عشر ، ومرحلة ما بين الثانية عشر إلى الرابعة عشر ـ ولكل مرحلة مما سبق سماتها النفسية ومتطلباتها في العمل المبسط ، واحتياجاتها التي تستثير الدافعية لدى أفرادها ، وتجذبهم إلى القراءة ، وتعمل على تحقيق أهداف تعلم إيجابية لديهم ، بل تتحكم هذه السمات في الحكم على العمل ما إذا كان قابلا للتبسيط مناسبا لهذه المرحلة بعد تبسيطه أم لا .

ثانيا - تحديد المعجم اللغوي المتناسب مع المبسط لهم .

فالأطفال في سن الثانية -على سبيل المثال- يتسم معجمهم اللغوي بالميل إلى المحسوسات لا المجردات ، وينطلق من البيئة المحيطة في خيال يسمح بإدراج وظائف جديدة ، ومن ثم تتحكم هذه السمات في طبيعة العمل الخاضع للتبسيط وإمكاناته اللغوية والأسلوبية ، كما أنها تتحكم في المدخل الإجرائي الذي سيتم اتباعه مع العمل من مداخل التبسيط ، بالحذف أو التعديل أو الاختصار ، أو الإضافة أحيانا ؛ إذ قد يقتضي التبسيط أحيانا الإضافة والتوضيح وليس الاختصار والتقليل .

إن الوعي بمعجم الطفل والمفردات اللغوية المتناسبة معه، والإمكانات التي يمكن أن يستوعبها معجمه من إضافة مفردات وتراكيب وأساليب جديدة ، كل ذلك يمثل عاملا أساسيا في عملية التبسيط ، وفي إمكانات تلقي العمل والتفاعل معه على نحو إيجابي .

فعلى سبيل المثال إذا نظرنا إلى مرحلة الطفولة بين سن الثالثة إلى الخامسة ، فإن علماء النفس وعلماء اللغة يرون أن هذه المرحلة تعد مرحلة أسرع نمو لغوي تحصيلا وتعبيرا وفهما ، بما يؤدي إلى التواصل والتعبير عن النفس والتوافق الشخصي والاجتماعي والنمو العقلي ، وأنه على الرغم من أن خبراتهم اللغوية تتمحور حول الألعاب اللغوية المحببة لهم، فإن النمو اللغوي في هذه المرحلة يميل إلى الوضوح والدقة والفهم ، حيث يتحسن النطق ويختفي الكلام الطفلي ، مثل : الجمل الناقصة والإبدال واللثغة وغيرها ، ويزداد فهم كلام الآخرين ويستطيع الطفل الإفصاح عن حاجاته وخبراته ، و تزيد المفردات والأسماء والأفعال والصفات والقواعد مثل الإفراد والتثنية والجمع والتذكير والتأنيث، وتبدأ الجمل في الاكتمال مشتملة كل الأجزاء ، وتبدأ كلمات جديدة في الظهور ، ويكثر

الطفل من ترديدها والسؤال عن معانيها ، وينطلق منها في تكوين عبارات طويلة (أطول مما كان يستخدمها سابقا) ، ويستخدم ضمائر وصفات ، ويصل الجمل بعضها ببعض ، وفي نهاية هذه المرحلة يكون الطفل قد اكتسب معظم المفردات ، ويستطيع الطفل /الطفلة أن يتبادل الحديث مع الكبار ، ويصف صورا وصفا بسيطا ويجيب عن الأسئلة التي تتطلب إدراك علاقات ، وتزيد صفات التجريد، وتزيد مظاهر التعميم (فالطعام لكل أنواع المأكولات) ، ويحب الأطفال الثرثرة ، وهو الذي يمثل فرصة قوية للتدريب على مهارات اللغة وفنونها وبخاصة الاستماع والتحدث ، وبتوسيع المعجم اللغوي لهم، وبتدريج طول الجملة وسلامتها والإفصاح عن المضمون وحسن النطق .

كما أن الطفل في هذه المرحلة يميل قليلا إلى التخيل ويصعب عليه التمييز بين الواقع والخيال ، وهو ما يفسر لجوءه إلى اللعب الإيهامي ، والتحدث مع الشخصيات الافتراضية، وهنا تأتي أهمية الأدب في توظيف هذا التخيل لصالح التطبيع مع الحياة الاجتماعية والنفسية واللغوية .

إن هذه السمات اللغوية في مجملها ستفرض حتما علينا مداخل وإجراءات عند قيامنا بتبسيط عمل أدبي ، ستختلف بالطبع عن المداخل والإجراءات التي سيتم استخدامها عند التبسيط لمرحلة أكبر سنا ، وهو ما يبرر ضرورة اعتبار اللغة عاملا حاسما في عمليات التبسيط .

ثالثا - تحديد الملامح العامة لثقافة المرحلة المبسط لها .

تشمل الثقافة فيما تشمل الأفكار والعادات والتقاليد والقيم والمعتقدات والسلوكيات ومفاهيم الإنتاج بعامة ، ومن المهم عند تبسيط الأعمال الإبداعية للأطفال مراعاة هذه العناصر التي تكون في مجملها ثقافتهم ، وهو ما يستلزم تحديد الفكرة العامة التي يدور حولها العمل الأدبي ، واختبار مدى مناسبتها للمرحلة العمرية المراد تبسيطها إليهم ، ومن المعروف أن " الفكرة في أدب الكبار إما أن تكون مناسبة للأطفال تماماً أو مناسبة مع بعد التحفظات أو غير مناسبة على الإطلاق، فإذا كانت غير مناسبة فإنها تستبعد من أن تقدم للأطفال مبسطة، وإذا كانت الفكرة مناسبة فعلى الكاتب أن يقوم بتبسيطها للأطفال

بواسطة إلغاء بعض الجزئيات التي تكون الفكرة، أما إذا كان إلغاء هذه الجزئيات سيشوه الفكرة، فالكتاب غير مناسب للتبسيط"[2].

وهنا أيضا تعد اللغة عاملا حاسما في تحديد الملامح العامة للثقافة، فعلى قدر تطور المعجم اللغوي، على قدر ما يستوعب الطفل المفاهيم المحيطة به، غير أنه ينبغي التفريق هنا بين المدلول اللغوي المجرد وبين تطبيقاته العملية، فعلى سبيل المثال، مفهوم الأمانة في ذاته مفهوما مجردا يصعب للأطفال استيعابه، ولكن يمكن استيعاب تطبيقاته في الحياة من خلال القصص والحكايات التي تدفعه لأن يتمثل دور الأشخاص الخيرة فيها.

وهناك دوما حدود لما يمكن التواصل معه، ولما يمكن إضافته أو مناقشته أو عرضه من مفاهيم تمثل في مجملها مكونات الثقافة، والتي حتما سيكون أحد أهم العوامل المحددة لها هي البيئة أو البيئات التي تتناسب وثقافة الأطفال ؛ فتبسيط قصة من الأدب الياباني قد لا تتناسب والمراحل الأولى من الطفولة ؛ لأنها ستكون تغريبية عن الواقع الثقافي للبيئة المحيطة، والعكس تماما مع دائرة البيئة أو البيئات المتنوعة القريبة التي تقع في نطاق الإقليم الجغرافي لوطنه.

غير أنه هناك محك أساسي في تبسيط الأدب يتعلق بالثقافة، وهو أمانة التبسيط مع الأفكار الواردة في العمل الأصلي، وإلا تحول مسار العمل وخرج من إطار التبسيط إلى إطار العمل الجديد، وهناك دوما أنماط ثلاثة من الأفكار هي التي يمكن التحرك في تغييرها، وهي الأفكار المتعلقة بالجنس أو الدين أو السياسة ؛ إذ من المعروف أن الأدب يسعى دوما لكسر الحدود، وأن الأديب يمتلك حرية في التعبير ناتجة عن وعيه الثقافي ودوره الفاعل في المجتمع، وهو ما يجعله أكثر جرأة من غيره على مناقشة القضايا الدينية والسياسية والكشف عن مخبوء النفس البشرية في انحرافاتها وما تحمله من خروج.

وفي هذا ينطلق الأديب دوما من فلسفة أو جملة من المعتقدات التي تشكل توجهاته في الحياة فيما يطلق عليه "الرؤية" وهذه الرؤية قد لا تتطابق مع الثقافة السائدة، وهو ما

---

(2) أحمد نجيب : أدب الأطفال علم وفن- دار الفكر العربي- القاهرة – 1994م - ص299-300.

يعطي الحق - بعض الحق - للقائم بالتبسيط في أن يتدخل في مثل هذه الأفكار لتحويل مسارها ، فعلى سبيل المثال في رواية الثلاثية لنجيب محفوظ ، وعند تبسيطها تواجهنا شخصية ياسين ، الـذي تظهره الرواية على أنه شاب مزواج ، وزير نساء ، ومقامر ، وهو ما يصعب تقديمه للأطفال على هذه الكيفية ، كما يصعب أيضا التخلي عن شخصيته بإلغائها مـن العمل ، وإنما يمكن تحويل مساره إلى شاب مستهتر ، غير قادر عـلى تحمل المسؤولية ، وما إلى ذلك مما يعد تدخلا في تغيـير المفاهيم والسمات العامة للثقافة في المرحلة المعنية .

مداخل التبسيط :

يرى البعض أن التبسيط شكل من أشكال الترجمة ، حيث لا تخرج الترجمة بعامة عن كونها واحدة من ثلاث : إما ترجمة نص إلى نص آخر في اللغة ذاتها، أو ترجمة نص إلى نص آخر في لغـة أخـرى ، أو ترجمة الكلمات في النص إلى إشارات وعلامات.

وتتعدد المداخل التي يمكن الانطلاق منها لتبسيط عمل أدبي مـا ، فمنها الاختصار ، والحـذف ، وإعادة الصياغة ، والتخفيف ، والمعالجـة والتعـديل ، والشرـح والتوضيح . ويمكن اتخـاذ أحـدها ، أو الجمع بينها ، والمعايير والمحكات الضابطة لذلك دوما هي مراعاة المرحلة العمرية وسـماتها النفسـية ، ومراعاة المستوى الثقافي والمعرفي ، وما يستتبعه من أفكار تم تناولها .

■ الاختصار والتلخيص :

وهو الشكل الأعم والأكثر استخداما ، حيث يمكن اختصار الأحداث وتلخيصها في أسلوب ولغـة تتناسب والأطفال تبعا لمرحلتهم العمرية ، وهو ما يتناسب عكسيا مـع العمر ، بمعنى أن المراحـل السنية الأصغر تحتاج إلى المزيد من الاختصار والتلخيص، في حين تقل هذه النسبة كلما تقدم الأطفال في العمر .

ويتحرر الاختصار والتلخيص كثيرا من فكرة المحافظة على أسلوب الكاتب ، ذلك أنه يعيد صياغة الحكاية بأسلوب آخر ، سيستخدم كثيرا من المفردات الواردة في النص

الأصلي ، ولكن الأكثر فيها هو المتروك ، ومنه مجازا ما يعمد إليه الآباء من تلخيص لحكايات القرآن الكريم ، وإعادة حكايتها للأطفال ، حيث لا يلتزمون بكل التفاصيل ، ولا يلتزمون ببنية الأسلوب في النص الأصلي ، ولكن فقط بجوهر الحكاية، وهو ما يجعلهم يحكونها أحيانا بلهجة عامية مناسبة للبيئة ، أو بأسلوب مختلف عن طبيعة سيرها في الأصل .

وعلى الرغم من شيوع هذا الإجراء - الاختصار والتلخيص - في الأدب إلا أنه يعد أخطر أنواع التبسيط ؛ إذ قد ينحرف العمل الأدبي كلية وينتقل من مساره إلى مسار آخر بفعل القيام بهذا الإجراء ، بمعنى أن الحرية في الاختصار والتلخيص ستقتضي إعادة الصياغة ، وهذا معناه أن ما يقدم ليس هو العمل الأصلي وإنما هو فكرة الكاتب الأصلي يتم تقديمها بأسلوب جديد هو أسلوب المُبَسِّط ، وهنا تكمن الخطورة ؛ إذ ماذا يتبقى من العمل الأصلي وأسلوب الكاتب والبنية القصصية سوى فكرة الحكاية بعامة ، وأما ما عدا ذلك فليس من بنية العمل المُبَسَّط في أساسه .

ولكن هذا النوع من التبسيط مهم ؛ لأنه يتناسب والأعمار الصغيرة التي يكون المطلوب معها هو اكتساب القيم والعادات والتقاليد التي تعالجها الأفكار دون الاهتمام بكيفية حكايتها أو طرائق سردها وما يترتب على ذلك من اكتساب مهارات لغوية وأسلوبية ، كما أنه يكتسب أهميته من كونه مفيدا في سياق تلخيص الأفكار الفلسفية أو العقائدية بعامة أو الخارجة عن التقاليد المجتمعية ، وتقديمها في أبسط صورة وأقل كلمات، وبخاصة مع المشاهد التي تمثل بنية أساسية في العمل الأدبي ولا يمكن حذفها وإلا انهار البناء الفني للعمل ، أو انحرف مسار حبكته الدرامية ، ومن ثم يكون الاختصار والتلخيص من أنسب المداخل حينئذ .

ومن جهة أخرى فإن الاختصار والتلخيص يفتح الباب على مصراعيه أمام الإمكانات غير المحدودة لتبسيط أكبر قدر من الأعمال الإبداعية مهما كان مستواها ، حيث يمكن تبسيط معظم أعمال نجيب محفوظ ، وتوفيق الحكيم ، ويحيى حقي لأطفال

ما قبل المدرسة (من سن 3-5 مثلا) ، كما يمكن تقديم الكثير مـن الأعمـال السـردية والحكائيـة التي تدخل في هذا الإطار .

ومن الأمثلة التي يمكـن الاستشهاد بها : تبسيط كتـاب "مصرـ القديمة " لمؤلفه جيمس بيكي ، ومترجمه نجيب محفوظ، وفيما يلي نموذج مبسط من الفصل الثاني "على شاطئ طيبة " :

أردنـا السـفر إلى مصرـ وعاصمتها الجميلة "طيبة" فركبنـا سـفينة فرعونيـة مليئـة بالملابس والأقمشة وأشياء أخرى كثيرة لنبيعها فى أسواق طيبة، ودخلنا نهر النيل، وكنـا نرى على جانبى النيل أراض واسعة وفيها نباتات مختلفة.

ومررنا على مدينة عظيمة تناطح معابدها العالية السماء الزرقاء ، بها معابد عالية ، أعلاها رايات وأعلام ملونة، ومسلات منتشرة هنا وهناك، وعرفنا أنها أقدم مدن مصرـ وكانت عاصمتها يوما من الأيام.. إنها ممفيس.

وبالقرب من العاصمة ممفيس شاهدنا الأهرامات الثلاثة كأنها جبال عالية، لا يوجد مثلها فى الدنيا، وعرفنا أنها مقابر لملوك فى مصر القديمة.

وسافرنا نحو الجنوب ومررنا بمدن كثيرة ، وبعـد سـفر طويـل فى النيل توقفنـا عنـد مدينة عظيمة لم نر أجمل منها بين مدن الأرض.

ولما اقتربت السفينة من المدينة رأينا على الشاطئ الشرقي للنيل مدينـة فيهـا نـاس بأسوارها المرتفعة وأبراجها العالية ومعابدها العظيمة وصفوف منازلها التي ليس لهـا أول ولا آخر .

■ الحذف .

ويتم إجراء الحذف بأحد طريقين ، إما الحـذف في اللغة والتراكيب والأساليب ، أو الحـذف في الأحداث وبنية العمل ، ونظرا لطبيعة اللغة العربية وثرائها بالمترادفات ففي الإمكان الحذف في البناء اللغوي ، ومنه حذف الجمل الشارحة ، والمتضايفات ، وجمل الاعتراض ، ولكن بعناية ودقة لا تـؤدي إلى الإخلال بالعمل .

وكذلك الأمر بالنسبة لحذف الأحداث ، التي تتنوع بين كونها تمثل مشهدا واحدا من مشاهد القصة أو القصيدة أو المسرحية ، أو أنها تمثل فصلا كاملا أو وحدة سردية كاملة ، ويمكن التمثيل للمتسوى الأول بحذف بعض مشاهد الأحداث من رواية يوميات نائب في الأرياف لتوفيق الحكيم ، مثل مشهد المحكمة الذي كان وكيل النيابة يسخر فيه من القاضي الذي ينام في الجلسات ، أو القاضي الذي لا ينظر إلى القضايا وإنما يهتم فقط بالحصول على مخزونه من اللحوم والسمن والجبن الفلاحي ليحمله معه في قطار العودة ظهرا .

ومن المستوى الثاني يمكن التمثيل بكتاب مصر القديمة لجيمس بيكي والذي ترجمه نجيب محفوظ وأضاف إليه من عنده ، فهذا الكتاب يمكن تبسيطه لأطفال في سن الثالثة إلى الخامسة ، ولكن بعد حذف فصول كاملة منه ، مثل الفصل الذي يتحدث عن الموت ومعتقدات الفراعنة حول الموت .

ويتميز الحذف بكونه يظل محافظا على أسلوب الكاتب وبنيته الدرامية إلى حد كبير ، ومن ثم يعد العمل المبسط أقرب إلى روح الكاتب وبالطريقة التي كتبه بها ، ويمكن القول بأن مؤلف العمل الأصلي لو طلب منه تبسيط هذا العمل لمرحلة سنية ما، فإنه سيختار في الغالب الأعم هذا المدخل .

ومن جهة أخرى يعد الحذف بالنسبة للمؤلف عملية متكررة يقوم بها على الدوام حتى حينما يكتب للكبار ، فأي عمل إبداعي لابد وأن يكون قد خضع لمراحل عدة من الحذف من قبل مؤلفه ، وكما يقال دوما ما يخرج إلى المتلقي هو أقل بكثير مما يكتب على الهامش ويبقى مع المؤلف ، وهو ما يمكن اكتشافه بسهولة عند الاقتراب من المبدعين الكبار ، أو سؤالهم عما تم تأليفه في العمل ولم يطبع (المتن والهامش) .

■ إعادة الصياغة :

إعادة الصياغة عملية لغوية بحتة ، فالكتابة للكبار لا يشغل بال كاتبها صعوبة المفردات التي قد يكون فيها الكثير من الإحالة والترميز والإشارة والإلغاز ، وكذلك

الأساليب وتركيب الجمل التي قد تطول وينفصل فيها الموضوع عن المحمول ، وكثيرا ما يكون ذلك لعلة بلاغية هدفها التعتيم وإحداث الخفاء والشيء اليسير من الغموض الذي هو من صميم العمل الأدبي .

ولكن مع الصغار تحتاج هذه الكتابة لإعادة صياغة ، وإعادة تركيب على مستوى بناء الجملة ، وعلى مستوى طبيعة المفردات ، ومن هنا فإن إعادة الصياغة هي عملية جزئية ؛ أي أنها تختلف عن الاختصار والتلخيص في عدم التزامه بالنص حرفيا ، أما هنا فإن إعادة الصياغة ليس متاحا لها الحرية التامة في إسقاط النص ، ولكن يتاح لها فقط التحرك جزئيا في إطار المفردات والجمل والتراكيب وعلى أقصى تقدير الفقرات ، مع المحافظة تماما على الأفكار والبناء الفني كما هو .

وتتم عملية إعادة الصياغة في مجملها على أكثر من مستوى ، حيث :

يمثل المستوى الأول فيها إعادة صياغة المفردات والجمل بمترادفات أكثر شيوعا ، وبخاصة عندما يكون التبسيط لعمل مر على تأليفه سنوات عدة ، والمعروف أن اللغة كائن حي يتطور ، وبالتالي تموت مفردات وتراكيب وتولد مفردات وتراكيب، فمثلا عندما يقول بديع الزمان الهمذاني في مقاماته جملة مثل " اتخذنا إلى الحمام السمت " ، فإنه يمكن إعادة صياغة الجملة مع المحافظة على وظائفها كما هي على النحو التالي " وأخذنا إلى الحمام الطريق " ؛ لأن السمت بمعنى الطريق ، ولكن ذلك كان استخداما على عصر الهمذاني ، وكانت البلاغة هكذا ، أما اليوم فالعربية الفصحى تختلف عن الفصحى التي كانت تستخدم منذ مائة عام .

وكذلك الأمر بالنسبة للتراكيب والجمل ، التي قد تلتف على نحو لا يسمح للأطفال بأن يتواصلوا معه ، وهو ما يحتاج دوما لإعادة صياغة على نحو يفهمه الصغار ، أو على أدنى تقدير تصل إليهم الرسالة على نحو واضح كما قصدها المؤلف ، ولكن مع المحافظة على أسلوب الكاتب ، ولنضرب على ذلك مثالا من كتاب "وحي القلم " لمصطفى صادق الرافعي ، يقول :

"جاء في تاريخ الواقدي أن المقوقس عظيم القبط في مصر زوج بنته (أرمانوسة) من (قسطنطين بن هرقل) ، وجهزها بأموالها حشما لتسير إليه ، حتى يبني عليها في مدينة قيسارية ، فخرجت إلى بلبيس وأقامت بها ، وجاء عمرو بن العاص إلى بلبيس فحاصرها حصارا شديدا ، وقاتل من بها ، وقتل منهم زهاء ألف فارس ، وانهزم من بقي إلى المقوقس ، وأخذت أرمانوسة وجميع مالها ، وأخذ كل ما كان للقبط في بلبيس ، فأحب عمرو ملاطفة المقوقس ، فسير إليه ابنته مكرمة في جميع مالها ، مع (قيس بن أبي العاص السهمي) ، فسر بقدومها ..."

وعلى الرغم من طرافة القصة ، إلا أنها تحتاج إلى تبسيط وإعادة صياغة في كثير من المفردات والتراكيب ، وإلا انحرف المسار بالأطفال عن فهم أحداثها وفهم مغزاها ، فمثلا يبني عليها ، ويبني بها ؛ أي : يتزوج منها ، وقيسارية إحدى مدن فلسطين ، وبلبيس إحدى مدن محافظة الشرقية بمصر ، وهذا فقط على مستوى تفسير معاني المفردات والتراكيب ، أما على مستوى بناء الجملة فالأمر يحتاج للكثير .

أما المستوى الثاني الذي يتم فيه إعادة الصياغة فهو إعادة صياغة المفاهيم بلغة قريبة من المتلقي ، وهو ما تكثر الحاجة إليه مع المفاهيم العلمية مثل مفهوم الطاقة والكون والجهد ، والمفاهيم الإنسانية مثل القيم والأخلاق والحياة ، وغيرها من المفاهيم الضرورية للطفل ، ولكنها لا يمكن توصيلها بسهولة .

- **التخفيف .**

وهو يختلف عن الحذف ، وإن كان يستخدمه ، ويكون التخفيف على مستويين أولهما المستوى الأسلوبي ، وثانيهما مستوى الأفكار :

أولا المستوى الأسلوبي :

وهو مستوى استخدام اللغة على نحو ما في تراكيبها وأبنيتها ، ونظم بناء الجملة فيها ، وهو ما قد يقتضي عند التبسيط تقطيع الجمل الطويلة ، أو تقصيرها .

ومنه كذلك التخفيف في دلالات اللغة ومعانيها ، فاللغة التي كتب بها ابن المقفع حكايات كليلة ودمنة ، تختلف عن مستوى اللغة المستخدمة في حياتنا المعاصرة الآن ،

انطلاقا من كون اللغة كائنا حيا ، تموت فيها مفردات ، وتستحدث مفردات ، وهو ما يقتضي ـ تخفيف المفردات والأساليب التي تستشكل على المتلقى الطفل .

ويندرج هذا أيضا على الأسلوب اللغوي للكاتب ذاته ، فكما يقال الكاتب هو الأسلوب ، وهو قول صحيح ، فطه حسين له أسلوبه اللغوي ، والعقاد له أسلوبه ، والمنفلوطي له أسلوبه ، وذلك على الرغم من تعاصرهم جميعا ، وعلى الرغم من قربهم زمنيا من عصرنا الحاضر ، ولكن عند التبسيط يتطلب الأمر تخفيف أسلوب كل منهم ليتناسب وأفهام الأطفال ، بل والمعاصرين من الكبار غير المختصين .

ثانيا ـ مستوى تناول الأفكار:

فالفكرة الواحدة يمكن تقديمها بمستويات عدة ، تبعا لمفهومنا عنها ، وتبعا للفئة المستهدفة ، ومستويات الثقافة المنتجة والمنتج إليها تبعا للعصر والبيئة .

من هنا تقتضي الأفكار في كثير من الأحيان التخفيف لمخاطبة البيئة والفئات العمرية ، وصدق الإمام علي رضي الله عنه ؛ إذ يقول : **"حدِّثوا الناس بما يعرفون، أتحبون أن يُكذَّب الله ورسوله؟"** [رواه البخاري] ؛ حيث يشير إلى أهمية معالجة الفكرة بمراعاة طبيعة ثقافة المتلقي ؛ لأنه لو لم يفهم ما يقال لأنكره وكذبه ، والفكرة هي الفكرة يمكن التعامل معها بتخفيفها بما يتناسب والأفهام .

■ المعالجة والتعديل :

ومنه تعديل المفاهيم والمواقف والاتجاهات السلبية ، فقد يتعرض العمل الأصلي لمشهد ديني قد يكون أعلى من مستوى المرحلة العمرية للفئة المبسط لها ، غير أن هذا المشهد يمثل حدثا رئيسا في الموضوع ، وهنا لا يمكن حذفه ، ولكن يمكن تعديل مساره ، ففي مسرحية السلطان الحائر لتوفيق الحكيم كانت أحداث القصة تدور حول رجل محكوم عليه بالإعدام ، ومطلوب من السياف أن يقطع رقبته عندما يسمع صوت المؤذن يؤذن لصلاة الفجر ، ولما علمت الغانية التي يطل منزلها على الساحة المنتظر تنفيذ الحكم فيها ، أرادت أن تشغل المؤذن عن صلاة الفجر فأدخلته إلى الخمارة ، وجعلته يتناول الخمر

فيغيب عن الوعي ولا يؤذن للفجر ، وهو ما تسبب في نجاة المحكوم عليه بالإعدام وبخاصة أنه كان مظلوما بالفعل .

إن هذا الحدث لا يمكن حذفه من العمل عند تبسيطه ؛ لأنه تقوم عليه البنية الرئيسة للحكاية ، ولكن يمكن معالجته بتغيير مساره ، فعلى سبيل المثال : يمكن تغيير الخمارة إلى مقهى أو نزل للإقامة (فندق) ، وتغيير حدث شرب المؤذن للخمر إلى النوم رغما عنه ، ومعروف أن للنوم سلطان ، وتغيير الغانية صاحبة الحانة إلى صاحبة المقهى أو الفندق ، وتبرير فعلها برأفتها وإشفاقها على الرجل الذي سينفذ فيه حكم الإعدام ، وهكذا .

تقويم الأعمال الإبداعية المبسطة :

تعد عملية التقويم جزءا من عمليات التبسيط ، وهي ليست بالضرورة عملية نهائية يتم تطبيقها بعد الانتهاء من التبسيط ، وإنما هي عملية قبلية ، ومصاحبة للتبسيط، وبعد الانتهاء منه ، وهو ما يجعل التقويم على هذا الأساس عملية بنائية وليست عملية ختامية .

ولكي يكون التقويم سليما لابد من تحديد أهداف قبل البدء في عمليات التبسيط ذاتها لتحدد المراد تماما من التبسيط ، ولماذا يقوم المبسط به ، وإلى أي مدى يمكن أن يعطي لنفسه حرية في التصرف مع المادة الأصلية للعمل المراد تبسيطه ، وكذلك تصميم أداة تقييم واحدة على الأقل يمكن استخدامها لقياس مدى سير عملية التبسيط في مسارها الصحيح من عدمه .

وفيما يلي نموذج مقترح لأهداف يمكن الانطلاق منها في مشروع لتبسيط الأعمال الإبداعية ، ويليه تصميم مقترح لاستمارة تقويم :

■ **الأهداف :**
- تشجيع القراءة الحرة وتنمية الاستعداد لتعلمها .
- تنمية مهارات الأبناء اللغوية وتقويم أساليب التعبير لديهم من خلال اطلاعهم على أساليب لغوية رفيعة لأعلام الأدب والفكر العربي .
- تعريف الأبناء بألوان من بدائع اللغة وفوائدها ، من خلال تبسيط الأعمال الإبداعية والفكرية للأعلام .

- تنمية قدرات المتعلمين على التعلم الذاتي عن طريق القراءة والاطلاع والبحث والاعتماد على النفس في اكتساب المعرفة .

- استخدام المتعلمين اللغة العربية الفصيحة في الحديث والكتابة .

- تزويد الأبناء بقدر كاف من المعرفة بالأعلام والرواد وإبداعاتهم ومنجزاتهم الفكرية .

- تنمية المواهب في مجالات الإبداع والكتابة الأدبية والفكرية انطلاقا من التأثر بما يقرؤونه .

- الإسهام في بناء هوية عربية من خلال بناء العقول .

- تعميق الاعتزاز باللغة العربية وتراثها .

- تزويد الأطفال وأولياء الأمور بمواد تثقيفية تعليمية إبداعية حرة يستطيعون من خلالها تنمية المفاهيم الإيجابية لدى أبنائهم .

■ **استمارة التقويم المقترحة :**

استمارة تقويم الكتب المبسطة

للناشئة والشباب

عنوان الكتاب : ....

تأليف : ....

تبسيط : ....

الطبعة المعتمد عليها: ....

المرحلة السنية المناسبة : ....

لجنة التقويم : ....

	مقاييس التقويم	1	2	3	الملاحظات بدقة	مقترحات التعديل
أولا- اللغة المستخدمة بعد التبسيط	▪ سهلة وبسيطة قابلة للفهم المباشر.					
	▪ المفردات مناسبة للمرحلة السنية .					
	▪ التراكيب اللغوية مترابطة .					
	▪ تلتزم بالمحافظة على المصطلحات العلمية					
	▪ تغير من المفردات الصعبة بما يناسب المرحلة العمرية.					
	▪ تحافظ على نسبة 80% من لغة المؤلف الأصلي .					
ثانيا - الأسلوب	▪ الأسلوب سلس بعد التبسيط .					
	▪ يناسب المرحلة العمرية والحصيلة اللغوية.					
	▪ ينمي المهارات اللغوية للمستهدف.					
	▪ واضح ومتنوع بنسب متوازنة .					
	▪ يتحاشى التكرار والحشو .					
	▪ يعالج المفاهيم الأساسية بشكل واضح					
	▪ يحافظ على سمات المؤلف الأسلوبية					
ثالثا- الحبكة	▪ البناء الدرامي مترابط .					
	▪ الحبكة القصصية متماسكة .					
	▪ تحافظ على الشخصيات الرئيسة .					
	▪ تغير من مواقف الشخصيات بما يتناسب وأخلاقيات المجتمع .					

مقترحات التعديل	الملاحظات بدقة	3	2	1	مقاييس التقويم	
					▪ مشوقة وجذابة تثير دافعية الأطفال للتعلم.	رابعا – طريقة العرض
					▪ تشجع على إيجابية الأطفال ومشاركتهم الفعالة.	
					▪ تشجع على التفكير بمستوياته ، وتثير حب الاستطلاع .	
					▪ تراعي التسلسل من السهل إلى الصعب.	
					▪ تتناسب وسمات الأطفال النفسية والعقلية .	
					▪ توضح المراد منها معرفيا بأقصر الطرق.	
					▪ ضرورية لتحقيق أهداف المحتوى .	خامسا – الرسوم والصور
					▪ صحيحة من الناحية العلمية والفنية.	
					▪ مشوقة وجذابة .	
					▪ تلخص المادة الإبداعية والموقف المعروض .	
					▪ ترتبط بالمحتوى المعروض .	
					▪ تحتوي رسالة وليست لمجرد الحلية.	
					▪ تلتزم بالمعايير الأخلاقية للمجتمع.	

وعلى الرغم من إمكانية تحقق المعايير السابقة في عمـل مـا خضـع للتبسيط إلا أنـه تبقـى دومـا حرفية القائم بالتبسيط في المحافظة على تماسك العمل وبنيته الدرامية ، وبقـدر اقتراب التبسيط مـن العمل الأصلي (لغة المؤلف وأسلوبه وحركة الأحداث) بقدر نجاح العمل المبسط وتحقيقـه للتوقعـات المرجوة منه في إحداث تعلم على نحو ما، أو توصيل الرسالة كما تضمنها العمل الأصلي .

وأما حرفية التبسيط فإنها لا تتأتى فقط من تكرار العملية وإنما يحكمها محكات رئيسة ، منها :

أولا: الإلمام بالأسس الكلاسيكية للبناء الفني للنوع الأدبي الذي ينتمي إليه العمل المـراد تبسيطه ، فعلى سبيل المثال يختلف تبسيط قصة عن تبسيط رواية عن تبسيط كتاب علمي أو كتاب في التاريخ .

ثانيا : الحس الفني بما يمكن الاستغناء عنه وما لا يمكن ، فقد يكون الحـدث هامشيا ولكنـه أكـثر تشويقا من أحداث أخرى فرعية داخل العمل الأدبي .

ثالثا: الإلمام بمراحل نمو الطفولة والسمات النفسية والعقلية والإمكانات اللغويـة والمعرفيـة لكـل مرحلة ، للوقوف على ما يمكن أن يتلاءم معهم وما لا يمكن .

رابعا : امتلاك المهارات اللغويـة اللازمـة التي تسـمح بإمكانيـة التصـرف في اللغـة عـلى مسـتويات مختلفة وبشروط محددة بما لا يبتعد بالعمل المبسط عن العمل الأصلي، ويجعل العلاقة بينهما مجرد التشابه في الفكرة العامة .

الفصل الثامن

أشـعار الأطفـال

إذا كان القص بعامة فنا مشوقا بالنسبة للأطفال ، وإذا كانت القصص أقدر علـى بـث الأخلاقيـات والقيم فيهم أكثر من أي شكل آخر من أشكال التواصل الإنساني، وأكثر قدرة على التـأثير في أنفسـهم ، فإن الإيقاع الشعري له سحره الأكبر لدى الطفل ، بل ربما أكثر من الكبار في تأثيره فيهم ، واستجابتهم له .

فالطفل منذ تشكل وعيه الأول بالحياة البسيطة من حوله ، يميل لأن تغني له الأم كلاما موقعا لـه رنين على الأذن ، بل إن الطفل نفسه عندما يتعلم النطـق للمـرة الأولى في حياتـه ، فإنه يتبع تنغيمـا خاصا في إصدار الأصوات ، تلك الأصوات التي تعتمد في الغالب الأعم على تكرار حرف واحد أو حـرفين على الأكثر ، وهما عادة ما يكونان ناتجين مـن مجموعـة الحـروف الشـفوية (المـيم – البـاء – اللام – الدال) ، والتي يعتمد الطفل على تكرار أحدها في شكل تنغيمي وعلى نحو إيقاعي يتطور فيما بعد ليقترب شيئا فشيئا من اللغة المنطوقة .

من جهة أخرى فإن تداول الأطفال للشعر وتمايلهم مع أوزانه وإيقاعاته على نحو فطري ، أو مـع موسيقاه إذا كان مغنى ، يتناسب مع مراحل الطفولة جميعها في ميل الأطفال إلى الحركة والنشاط الزائدين ، وهو ما يحقق لهم التوازن النفسي والعقلي على نحو أكثر من الكبار الذين يطربـون للإيقـاع في أشكاله المختلفة .

ومن هذا المنطلق - أهمية النغم وأهمية القص - فإن القصة الشعرية تكون أقرب الأشكال المحببة لدى الأطفال ، بشرط أن تتوفر فيها المواصفات التي تتطلبها المرحلة العمرية ، والبناء الفني ، والبساطة اللغوية التي تسمح للطفل بالتواصل معها واستيعابها دون تعقيد أو معوقات .

ماذا يريد الأطفال من الشعر ؟

الأطفال لا يعنيهم المضمون في المقام الأول ، ولكن يعنيهم الشكل ؛ أي الإيقاع ، والأوزان والأنغام ، فليست كل الأشكال الشعرية بقادرة على إحداث هذا لديهم ، ولكن فقط الأشكال البسيطة الراقصة ، المعبرة عن كثرة الحركة لديهم ، وهو ما يقتضي استخدام أبحر شعرية بعينها ، وأنماط وصور منها على وجه أخص ، حيث تتناسب معهم أبحر الرجز والهزج والوافر المجزوء والكامل المجزوء ، والسريع ، وهذا لا يعني أنهم لا يقبلون البحور الأخرى كلية ، بل على العكس يمتلك الأطفال القدرة على تعديل الخلل العروضي بمد الصوت ، أو تقصيره لتلاشي العيب ، وهو ما يكشف عن ميلهم الفطري إلى التنغيم والإيقاع ، غير أن الأطفال يستجيبون أكثر للأبحر الخفيفة المجزوءة السابقة الذكر .

أمر آخر يعزز من استجابة الأطفال للشعر، وهو تعبير القصيدة أو الأغنية عنهم؛ أي أن يجد الأطفال أنفسهم داخلها ، بمعنى أن تعبر عن طفولتهم وتساؤلاتهم هم، وعن أفكارهم وأحلامهم ومخاوفهم ورغباتهم هم لا عن رغبات الكبار فيهم ، أو تطلعات الكبار لمستقبل الأطفال... بل في بعض مراحل الطفولة (نهاية السادسة) قد لا يستجيب الأطفال للجنس الآخر في الأغنية بقدر ما يستجيبون لجنسهم ، فتميل البنات للأغنيات المعبرة عنهن ، ويميل الأولاد للأغنيات المعبرة عنهم ، وهكذا.

إن القصيدة المعبرة عن صوت الطفل ، أو المتحدثة إليه بلغته ومنطقه العقلي الذي يتجاوز به حدود الخيال دون عوائق ، هذه القصيدة هي التي يستطيع أن يحفظها الطفل ، ويرددها صوتا أولا ، ثم يتأمل معانيها ثانيا ، وعند وصوله إلى مرحلة الإدراك بالمعاني بدءا من سن الخامسة ، يبدأ في التساؤل حول أفكارها ومضامينها ، بل يتدخل أحيانا في تعديل بعض تراكيبها ، تبعا لما يفهمه أو يعتقد فيه .

الكتابة للأطفال في الشعر العربي القديم .

من العجيب أن التراث الأدبي العربي على الرغم من كون الشعر هو علمهم الأول وديوانهم الأوحد ، فإنه لا يتضمن قصائد موجهة للأطفال على نحو خاص ، اللهم إلا النذر القليل[1] الذي كانت الأمهات تنشده لأبنائهن ، والآباء يداعبون به أبناءهم على سبيل المرح أو التسلية ، ومنه قول هند بنت عتبة وهي تلاعب صغيرها معاوية :

إن بني معرق كريـــــم　　　محبب في أهله حليـــم

صخر بني فهرٍ به زعيـم　　　لا يخلف الظن ولا يخيم

ومنه الأبيات التي روى أن الشيماء كانت تقولها للنبي عليه السلام وهو طفل ، في بادية بني سعد :

يا ربنـــــا أبق لنا محمـدا
حتى أراه يافعـــــا وأمـردا
ثم أراه سيـدا مســــودا
واكبت أعاديـه معا والحسـدا
وأعطه عـــزا يدوم أبـــــدا

(1) هناك بعض المقطوعات التي تشير إلى الأطفال ، ولكنها من وجهة نظرنا لم تكن تعبر عن الأطفال ، وإنما تعبر عن احتياجات أو رغبات الكبار منهم ، ومنها ما روى عن أعرابي يدعى أبا حمزة الضبي كان قد هجر زوجه ؛ لأنها لا تلد الذكور فكان يقيل ويبيت عند بعض الجيران ومر يوما بخباء امرأته فوجدها ترقص ابنتها قائلة:

ما لأبي حمـزة لا يأتينـا　　　يظل في البيت الـذي يلينا
غضبان ألا نلد البنينا　　　تالله ما ذلـك في أيدينـــا
وإنما نأخـذ ما أعطينـا　　　ونحن كالأرض لزارعينا
نتبت ما قد زرعوه فينا　　　.........................

ويروى أن هذه الأبيات جعلت الأب يعود إلى زوجته، وهناك بعض النماذج الأخرى المنتثرة عبر مصادر التراث العربي على هذه الشاكلة.

وهناك قليل من القصائد التي نظمها شعراء العرب القدامى موجهة للأطفال ، وهي في إجمالها تعليمية ، تسعى للتزويد بالخبرة في الحياة ، وتثبيت بعض القيم والمبادئ والمثل العليا ، ومنه قصيدة يزيد بن الحكم الثقفي[2] ، التي يوجه فيها وعظا إلى ابنه "بدر" ، ويقول فيها :

يا بدر والأمثال يضربها ... لذي اللب الحكيم

دم للخليل بوده ... ما خير ود لا يدوم

واعرف لجارك حقه ... والحق يعرفه الكريم

واعلم بأن الضيف يو ... ما سوف يحمد أويلوم

والناس مبتنيان محْـ ... ـمود البناية أو ذميم

واعلم بني فإنه ... بالعلم ينتفع العليم

إن الأمور دقيقها ... مما يهيج له العظيم

والتبل مثل الدين تقـ ... ـضاه وقد يلوى الغريم

والبغْي يصرع أهله ... والظلم مرتعه وخيم

ولقدْ يكون لك الغريـ ... ـب أخا ويقطعك الحميم

والمرء يكرم للغني ... ويهان للعدم العديم

.... حتى نهاية القصيدة

وواضح بالطبع أن القصيدة كتبت في ظروف عامة ، وأنها موجهة إلى مرحلة متقدمة سنيا من مراحل الطفولة ، وهي غالبا نهاية مرحلة الطفولة وبداية الدخول في الشباب ، وذلك يمكن استيحائه من مضامينها ونصائحها التي تتحدث عن القيم العربية الأصيلة وأهمية التمسك بها ، بمعنى أن القصيدة تتوجه تحديدا إلى موضوع الإعداد للرجولة وتحمل المسؤولية .

(2) يمكن العودة إلى : ابن عبد البر القرطبي : بهجة المجالس وأنس المجالس ، وكذلك : المرزوقي : شرح ديوان الحماسة .

وفي العصر العباسي ، ومع ازدهار حركة ترجمة ونظم العلوم ، مثل منظومة الصوم ، وألفية بن مالك في النحو ، نظم " أبان اللاحقي" كليلة ودمنة شعرا في أربعة عشر ألف بيت، ونظم ابن الهبارية منظومة الصادح والباغم ، يقول اللاحقي في مطلع كليلة ودمنة :

هذا كتاب أدب ومحنة وهو الذي يدعى كليلة دمنة
فيه احتيالات وفيه رشد وهو كتاب وضعته الهند
فوصفوا آداب كل عالم حكاية عن ألسن البهائم

ولكن هذه المحاولات لم ترق في مستواها الفني لتعبر عن الأطفال ، إذ ظلت حبيسة نظم المنثور بالمفهوم النقدي الشائع آنذاك .

وهناك فارق كبير بين الكتابة عن الأطفال والكتابة للأطفال ، فالعقاد عندما كتب قصيدته "عن الطفلة التي أراد أن يمازحها فرفضت " لم يكن يكتب للأطفال ، وإنما كان يتحدث عنهم ، يقول :

ما كان أملح طفلة من غير شيءٍ تخجل

ضاحكتها فتمايلت وشعورها تتهدل

فرجوت منها قبلة فأبت كمن يتدلل

فرفعت مرآة لها فتطلعتْ تتأمل

قلت انظري في وجهها أفأنت أم هي أجمل

قالت وفيها غضبة أنا بالملاحة أمثل

عطفت علي وكل محبوب يغار فيسهل

أما على مستوى التراث الشعبي الشفاهي غير المكتوب ، وهو عادة يكون باللهجات المحلية (العاميات) فهناك أغاني المهد والهدهدة مجهولة المؤلف التي توارثتها الأمهات جيلا بعد جيل كل في بيئته .

من هنا فإن الكتابة الحقيقية للأطفال في الشعر العربي قريبة العهد، بدأت مع عصر النهضة الحديثة في مصر، واستمرت في التطور جيلا بعد جيل .

ونتوقف فيما يلي مع أهم الشعراء الذين تنبهوا لأهمية الكتابة للأطفال ، وسعوا لتأصيل هذا الفن في الأدب العربي المعاصر ، من خلال محاولات جادة بدأها تاريخيا محمد عثمان جلال ، وأعقبه أحمد شوقي ، ثم توالت المحاولات فيما بعد متمثلة في محمد السنهوتي ، ومحمد الهراوي ، وتستمر المسيرة .

■ محمد عثمان جلال واستلهام القص على لسان الحيوان :

تشير المصادر إلى أن محمد عثمان جلال[3] ، قد اعتمد على قصص الحيوان سواء الواردة على لسان إيسوب الحكيم ، أو المترجمة عن عبدالله بن المقفع في كليلة ودمنة نقلا عن الفارسية المنقولة بدورها عن الهندية ، أو المترجمة عن لافونتين (Lafontaine) في الفرنسية ، وأنه ضم إلى ذلك تأثره بالتراث العربي المتناثر ، والحكايات الشعبية والتراثية، وبرسالة الصادح والباغم لأبي العلاء المعري ، وفاكهة الخلفا ، وقصائد أبي نواس، وكتاب الحيوان للجاحظ، وغيره ممن وصفوا الحيوان.

وعلى أية حال فقد وضع محمد عثمان جلال عددا من الكتب ، منها ديوان العيون اليواقظ في الأمثال والمواعظ ، مشتملا على حكايات وقصص على لسان الحيوان مصاغة شعرا ، في نحو مائتي قصة منظومة .

غير أن محمد عثمان جلال لم يقتصر في أدبه للأطفال على كليلة ودمنة أوالفابليات والموضوعات التي تمت معالجتها فيهما فقط ، بل اهتم في قصائده على لسان الحيوان بانتقاد الحياة الاجتماعية والحياة الأدبية المعاصرة له .

(3) محمد عثمان جلال1826 - 1898م ، شاعر ومترجم وأديب مصري ، اختاره رفاعة الطهطاوي لدراسة اللغات الفرنسية والعربية في دار اللغات لما رأى فيه من نبوغ وفطنة، وندب عام 1845م لتعليم اللغة الفرنسية في الديوان الخديوي. وفي عهد الخديو إسماعيل عين في الإسكندرية رئيسا للمترجمين بديوان البحرية ، ثم عينه الخديو توفيق (وكان أميرا) رئيسا لقلم الترجمة بوزارة الداخلية. ثم عين قاضيا بالمحاكم المختلطة ، منحته الحكومة المصرية رتبة المتمايز الرفيعة والحكومة الفرنسية1886م نيشان الأكاديمية من رتبة ضابط. له: عطار الملوك، والعيون اليواقظ في الأمثال والمواعظ ، والأربع روايات في نخب التيارات، والروايات المفيدة في علم التراجيدة، ومسرحية سيد، ورواية الأماني والمنة في حديث قبول وورود جنة، ورواية المخدمين، وأرجوزة في تاريخ مصر، وديوان شعر، وديوان الزجل والملح.

يقول مستلهما حكاية الغراب والثعلب الشهيرة ، والتي تحكي أن غرابا التقط قطعة جبن ، وطار فوق شجرة ، فرآه الثعلب وأراد الحصول على قطعة الجبن ، ثم عمد إلى حيلة في ذلك ، وفي صياغة الحكاية شعريا يقول محمد عثمان جلال :

كان الغراب حط فوق شجره	وجبنة فوق فمه مدوره
فشمها الثعلب من بعيد	لما رآها كهلال العيد
وقال يا غراب يابن قيصر	وجهك هذا أم ضياء القمر
كنت أظن أن فيك ريشا	هذا حرير قد أري منقوشا
وحرمة الود الذي من بيننا	محبة فيك أتيت هاهنا
وها أنا أرجوك أن تغني	عسى بك الهم يزول عني
لله ما أحلاك حيث تنجلي	صوتك أحلى من صياح البلبل
فانخدع الغراب من كلامه	وجاء للخصم على مرامه
وقال " ياليل" بدون اللقيمة	فسقطت من فمه .. الغنيمة
قبضها الثعلب قبضة الروح	وقال : في بطني حلالا روحي
ثم رنا بعينه ، من فوقه	رأى الغراب طارشا من حلقه
قال له : يا سيد الغربان	إني بريء ، ولأنت الجاني
خذ بدل الجبنة مني مثلا	واحفظه عني سندا متصلا
من ملق الناس عليهم عاشا	وأكل الجبنة ، والجلاشا
فاعتبر الغراب من ذي النوبة	وتاب ، ولكن لات حين توبة

وهذه الحكاية على ما تحويه من ظرف وجمال في العرض ، تحوي الحكمة والموعظة في أهمية ألا ننخدع بمن يقول لنا كلاما معسولا ، وأن نفكر قبلا فيما نفعل .

ويقول في حكاية بعنوان الرجل والدبة ، مستلهما القصة الشهيرة التي صارت للمثل القائل " الدبة التي قتلت صاحبها " ، حيث رأت الدبة ذبابة على وجه صاحبها وهو نائم، فأرادت إبعادها عنه ، فضربتها فطارت عن وجهه ، ولكنها ما لبثت أن عادت ثانية إلى وجه النائم ، فاغتاظت الدبة وأمسكت حجرا غليظا وضربتها به ، فماتت ولكن الرجل مات معها .

حكاية تهدى إلى الأحبه — عن رجل قد صاحبته دبه

واشترطت عليه أن يقيما — في بيتها منعما مخدوما

وهي عليها الصيد والمعونه — تأتيه بلوازم المؤونه

فطاب واعتاد عليها الرجل — ولم يكن لديه منها وجل

بل جاءت الدبة ذات يوم — فوجدت صاحبها في النوم

فجلست واتجهت لجبهته — ورأت الذباب فوق جبهته

ذبته أولا فطار ورجع — فاغتاظت الدبة مما قد وقع

وقبضت بيدها من الزلط — وضربت هذا الذباب فسقط

وفعل الضرب بوجه النائم — ما تفعل اللصوص بالعمائم

وكان هذا سببا لموته — من ذلك الضرب قضى لوقته

ولم تكن تنفع تلك الصحبة — بل رب موت جاء من محبه

وغالبا كل عدو عاقل في — الناس خير من صديقٍ جاهل

والمعنى الجوهري وراء القصة هو مصاحبة الأذكياء ، والبعد عن الأغبياء ، والتفكير فيما نفعل ، وتحكيم العقل فيما نقوم به ، لأن الغباء يؤدي إلى كوارث ، مثلما فعلت الدبة مع صديقها دون أن تقصد .

وفي حكاية بعنوان الحمامة والنملة ، تأتي قيمة التعاون ورد الجميل ، فالحمامة أنقذت النملة عندما سقطت في الماء بأن ألقت إليها عودا من الحطب لتركب عليه ، وعندما

تعرضت الحمامة لمحاولة الصياد التصويب عليها لاصطيادها ، عمدت النملة إلى لدغ الصياد في رجله فانشغل عن الحمامة بالألم في رجله ، وتحرك من مكانه ، فانتبهت الحمامة ، وبهذا أنقذت النملة الحمامة وردت إليها الجميل .

حمامة كانت بنهر تشرب — ونملة مرت عليها تلعب
فوقعت في الماء تلك النملة — ولم تجد مخلصا من دجله
بل نظرتها هذه الحمامة — وهي بوجه الماء في ندامة
فأوقعت عودا لها من حطب — وقالت اطلعي عليه واركبي
وأقبلت فركبت للسير — وخلصت من عظم هذا الشر
وبعد ذاك أقبل الصياد — له إلى سفك الدما انقياد
وجاء فورا يقصد الحمامة — وجعل النبل على استقامة
وبينما الصياد في التحري — مراقب لها وقوع الضر
إذا قرصت بالكعب منه النملة — وضيعت نشانه بالجملة
فالتفت الصياد للذي قرص — وقد سها في لفتة عن القنص
وسلمت من يده الحمامة — ورجعت للعش بالسلامة
فانظر وكيف في صغار الخلق — سلامة الطبع وحسن الخلق
وإن ترمْ خير امريٍ ليتبعك — فافعل كما يفعل بالخير معك
ومن أغاث البائس الملهوفا — أغاثه الله إذا أخيفا

ويختم الشاعر القصيدة باستخلاص المثل والحكمة المأخوذة من القصة ككل ، وبخاصة في الأبيات الثلاثة الأخيرة ، التي تشير إلى حسن الخلق ، وضرورة أن نعامل الناس كما نحب أن يعاملونا ، وأنه من ينقذ الناس من الكروب فإن الله ينقذه ، أو على أدنى تقدير يرسل من الناس من ينقذه .

ومن الحكايات التي صاغها شعرا حكاية الزارع مع أبنائه ، حين جمعهم قبل وفاته ، وقال لهم في الأرض كنز، فآخذوا يبحثون عنه ، وإن كان الشاعر هنا يغير من القصة الموروثة في بعض أحداثها ، ففي الأصل انقسم الأبناء إلى باحث عن الكنز حقيقة بالحفر في نصيبه ، وعن زارع لنصيبه مدركا أن الكنز في الجد والعمل والزراعة ، وهو الذي كان له الفوز أخيرا .

حكاية الزارع مع بنيه	**قد جعلت في الأصل للتنبيه**
وذاك أنه أحس الموتا	**وقطع الآمال قطعا بتا**
فجمع الأولاد ذات يوم	**وجسمه مضطجع للنوم**
وقال أولادي خذوا نصيحه	**تغنيكم بعدي عن الفضيحة**
فقطعة الأرض التي تركتها	**هي التي عن والدي ورثتها**
وكان قال إن فيها كنزا	**من يلقه في الأرض يزدد عزا**

وتستمر القصة لتكشف في نهاية الأمر عما عبر عنه شعرا :

فالكنز لاشك هو الحصائد	**والأرض حقا كلها فوائد**

هكذا استطاع محمد عثمان جلال أن يثري المكتبة العربية بنماذج عديدة من شعر الأطفال ، أسهمت في بناء أجيال استلهموا قيمها وتمثلوا بسلوكياتها ، وطربت أنفسهم لإلقائها وتداولها .

- أحمد شوقي ، بين لافونتين والإبداع الشخصي:

يأتي أمير الشعراء أحمد شوقي ، ليشير إلى أهمية الكتابة للأطفال في مقدمة ديوانه المعروف باسم الشوقيات عام 1898م ، حيث دعى الشعراء إلى الكتابة للأطفال ، وقدم بنفسه نماذج مكتملة لقصائد تتوجه إلى الأطفال خاصة ، وإن كانت جميعها يبدو فيها التأثر بأسلوب الشاعر الفرنسي- لافونتين (Lafontaine) في مقطوعاته وحكاياته المسماه بالفابليات (Les fables) ، وإن كان لافونتين بدوره قد تأثر في كتابة هذا النوع من الأدب

بحكايات كليلة ودمنة الثابت انتقالها إلى الأدب الفرنسي ـ أوان الحروب الصليبية ، تماما كما انتقلت ألف ليلة وليلة ، وقرأها كبار الكتاب في الغرب وتأثروا بها .

ويحسب لشوقي أنه توافر بعناية على شعر الأطفال، وعد ذلك إحدى أمنياته: "وإني كنت أتمنى.. ولا أزال ألوي في الشعر على كل مطلب، وأذهب في فضائه الواسع في كل مذهب"... "والمأمول أن نتعاون على إيجاد شعر للأطفال والنساء، وأن يساعدنا سائر الأدباء والشعراء على إدراك هذه الأمنية" .

ويقول شوقي عن الحكايات والأغنيات التي قدمها للأطفال في الوطن العربي : "ربت خاطري في نظم الحكايات على أسلوب لافونتين الشهيرة، فكنت إذا فرغت من وضع أسطورتين أو ثلاث أجتمع بأحداث المصريين ، وأقرأ عليهم شيئا منها فيفهمونه لأول وهلة، ويأنسون إليه ويضحكون من أكثره. وأنا أستبشر لذلك، وأتمنى لو وفقني الله لأجعل للأطفال المصريين مثلما جعل الشعراء للأطفال في البلاد المستحدثة، منظومات قريبة المتناول يأخذون الحكمة والأدب من خلالها على قدر عقولهم..

وانطلاقا من هذا التوجه يقدم شوقي في ديوانه الشوقيات بابين خاصين بالأطفال، هما: "ديوان الأطفال"، و"باب الحكايات"...

ومن خلالهما استطاع شوقي أن يرقى بالطفل العربي إلى مستويات متقدمة لم تكن على عصره ، سواء من حيث الارتقاء بذوقه الفني وحسه من خلال التوظيف الفني الجيد للرمز ، أو من خلال الاتكاء على القصة الشعرية الملتزمة بالضوابط الفنية للقصة كما تم الاستقرار عليها في ذلك العصر ، أو من حيث التضمين القيمي للأخلاقيات والقيم العربية الأصيلة ، وأخيرا الاستخدام الجيد للقاموس اللغوي للطفل .

إن شوقي بهذه الملامح والمرتكزات يكون قد قدم منجزا شعريا لصالح الأطفال ، وبخاصة إذا ما نظرنا إليه في سياق عصره ، الذي كانت قد بدأت فيه أنواع أدبية جديدة في الظهور ، حيث كانت الحياة الأدبية بعامة تشهد تحولا في كثير من ملامحها ، فكانت القصة والرواية والمسرحية كلها أشكال أدبية جديدة على الوطن العربي ، وكانت الحالة التعليمية

لم تزل بعد غير متخلصة من الحواشي والمتون ، باعتبارها بقايا العصر العثماني والمملوكي في مصر والوطن العربي .

ومن النماذج العديدة التي قدمها شوقي للأطفال :

1- حكاية الثعلب والديك

برز الثعلب يوما في ثياب الواعظينا
فمشى في الأرض يهدي ويسب الماكرينا
ويقول الحمد لله إله العالمينا
يا عباد الله توبوا فهو كهف التائبينا
وازهدوا في الطير إن العيش عيش الزاهدينا
واطلبوا الديك يؤذن لصلاة الصبح فينا
فأتى الديك رسول من إمام الناسكينا
عرض الأمر عليه وهو يرجو أن يلينا
فأجاب الديك: عذرا يا أضل المهتدنا
بلغ الثعلب عني عن جدودي الصالحينا
عن ذوي التيجان ممن دخلوا البطن اللعينا
أنهم قالوا وخير الـ قول، قول العارفينا:
مخطئ من ظن يوما أن للثعلب دينا

وهي حكاية مشهورة تنبه الصغار إلى عدم الانخداع بالماكرين وعدم الاستجابة لمن لا يعرفه ، قياسا على ما وقع للديك من فعل الثعلب المكار .

2- حكاية الغزال والخروف :

وتستثير حكاية الغزال والخروف تفكير الأطفال في اعتمادها على الحبكة الدرامية ، وبنية الحوار وتمثيل الأدوار بين التيس والغزال والخروف ، وتصاعد الحبكة الدرامية عندما دخل الذئب في المشهد ، وهو المعروف عنه عداوته للحيوانات الأليفة ، وآكل للحومها ، وهو ما وقع بالفعل ، يقول فيها :

تنــازع الغــزال والخــروف	**وقــال كــل إنــه الظريــف**
فرأيــا التــيس فطنــا أنــه	**أعطـاه عقـلا مـن أطـال ذقنـه**
فكلفــاه أن يفــتش الفــلا	**عــن حكــمٍ لــه اعتبــار في المـلا**
ينظــر في دعــواهما بالدقــه	**عســاه يعطــي الحــق مســتحقه**
فســار للبحــث بــلا تــوانٍ	**مفتخــرا بثقــة الإخــوان**
يقــول عنــدي نظــرة كبيره تــر	**فــع شــأن التــيس في العشــيره**
وذاك أن أجــدر الثنــاء	**بالصــدق مــا جــاء مــن الأعــداء**
وإننــي إذا دعــوت الــذيبا	**لا يســتطيعان لــه تكــذيبا**
لكونــه لا يعــرف الغــزالا	**ولــيس يلقــي للخــروف بــالا**
ثــم أتى الــذيب فقــال طلبتــي	**أنــت فسرـ معــي وخــذ بلحيتــي**
وقــاده للموضــع المعــروف	**فقــام بــين الظبــي والخــروف**
وقــال لا أحكــم حســب الظــاهر	**فمــزق الظبيــين بالأظــافر**
وقــال للتــيس انطلــق لشــأنكا	**مــا قتــل الخصــمين غــير ذقنكــا**

وهي حكاية تدعو إلى التفكر والتأمل فيما نفعل ؛ لأننا قد نجلب لأنفسنا أو لأصدقائنا الضرر دون أن ندري ، وذلك إذا لم نحسب عاقبة الأمور وخواتيمها ، وهذه الحكاية على بساطتها تلخص حكمة التاريخ وتنطبق على كل من يستعينون بالأعداء ، ويلجأون

للغرباء في تحكيمهم لشؤون حياتهم ، وما أكثر ما وقع ذلك في التاريخ العربي منذ الدولة العباسية والدولة الإسلامية في الأندلس ، وإلى يومنا هذا !

3- حكاية العصفور والمجرى :

ومن الحكايات التي تدور حول استثارة مهارات التفكير و تنمية المفاهيم الإنسانية ، حكاية العصفور والمجرى ، التي تشير إلى بعض المعاني الفلسفية العميقة ، في تناول يتناسب وأفهام الأطفال ، وقدراتهم على تأمل الكون ومظاهره من حولهم ، يقول :

ألم عصـفور بمجـرى صـاف قـد	**غـاب تحـت الغـاب في الألفـاف**
يسقي الثرى من حيث لايدري الثر	**ى خشـية أن يسـمع عنـه أويـرى**
فـاغترف العصـفور مـن إحسـانه	**وحـرك الصـنيع مـن لسـانه**
فقـال يـا نـور عيـون الأرض	**ومخجـل الكـوثر يـوم العـرض**
هـل لـك في أن أرشـد الإنسـانا	**ليعـرف المكـان والإمكانـا**
فينظـر الخـير الـذي نظـرت	**ويشـكر الفضـل كـما شـكرت**
لعـل أن تشـهر بالجميـل	**وتنسيـ النـاس حـديث النيـل**
فالتفـت الغـدير للعصـفور	**وقـال يهـدي مهجـة المغـرور**
يـا أيهـا الشـاكر دون العـالم	**أمنـك اللـه يـد ابـن آدم**
النيـل فاسـمع وافهـم الحـديثا	**يعطـي ولكـن يأخـذ الخبيثـا**
مـن طـول ماأبصـره النـاس نسـ	**ـي وصـار كـل الـذكر للمهنـدس**
وهكـذا العهـد بـود النـاسي	**وقيمـة المحسـن عنـد النـاس**
وقـد عرفـت حـالتي وضـدها	**فقـل لمـن يسـأل عنـي بعـدها**
إن خفـي النـافع فـالنفع ظهـر يـا	**سـعد مـن صـافى وصـوفي واسـتتر**

وهي حكاية فلسفية تعلمنا أهمية أن نفعل الخير دون أن ننتظر الثواب من الناس، لأن أفضل الخيرات هي التي تكون مخفية وغير ظاهرة ، وليس بالضرورة أن نسعى لننسب الفضل إلينا ، وإنما يكفينا فقط أن نفعل الخير ولا ننتظر من ورائه شيئا .

ومن الحكايات التي تكسب الأطفال الصبر وتسعى لتدعيم بعض المهارات الحياتية فيهم ، حكاية الجمل مع الثعلب ، يقول فيها :

4- حكاية الجمل :

كان على بعض الدروب جمل … حمله المالك ما لا يحمل
فقال يا للنحس والشقاء … إن طال هذا لم يطل بقائي
لم تحمل الجبال مثل حملي … أظن مولاي يريد قتلي
فجاءه الثعلب من أمامه … وكان نال القصد من كلامه
فقال مهلا يا أخا الأحمال … ويا طويل الباع في الجمال
فأنت خير من أخيك حالا … لأنني أتعب منك بالا
كأن قدامي ألف ديك … تسألني عن دمها المسفوك
كأن خلفي ألف ألف أرنب … إذا نهضت جاذبتني ذنبي
ورب أم جئت في مناخها … فجعتها بالفتك في أفراخها
يبعثني من مرقدي بكاها … وأفتح العين على شكواها
وقد عرفت خافي الأحمال … فاصبر وقل لأمة الجمال
ليس بحملٍ ما يمل الظهر … ما الحمل إلا ما يعاني الصدر

والحكاية هنا على الرغم من العمق الفلسفي الكامن بها إلا أنها يمكن أن تتواصل مع الأطفال ، فالجمل الذي يشعر بأن ما يحمله كبيرا عليه ، ينصحه الثعلب بأن ذلك ليس كثيرا ، وأن ما يمكن أن يتحمله الإنسان في قلبه هو الأكثر .

والنموذج الأخير الذي اخترناه من القصص على لسان الحيوان عند شوقي ، هو حكاية السفينة والحيوانات ، لما فيها من تأكيد على المهارات الحياتية التي تتطلبها المرحلة العمرية للأطفال ، وإشارة إلى القصة الدينية "سفينة نوح"، يقول فيها :

5- حكاية السفينة والحيوانات

لما أتم نوح السفينة — وحركتها القدرة المعينة
جرى بها مالا جرى ببال — فما تعالى الموج كالجبال
حتى مشى الليث مع الحمار — وأخذ القط بأيدي الفار
واستمع الفيل إلى الخنزير — مؤتنسا بصوته النكير
وجلس الهر بجنب الكلب — وقبل الخروف ناب الذئب
وعطف الباز على الغزال — واجتمع النمل على الآكال

وهي قصة تنطلق من مبدأ عند الشدائد يعرف الإخوان ، فيتناسى الجميع العداوات مع الآخرين كما حدث مع ركاب سفينة نوح ، وتخلص القصة من ذلك لتؤكد على مبدأ المؤاخاة بين الكائنات جميعا ، وبالتالي تدفع الطفل إلى التصالح مع الأطفال الآخرين ، إذ كثيرا ما يشب الخلاف بين الإخوة على لعبة أو كلمة ، ويكون من المهم أن يتعرفوا شيئا عن ضرورة التسامح والتصالح في هذه المرحلة السنية ، حيث تنتهي بقوله :

فقس على ذلك أحوال البشر — وإن شمل المحذور أو عم الخطر
بينا ترى العالم في جهاد — إذ كلهم على الزمان العادي

وعلى غرار قصة نوح ، وبتناول موضوعها ذاته ، تأتي مقطوعته التي يبدؤها:

قد ود نوح أن يباسط قومه — فدعا إليه معاشر الحيوان
وأشار أن يلي السفينة قائد — منهم يكون من النهى بمكان

فتقــدم الليــث الرفيــع جلالــــه   وتعــرض الفيــل الفخــيم الشــان
وتلاهــما بــاقي السـباع وكلهــم   خــروا لهيبتـــه إلى الأذقـــان
حتــى إذا حيـوا المؤيـد بالهـــدى   ودعــوا بطــول العــز والإمكــان
ســبقتهم لخطــاب نــوحٍ نملـــة   كانت هناك بجانب الأردان

وتمضي الحكاية حتى تعرض النملة قدراتها ، ورغبتها في أن تقود السفينة، وهنا تكمن الحكمة التي التقطها شوقي في تشبيه الإنسان في حياته بالنملة ، حيث يرغب الإنسان على ضعفه أن يتحكم في الكون ويدير شؤون الحياة جميعها ، وهو ما قاله سيدنا نوح للنملة.

وقد أبدع شوقي قصائد أخرى لم تأت على شكل قصة ، ولا تحكي حكاية على لسان الحيوان ، وإنما هي قصائد موجهة للأطفال تقدم لهم معرفة، وتنمي فيهم قيما واتجاهات إيجابية نحو الحياة بعامة ، ومنها قصائده الوطنية التي تعمل على تشكيل مفهوم الهوية العربية وتأكيده في أنفسهم ، وتنمي مشاعر الاعتزاز بالنفس وبالوطن والتاريخ المجيد ، وهي معان سعت العولمة إلى تهشيمها لصالح الأمم التي لا تمتلك تاريخا مشرفا مثل تاريخنا العربي (منها الولايات المتحدة الأمريكية) ، أو الأمم التي تسعى للتخلص من تاريخها ، مثل المجتمع الصهيوني ، وهو ما يحتم علينا اليوم إعادة مثل هذه النماذج الشعرية التي أبدعها شوقي وغيره من شعراء العربية ، ومنها مقطوعته " اليوم نسود " التي يسعى من خلالها لبث الحماس في أنفس الصغار :

اليــــوم نســـود بوادينـــــا   ونعيــــد محاســــن ماضــــينا
ويشـــيد العـــز بأيـــدينا   وطـــن نفديـــه ويفـــدينا
وطـــن بـــالحق نؤيـــده   وبعـــين اللــــه نشـــيده
ونحســـــنه ونزينـــــه   بمآثرنـــــا ومســــــاعينا
سر التــــاريخ وعنصـــره   وسريـــر الـــدهر ومنـــبره

وجنـــان الخلـــد وكـــوثره   وكفـــى الآبـــاء رياحينـــا
نتخـــذ الشـــمس لـــه تاجـــا   وضـــحاها عرشـــا وهاجـــا
وســـماء الســـؤدد أبراجـــا   وكـــذلك كـــان أوالينـــا
العصرـــ يـــراكم والأمـــم   والكرنـــك يلحـــظ والهـــرم
أبنـــي الأوطـــان ألا همـــم   كبنـــاء الأول يبنينـــا
ســـعيا أبـــدا ســـعيا ســـعيا   لأثيـــل المجـــد وللعليـــا
ولنجعـــل مصرـــ هـــي الـــدنيا   ولنجعـــل مصرـــ هـــي الـــدنيا

و تعد مقطوعته "النيل العذب هو الكوثر " من أكثر النماذج الشعرية التي تنمي الهويـة، وتعمـل على تأكيد الارتباط بمصر وتراثها وحاضرها ومستقبلها ، من خلال التغني بنيل مصر سر جمالها الأعظم ، يقول :

النيـــل العـــذب هـــو الكـــوثر   والجنـــة شـــاطئه الأخضرـــ
ريـــان الصـــفحة والمنظـــر   مـــا أبهـــى الخلـــد ومـــا أنضرـــ
البحـــر الفيـــاض القـــدس   الســـاقي النـــاس ومـــا غرســـوا
وهـــو المنـــوال لمـــا لبســـوا   والمـــنعم بـــالقطن الأنـــور
جعـــل الإحســـان لـــه شرعـــا   لم يخـــل الـــوادي مـــن مرعـــى
فـــترى زرعـــا يتلـــو زرعـــا   وهنـــا يجنـــي وهنـــا يبـــذر
جـــارٍ ويـــرى لـــيس بجـــار   لأنـــاةٍ فيـــه ووقـــار
ينصـــب كتـــلٍ منهـــار   ويضـــج فتحســـبه يـــزأر
حبشيـــ اللـــون كجيرتـــه   مـــن منبعـــه و بحيرتـــه
صـــبغ الشـــطين بســـمرته   لونـــا كالمســـك وكـــالعنبر

وغير خاف بالطبع ما تتضمنه المقطوعة من معالجة لمفاهيم البيئة ، وجمالها الذي خلقها عليه الله ، وأهمية المحافظة على نظافتها ، وعدم تشويهها أو تلويثها ، وغيرها كثير مما يمكن توجيه الأطفال نحوه من خلال المقطوعة .

كما تعد مقطوعة الرفق بالحيوان مثالا لتعليم القيم الإنسانية النبيلة المتعلقة بمعاملة الإنسان للحيوان ، يقول فيها :

الحيـــوان خلـــق ... لـــه عليـــك حـــق
ســخره اللـــه لكـــا ... وللعبـــاد قبلكـــا
حمولـــة الأثقـــال ... ومرضـــع الأطفـــال
ومطعـــم الجماعـــه ... وخـــادم الزراعـــه
مـــن حقـــه أن يرفقـــا ... بـــه وألا يرهقـــا
إن كـــل دعـــه يســـترح ... وداوه إذا جـــرح
ولا يجـــع في دارك ... أو يظـــم في جواركـــا
بهيمـــة مســـكين ... يشـــكو فـــلا يبـــين
لســـانه مقطـــوع ... ومـــا لـــه دمـــوع

إذ من الطبيعي أن من يمتلك القدرة على الرفق بالحيوان ، فأولى به أن يمتلك القدرة على الرفق بأخيه الإنسان ، وما أكثر حالات العنف التي يعيشها الأطفال في عصرنا ، بفعل كثرة مشاهدتهم للعنف عبر وسائل الإعلام ، وأدوات الاتصال المعاصرة من إنترنت وخلافه ، فنشرات الأخبار عنف ، وأفلام الكبار عنف ، وكثير من برامج الأطفال وأفلامهم عنف ، ومفهوم التدمير بالنسبة لهم مفهوم يترسخ في الوعي دون أن يشعر به أحد ؛ إذ إن ما يعني تجارة الإعلام هو تحقيق الأرباح وليس معالجة القيم أو بنائها أو هدمها.

هكذا فإن أشعار شوقي الموجهة للأطفال تحمل الكثير من المفاهيم التربوية والقيم الإنسانية التي نحتاجها اليوم ، وسنظل في حاجة إليها مهما تطورت وسائل الحياة ، ذلك أن ما عالجه شوقي يتعلق في المقام الأول بالإنسان والقيم الإنسانية النبيلة، وليس بمظاهر حضارة منقضية .

- إبراهيم العرب[4] :

وقد وضع إبراهيم العرب كتابا بعنوان "آداب العرب " - طبع 1913م- في تسع وتسعين قطعة شعرية ، على غرار خرافات لافونتين ، ومنها مقطوعات : الفتاة والنحلة ، والشجرة القديمة والبستاني ، والصياد والعصفور ، وغيرها ، سعى من خلالها إلى تقديم الحكمة والمثل ، وتعليم الصغار القيم الإنسانية الأصيلة .

يقول في مقدمة ديوانه : هذا كتاب خدمت به نابتة الوطن .. وأجريت فيه الأمثال والحكم الموروثة ، ليأخذوا منها ما يربي في نفوسهم ، ويقوم أخلاقهم ، ويطبعها على أصوب آراء المتقدمين ".

ومن الحكايات التي صاغها شعرا "حكاية الجمل والحمار" التي تحكي قصة الجمل عندما نصح الحمار بأن ينتبه لصوته العالي حتى لا يصل إليهما الصيادون ، ولكن الحمار لم يستطع أن يغالب طبعه ، فوقعا في أيدي الصيادين ، يقول :

جمل أقام مع الحمار ممتعا	**في روضة غناء ذات ثمار**
أبدى له الجمل الصبور نصيحة	**ألا يكون مسبب الأكدار**
غالى الحمار نهيقه ومرددا	**بصداه بين ربا وبين قفار**
فأتي كلمح البرق ركب طالب	**صيدا على العهوات والأكوار**
ألقى الحبال عليهما فاستسلما	**وتوليا معه نعير خيار**
جانب خليط السوء تأمن شره	**وانبذ لتسلم صحبة الأغرار**

(4) إبراهيم العرب ، ولد 1863م في مدينة الإسكندرية بمصر ، وتوفي 1927م ، جمع قصائده للأطفال في ديوان بعنوان "آداب العرب" - المطبعة الأميرية عام 1911م ، وطبعته وزارة المعارف ، وقررته على طلاب المدارس آنذاك .

وتختتم الحكاية باستخلاص المثل والحكمة على عادة قصص لسان الحيوان ، فتوجه النصح المباشر بعدم مصاحبة أصدقاء السوء ، لأنهم سيودون بنا إلى المهالك .

ويقول في حكاية أخرى بعنوان" العلم والجهل" متحدثا فيها هذه المرة ليس على لسان حيوان ، وإنما يضرب المثل لإنسان متعالم ، يقول :

حكايــة عــن غنــي مــا لــه عمــل	**حــب التظــاهر في الــدنيا لــه شــغل**
بــدا لــه أن دعــوى العلــم رائجــة	**منــــه إذا بــــات لــــلآداب ينتحــــل**
فأحضر الكتب لا علـم لديـه سـوى	**أن الكتــاب خفيــف أو بــه ثقــل**

وإن كان استمرار الحكاية لم يصل إلى مغزى واضح على الأقل بالنسبة للأطفال، بل على العكس من ذلك ، تتحدث القصة عن كيف أن هذا المتعالم أصبحت له مكانة بفعل ماله لا بفضل علمه ، ولم تكشف الحكاية عن سوء هذا الفعل ، وإنما اكتفت بوصفه فقط ، مما يجعل النموذج مفتقرا إلى الكثير من التدخل لتبريره وإحكام الحبكة الفنية ، لإدخاله في أدب الكبار ، حتى وإن كان كتب بلغة وأساليب تقترب من أدب الأطفال ، فمن المعروف أن الحبكة الفنية لابد أن تكون واضحة وقريبة المأخذ في أدب الأطفال .

- معروف الرصافي [5] :

وله قصائد توجه بها إلى الأطفال بدءا من عام 1929م ، ونشر بعضها في كتاب "تمام التعليم والتربية"، ومنها مقطوعات : أنشودة العرب - الله - الوطن - حق الأم - الأغنياء والفقراء- المدارس- الأم وابنها الصغير - اللعب بعد الدرس - آثار العرب الخالدة - الرفق بالحيوان - الربيع - الشتاء - الصيف .... إلخ .

(5) معروف الرصافي 1877- 1945، شاعر عراقي ، عضو المجمع العلمي العربي (بدمشق)، ولد ببغداد، ونشأ بها في الرصافة، وتلقى دروسه الابتدائية في المدرسة الرشيدية العسكرية، ولم يحرز شهادتها. رحل إلى الأستانة، فعين معلما للعربية في المدرسة الملكية.وانتقل بعد الحرب العالمية الأولى إلى دمشق سنة (1918)، ورحل إلى القدس وعين مدرسا للأدب العربي في دار المعلمين بالقدس، وأصدر جريدة الأمل سنة (1923).وزار مصر سنة (1936). له كتب منها (ديوان الرصافي) و(محاضرات في الأدب العربي) وغيرها.

وقد أكد في مقدمة كتابه على أهمية دور الأسرة والمدرسة في بناء الأطفال ، وأهمية احترام عقولهم ، والعمل على بث المعرفة وتثبيت الأسس والعادات والتقاليد ، انطلاقا من أن الأطفال يمتلكون عقولا لاقطة ينطبع فيها كل شيء يمر عليهم في الحياة.

وقد تميز شعره بسلاسة أسلوبه وبساطته في العرض مع عمق أفكاره ، فهو القائل:

انظـــر لتلـــك الشـــجرة ذات الغصـــون النضرــة
كيــف نمــت مــن بــذرة وكيــف صــارت شــجرة
فــانظر وقــل مــن ذا الــذي يخــرج منهــا الثمــرة
وانظــر إلى الشــمس التــي جــذوتها مســتعرة
فيهــا ضــياء وبهــا حــرارة منتشرــة
مــن الــذي كونهــا في الجــو مثــل الشرــرة
وانظــر إلى الليــل فمــن أوجــد فيــه قمــره
وزانــه بــأنجم كالــدرر المنتشرــة

إلى آخر القصيدة التي تدعو الأطفال إلى التأمل في حركة الحياة من حولهم ، الأشجار وكيف تنمو ، والبذور وكيف تتحول لأشجار ، والشمس كيف ترسل النور والنار ، والليل وما فيه من أنجم وقمر ، والريح والماء ، والغيم والمطر ، ثم الإنسان وكيف يبصر بعينيه ، وكيف يمتلك القوة ، من الذي فعل كل ذلك وخلقه ؟ هذا ما يعالجه الرصافي ليس على مستوى منح المعلومة ، وإنما على مستوى إثارة السؤال وتنمية مهارات الاستنباط والاستنتاج والوصول من المعلوم إلى المجهول ، يقول :

وانظــر إلى المــرء وقــل مــن شــق فيــه بصــره
مــن الــذي جهــزه بقــوة مفتكــرة
ذاك هــو اللــه الــذي ويــل لمــن قــد كفــره
ذو حكمــة بالغــة وقــدرة مقتــدرة

■ محمد الهراوي ، رائد الاتجاه التربوي الشعري [6] :

يعد الشاعر محمد الهراوي رائد الكتابة الشعرية للأطفال ، ذلك لأنه واصل مسيرة شعراء الأطفال من قبله ، وبخاصة أمير الشعراء أحمد شوقي ، وتفوق عليهم جميعا في عدة جوانب ، منها :

- أنه لم يتوقف عند كتابة القصة الشعرية فقط ، وإنما أضاف إليها أشكالا أخرى ، منها الأناشيد ، والأغاني .

- أنه لم يتوقف في الحكايات الشعرية عند القص على لسان الحيوان ، وإنما أضاف إليها حكايات مصنوعة أخرى .

- أنه واكب عصره في معالجة قضايا اجتماعية ووطنية ، وحرفية ، فقدم للأطفال ما يحتاجون إليه في كل مجالات حياتهم ، بدءا بالتعامل مع أشيائهم وملابسهم وألعابهم، وانتهاء بمعاملاتهم مع الآخرين من حولهم .

- كما يحسب للهراوي أنه قصر شعره على الأطفال ، فكتب لهم :

- سمير الأطفال للبنين (3 أجزاء).

- وسمير الأطفال للبنات (3 أجزاء).

- وأغاني الأطفال.

- وديوان الطفل الجديد.

- والسمير الصغير.

- إضافة إلى ديوان إسلامي بعنوان "أبناء الرسل" .

---

(6) محمد حسين الهراوي ، ولد بقرية هرية رزنة على مقربة من الزقازيق بمصر ـ عام 1885م ، وتوفي بالقاهرة عام 1939م . ينتسب إلى أسرة جمعت بين العلم والأدب فجده كان كبيرا لعلماء مصر في عهد محمد علي ، وأثناء تولى الشيخ محمد شريف سليم ـ خال الشاعر ـ نظارة المعارف عمل بها (1902 - 1911) ثم نقل إلى دار الكتب ، تزوج وأعقب من الأبناء فاطمة ويحيى وسارة وإسماعيل وعزة فكتب لهم وعنهم أغانيه وأشعاره كنماذج للطفولة المصرية والعربية ، ونشرت أشعاره بالصحف والمجلات.

لقد اعتمد الهراوي في كل ما قدم على الجمع بين الترفيه والتعليم ، والإعلاء من شأن القيم والأخلاق في ثوب من الإمتاع والتشويق ، ومن جديد ما صاغه شعرا في هذا الوقت ، قوله الذي لا ننساه جميعا :

أنا مسلم وتحيتي عند القدوم إليكم

أنا إن رأيت جماعة قلت السلام عليكم

وقد قدم الهراوي في هذا السياق تجارب ترددت على الألسن ، ولم تزل عالقة بالأذهان حتى يومنا ، منها قوله :

أنا في الصبح تلميذ وبعد الظهر نجار

فلي قلم وقرطاس وإزميل ومنشار

وعلمي إن يكن شرفا فما في صنعتي عار

فاللعلماء مرتبة وللصناع مقدار

وقد تنوع إنتاج الهراوي بين القصص والأغاني ، وأناشيد الطفولة والأعياد ، والسلوكيات ، والأقاصيص الشعرية ، والتي لم يعتمد فيها على إعادة كتابة قصص مأثورة كما كان يفعل الشعراء حتى عصره ، وإنما ابتكر حكايات جديدة ومواقف مغايرة بين الحيوانات ، ومنه هذه الحكاية بين الكلب والحصان ، والتي يقول فيها :

الكلب جاء مرة إلى الحصان يمزح

فقام عند بابه يطرقه وينبح

فانتبه الحصان من نومه وجاء يفتح

فوقف الكلب له بذيله يلوح

وقال "هو" في وجهه ومال عنه يمرح

قــال لــه الحصــان خــذ   عنــدي كــلام يفــرح

فرجــع الكلــب لــه   وقــال قــل مــا يشرــح

فقــال تــوت في أذنــه   وعــاد وهــو يــرمح

فهذه الحكاية تتضمن ما يسعد الأطفال ويريحهم ؛ لأنها تخاطب فيهم روح المرح نفسها ، كما تنمى لديهم قيم المؤاخاة بين البشر ، والعطف على الحيوان لإشعارهم بأنه له مشاعر وأحاسيس ، وأنه يستمتع بحياته ويفكر في المرح مع أصدقائه الحيوانات .

كما شملت قصائده التعبير عن العلاقات الاجتماعية والسلوكيات والآداب المحمودة والمذمومة، كما أنه كتب عن كل ألعاب الطفل المتاحة في عصره:

دار الصــــــف   لفــــوا لفــــوا

لفــــوا الأيــــدي   لــــف القيــــد

قيــــد الصــــحب   هــــو في القلــــب

قلبــــي صــــافي   راع وافــــي

وافي الــــود   حســــن القصــــد

قصــــدي الفضــــل   أنــــا والأهــــل

أهــــل القطــــر   هــــم في الصــــدر

صــــدر الــــزمن   لبنــــي وطنــــي

وطنــــي مصــــر   ولــــي الفخــــر

وقد واكبت أشعاره روح العصر ، فحمل على عاتقه تعريف الأطفال بالمنجزات العلمية وتطبيقاتها التكنولوجية ، حيث تنوعت كتاباته في هذا السياق بين التعبير عن التطور العلمي والصناعي في عصره ، فكتب عن مخترعات مثل الطيارة والسيارة، والهاتف ، والآلة الكاتبة، والدراجة ، والقطار، يقول في الآلة الكاتبة :

وآلـــة طابعـــة   من اختراع العصر
لها شريط طابـــع   يغني غنـــاء الحبر

ويعد الهراوي رائد التربية الحديثة شعرا ، فقد كان للتعليم بمفهومه التربوي حظا من كتاباته للأطفال ، حيث تدرج مع الطفل في أعماله وأقواله... بدءا من تعليمه حروف الهجاء ، يقول :

وأحـــرف الهجـــاء   مـــن ألـــف ليـــاء
عنـــدي لهـــا أمثـــال   يفهمهـــا الأطفـــال
وكـــل حـــرف آت   في أول الكلـــمات
فـــألف في "أرنـــب"   قـــد اشـــتراها لي أبي
والبـــاء مثـــل "بقـــرة"   تأكـــل تحـــت الشـــجرة
والتـــاء مثـــل تـــاج   مـــن ذهـــب وهـــاج
والثـــاء مثـــل ثعلـــب   في المكـــر والتقلـــب
والجـــيم مثـــل جمـــل   أركبـــه في الرحـــل
والحـــاء في حصـــان   لفـــارس الميـــدان
والخـــاء في خـــزان   للنيـــل في أســـوان
والـــدال مثـــل دلـــو   تـــأتي بمـــاء حلـــو
والـــذال مثـــل ذئـــب   يخشى هجـــوم الكلـــب
والـــراء مثـــل رف   عليـــه كـــل صـــنف
والـــزاي في زرزور   نـــوع مـــن العصـــفور
والســـين مثـــل ســـاقية   ذات ميـــاه جاريـــة
والشـــين مثـــل شـــجرة   غصـــونها منتشرـــة
والصـــاد مثـــل صـــوف   مـــن فـــروة الخـــروف

والضــاد مثـل ضفـدع	يقفــز فــوق أربـــع
والطـــاء في طـاووس	يختـــال كـــالعروس
والظـــاء مثــل ظبــي	يسـرـــع عند الجـري
والعـين مثــل علـــم	شعارنا في الأمـــم
والغــين في غـــراب	يحجـل في الـــتراب
والفـاء مثــل فـأرة	تخــاف بطـش الهـرة
والقــاف مثـل قطــة	جـرت وراء بطــــة
والكــاف مثـل كلــب	للصـــيد أو للحــرب
واللـام مثـل لعـــب	مرصوصـــة في علـب
والمـيم مثـل مكتــب	مـــنظم مرتـــب
والنـــون في نـاقوس	يـدق للــدروس
والهــاء مثـل هــرم	في مصـــر منـــذ القدم
والـــواو مثـــل وز	يلقـط حب الـرز
واليـــاء في يمامــة	ولكـــم السـلامة

وهكذا لم يترك الشاعر محمد الهراوي شيئا يخص الطفل أو الطفلة، بدءا من الأدوات والملابس ، وتجهيز الحقيبة المدرسية ، والسلوكيات والألعاب والتسلية ، والترانيم والأغاني والأناشيد الوطنية ، والتمثيليات والمسرحية الشعرية والنثرية .

وقد كان للقيم الدينية والأخلاقية أهميتها في شعر الهراوي ، مؤكدا فيها على الهوية العربية وتقاليدها ، يقول في مقطوعة بعنوان " أخلاق فاطمة":

فاطمـــة لا تغضـب	إلا لحــق يغضـب
لا تحلــف الأيمـان	لغــوا وليست تكـذب

حـــديثها محبـــب وطبعهـــا مهـــذب
فاطمـــة في درســـها مجـــدة لا تلعـــب
فاطمـــة ليســـت تسيـــء لامـــرئ أو تـــذنب
لا تعـــرف الشـــتم الـــذي عنـــه نهانـــا الأدب
أدبهـــا معلـــم أكســـبها الخلـــق أب

حيث يعالج بذكاء بعض السلوكيات التي قد تقع فيها البنات من كذب وتكاسل وسوء معاملة للآخرين ، ويعمل على تقويمها عن طريق إعطاء الصورة المضيئة التي تستثير الدافعية نحو تقليدها ، وإذا كانت البنات ستفعل ذلك ، فإن الأولاد ستكون لديهم الرغبة على نحو أكبر لتقليدهن .

ويتحدث في مقطوعة أخرى على لسان طفل يحادث أمه ، مؤكدا على القيم الإنسانية الرفيعة في علاقة الإنسان بأمه طفلا وشابا وكهلا ، يقول :

من ذا الذي يحنو علي إذا غفوت وإن صحوت ابتسمت شفتاه ؟
أمي العزيزة أنت يا أماه
من ذا الذي يبدي الحنان ومن له بي شاغل وأظل في ذكـــراه ؟
أمي العزيزة أنت يا أماه
من ذا الذي نفسي أعز مكانة من نفسه ومناي فوق مناه ؟
أمي العزيزة أنت يا أماه

أما على مستوى تدعيم مفاهيم العقيدة ومرتكزات الدين ، فقد وضع الهراوي مجموعة من الأنظام الفقهية لمعظم الرسل والأنبياء ، إضافة إلى مسرحياته الدينية .

محمد السنهوتي ، والهوية القومية [7] :

يعد " ديوان السنهوتي للأطفال" أحد المصادر المهمة التي يمكن الاعتماد عليها في أدب الطفل الشعري ، وإن كان السنهوتي قد اعتمد الطريق التقليدي في كتابة قصص شعرية على ألسنة الطير والحيوان ، إلا أنه لم يكتبها على طريقة كليلة ودمنة ، أو على طريقة لافونتين ، أو طريقة محمد عثمان جلال ، وإنما في سياق توظيفي مختلف، يستهدف الطفولة المتأخرة مرحلة يقدم لها مضامينها الفكرية والتربوية .

وقد شمل ديوان السنهوتي ما يقرب من مائة نشيد ، وحكاية ومقطوعة في أفكار مصرية عربية خالصة ، قدم فيها القيم والأخلاقيات العربية والمهارات الحياتية الواجب إكسابها للأبناء والبنات في هذه المرحلة العمرية التي يتميز فيها الأطفال عادة بالتمرد ، وعدم تقبل ما يقدم إليهم من نصح ، ومن النماذج التي يقدمها السنهوتي لهؤلاء الأبناء أنشودته التي يصوغها على لسان السمكة ، يقول :

مــن المحيــط أقبلــت في ذات يــوم سمكه

جاءت إلى البحـر لـكي تقيــم فيـه مملكـه

تحكـــمها ومــن أبي بوســعها أن تهلكـه

وأرســلت   عيونها تـدعو لحـب الملكـة

فعهـــدها في زعمهـا عدالــة ، وبـــركه

وهددت بالقتل مـن يسعى خلاف الحركة

البحــر كـان ســاكنا فـحولته مـعركة

(7) محمد أحمد سالم السنهوتي ، شاعر مصري ، ولد عام 1909م في قرية سنهوت بمحافظة الشرقية ، عمل بالتدريس ، وله دواوين شعرية عدة منها : ديوان الأشراف 1932، وديوان دعاء شاعر إلى الرحمن 1948، وديوان عودي إليه 1986، وديوان السنهوتي للأطفال 1992، وله أشعار وأناشيد تم تدريسها في مقررات التعليم المصرية .

وبينما الحرب تسوق أهلها للتهلكة

صاحت عروس البحر يا صياد:

ألق الشبكة

وله قصائد ومقطوعات يدعو فيها الأطفال إلى النظافة والنظام والاجتهاد ومساعدة الآخرين ، وغيرها من القيم والسلوكيات السليمة المطلوب إكسابها للأبناء ، يقول في مقطوعة بعنوان النظافة :

شعرت يوما بضيق ... في الصدر لم أدر سره
فقلت : أسأل أمي ... فإن للأم خبرة
قالت توضأ وصل ... وأد لله شكره
إن الطهارة تهدي ... إلى القلوب المسرة
صليت لله حمدا ... فازددت علما وقدرة
وعدت كالبدر نورا ... وعدت كالزهر نضرة

والاعتماد على السرد على لسان طفل ، يحكي عن تجربته هو ، وبلغة الأطفال ، يجعل الأطفال يقتربون أكثر من المضمون والحكي والمحكي عنه .

سليمان العيسي شاعر القومية والعروبة(8) :

يمثل سليمان العيسي علامة بارزة في شعر الأطفال ، والذي تحول إليه بعد نكسة 1967م ، إذ رأى أن الطفل العربي في حاجة إلى إعادة تأهيل ثقافي يتناسب مع الأوضاع

(8) سليمان أحمد العيسي ، ولد في قرية النعيرية بسورية عام 1921م ، وعمل معلما للغة العربية ، وعضوا بمجمع اللغة العربية بدمشق منذ عام 1990م ، وقد تناوله العديد من النقاد بالدراسة بين مختلف ومتفق معه وبخاصة في مستويات استخدامه للغة التي رأى البعض أنها فوق المستوى ، ورأى البعض أن ذلك مهما للارتقاء بمستوى الأطفال اللغوي.

الجديدة للأمة العربية ، وبخاصة التأكيد على العروبة والنزعات الثورية التي كانت سائدة آنذاك ، ونشر العيسي مئات من القصائد والمقطوعات والأناشيد التي تم جمعها في ديوان من عشرة أجزاء بعنوان "غنوا يا أطفال"[9] ، إضافة إلى مجموعات أخرى ، منها : قصائد للأطفال، وأغاني النهار، وأغاني المساء، ثم جمع كل هذه الأعمال في ديوان بعنوان " ديوان الأطفال"[10] ، ثم ديوان "فرح الأطفال"[11] .

وتتنوع قصائد العيسي في هذه الأعمال بين الأناشيد، والمقطوعات الحوارية، والقصص. أما على المستوى الموضوعي فتتنوع بين معالجة القيم والتقاليد والعادات والسلوكيات والترغيب في الإيجابي منها ، والتنفير من السلبي ؛ إذ إنه كان يرى أن مشاكل الكبار نفسها نتجت بسبب التنشئة غير السليمة في مراحل الطفولة .

وترى بعض الدراسات أن محاور اهتمام سليمان العيسي بالطفل يمكن رصدها على النحو التالي[12] :

- العالم الشخصي للطفل، أو مفهوم الذات لديه، وهو يضم الأناشيد التي تتحدث عن أسماء الأطفال، وهواياتهم، ومنجزاتهم...
- عالم المدرسة واللعب. فالتعلم واللعب وجهان لعملة واحدة، إذا ما نظرنا للعب في صورته الإيجابية، ولا سيما في مرحلة الطفولة المبكرة.
- عالم الطبيعة.. بما تحتويه من فصول، وشمس، وقمر، ونجوم، ونبات، وماء، وحيوان، ولا سيما الحيوان الأليف.
- عالم الإنسان، بدءا من الأسرة وانتهاء بالمجتمع الإنساني الكبير.

يقول في قصيدة الرسام الصغير :

(9) سليمان العيسي : غنوا يا أطفال – دار الآداب – بيروت – 1978م .
(10) سليمان العيسي : ديوان الأطفال – دار الفكر – دمشق – 1999م .
(11) سليمان العيسي : فرح الأطفال – دار الحافظ- دمشق – 2006م .
(12) يمكن العودة إلى : ملكة أبيض: سليمان العيسي في ديوان الأطفال- دار الحافظ- دمشق- 2007.

أرسم ماما

أرسم بابا بالألوان

أرسم علمي فوق القمم

أنا فنان

أنا صياد اللون الساحر

أرض بلادي كنز مناظر

دعني أرسم ضوء النجم

دعني أرسم لون الكرم

أكتب شعرا بالألوان

أحيا حرا .. أنا فنان .

وفي تجسيد للمعاني الإنسانية النبيلة يتحدث على لسان طفل إلى أمه ، يقول :

ماما ماما يا أنغاما

تملأ قلبي بندى الحب

أنت نشيدي

عيدك عيدي

بسمة أمي

سر وجودي

أنا عصفور ملأ الدار

قبلة ماما ضوء نهاري

أفتح عيني عند الفجر

فأرى ماما تمسح شعري

أهوى ماما .. أفدي ماما .

أما عن الوطنية وقضايا الوطن العربي التي عاصرها ، فما أكثر القصائد التي عالجها من خلالها ، وقدمها للأطفال في صورة بسيطة تتناسب وأفهامهم ، ومنها ما يعبر به عن الوحدة العربية ، يقول :

ترابنـــا ذهـــب	وعزمنـــا لهـــب
نبنـــي بـه البــلاد	نواصـــل الجهـــاد
لوحـــدة العـــرب	لأمـــة العـــرب

وعن حب الوطن ووحدة الأمة ، يقول :

نشـيد النـور في شـفتي	تعـيش تعـيش مدرسـتي
أحـــب معلمـــي الغـالي	أحبـــك يـا معلمتـي
أرى علمـــي، أرى الـوطن	أرى الـدنيا بمدرسـتي
ويكـــبر يكـــبر العصـفور	مـن سنةٍ إلى سـنة
وأهتـــف باســم وحـدتنا	عبـــير الحب يـا لغتـي

كما كتب العيسي عددا من المسرحيات الغنائية ، منها : أحكي لكم طفولتي يا صغار، القطار الأخضر، الصيف والطلائع، المتنبي والأطفال ، قطرة المطر ، والفراشة والوردة ، وغيرها من المسرحيات التي تحكي قصصا تربويا عالي القيمة .

ومـن العلامـات المهمـة في حيـاة سليمان العيسي كتابـه " شعراؤنا يقدمون أنفسهم للأطفال"[13] ، الذي قدم فيه لسبعة وعشرين شاعرا عربيا من الشعراء القدامى جعلهم يتحدثون عن أنفسهم ويقدمون أنفسهم للأطفال مع بعض مقطوعاتهم الشعرية .

(13) سليمان العيسي : شعراؤنا يقدمون أنفسهم للأطفال – دار الآداب – بيروت – 1978م .

ويأتي ديوانه "غنوا يا أطفال"[14] ليضم أناشيد عدة تتنوع بين التراث والمعاصرة ، ويتحدث بعضها عن شخصيات كان لها أثر في الحضارة العربية قديمها وحديثها ، ومنه نشيد أسامة عن عن بطولة أسامة بن زيد، ونشيد عن السياب يقول للأطفال عن الشاعر المكافح من أجل الجياع والمظلومين، ونشيد بعنوان " أبو فراس الحمداني يقدم سيفه للأطفال"، ونشيد بعنوان فنان عظيم يتحدث إلى الصغار، عن الفنان الثوري سيد درويش الذي وجه فنه للعمال والشباب والفلاحين، ضد البؤس والجهل، يقول فيه:

الشعب الرائع يا أولادْ
الصانع أمجاد الأمجادْ
مازلت مع الفقراء أعيشْ
للحبْ أعيشْ
للفن أعيشْ
اسمي: سيد درويش .

استمرار المسيرة :

على الرغم من التطور الحضاري والتغير الذي شمل كافة مناحي الحياة ، فإن شعر الأطفال لم يزل يحتل موقع الصدارة من أنفسهم ، ربما لما يحويه من تنغيم وتوقيع ، وربما لأن وسائل الإنتاج والتكنولوجيا المتطورة قد فعلت من دوره أكثر بتطوير الوسائط التي يقدم من خلالها ، وبإضافة الميديا البصرية التي تساعد على توصيل الرسالة على نحو أقوى وأوضح وبخاصة مع غنائه وتمثيله ، وربما أيضا لأن الشعر أكثر فنون الأدب إنسانية لارتباطه بالمشاعر - كما يؤثر عن العرب القدامى في بعض التفسيرات - ، وغيرها كثير من الأسباب التي تجعل شعر الأطفال محافظا على مكانه ومكانته .

(14) العيسي، سليمان: غنوا يا أطفال، المجموعة الكاملة، دار الآداب للصغار، بيروت، 1978م والديوان يجمع بين عشرة أجزاء أيضا بأرقام منفصل لكل جزء.

وقد اتسعت دائرة الكتابة عبر أنحاء الوطن العربي ، وشهد شعر الأطفال انفجارا في الفصحى والعامية على السواء ، وإن تفوقت العامية من حيث الكم لارتباطها بالغناء اليومي ، وتكفي فقط مطالعة عدد الأغنيات التي قدمها محمد فوزي ، والتي لم يزل أطفال اليوم يتغنون بالكثير منها ، مثل : طلع الفجر ، وغيرها .

ولمعت في الكتابة الشعرية للأطفال في نهاية الألفية الثانية ومطلع الثالثة، أسماء رائدة في مصر- وسورية ولبنان والأردن والعراق وفلسطين والمغرب العربي ، وغيرها من البلدان العربية ، ومن هذه الأسماء : أحمد سويلم ، وأحمد زرزور من مصر ، ومحمد منذر لطفي ، وموفق نادر، ومحمد وحيد علي ، ووليد مشوح من سورية ، وغيرهم كثير من بلدان الوطن العربي الذين لم يزل يشغلهم الوعي الشعري للأطفال ، وإن كانت الكتابة الشعرية للأطفال – بوجه عام - تشهد تراجعا يوما بعد يوم على عكس القصة التي يتزايد عدد كتابها ، ربما استجابة لانفجار السرد العربي والرواية والقصة ، على خلاف ما يواجه الشعر العربي عموما من تقلص قياسا لما كان عليه سابقا .

أحمد سويلم بين المسرح والقصيدة والحكاية [15] :

على الرغم من أن أحمد سويلم لم يقصر كتابته الشعرية على الأطفال فقط ، وإنما أصدر العديد من الدواوين التي يكشف فيها عن رؤيته الشعرية ، ويقدم تجربته الإبداعية للكبار، إلا أن كتابته للأطفال متميزة على نحو يرقى بها إلى مصاف الريادة، ويمكن رصدها عبر محاور ثلاثة ، هي : الدواوين والقصائد - المسرح الشعري- الدراسات والكتب حول الأطفال ولهم .

---

(15) أحمد سويلم ، ولد عام 1942، في محافظة كفر الشيخ، وعمل مديرا عاما للنشر بدار المعارف، ونائبا لرئيس تحرير مجلة أكتوبر ، وسكرتيرا لتحرير مجلة شعر ، له عدد من الأعمال الشعرية والمسرحيات والدراسات النقدية والمؤلفات ، حصل على جوائز دولية وإقليمية ، منها : جائزة المجلس الأعلى للفنون والآداب لشعراء الوطن العربي الشبان 1965 ، 1966- جائزة الدولة التشجيعية في الآداب 1989- جائزة كفافيس 1992- جائزة أندلسية للثقافة والعلوم 1997م .

أولا - الدراسات والكتب حول الأطفال:

ومنها "أطفالنا في عيون الشعراء" ويرصد فيه ما كتبه شعراء العربية للأطفال على مر العصور، و" شعراء كتبوا للأطفال " ويفتتحه بمقدمه عن شعر الأطفال بين الأمس واليوم ، ثم يقدم مختارات لعشرة شعراء كتبوا للأطفال بدءا من رفاعة الطهطاوي ، و"الفكر الإسلامي وثقافة الطفل العربي"، و"ديوان الفتى العربي" وهو مختارات لقصائد من التراث الشعري العربي تتناسب مع الفتيان والفتيات لحسان بن ثابت شاعر الرسول ، وعلي بن أبي طالب رضي الله عنهما ، والمتنبي ، وغيرهم .

ثانيا - قصائد ودواوين الأطفال:

يهتم أحمد سويلم عبر دواوينه ببناء شخصية الطفل العربي ، وتثقيفه ، وتهذيبه ، وتعديل سلوكياته ، وبناء نسق من القيم الإيجابية بداخله ، وتنمية مهاراته العقلية والتفكيرية ، وربطه بواقع الحياة المعاصرة .

وقد تنوعت موضوعات دواوينه بين معالجة الأحداث من خلال الحيوانات باعتبار الحيوان محببا إلى قلب الأطفال ، وقادرا على توصيل الكثير من المفاهيم المعقدة من خلال تصرفه والجزاء الذي يناله ، وكذلك تقديم الموضوعات عبر شخصيات من الأطفال يعبرون عن أمنياتهم ومشاعرهم وأحلامهم وتطلعاتهم المستقبلية ، وعلاقتهم بالكون والأشياء من حولهم ، وذلك عبر دواوين ، منها : "بستان الحكايات"، و"أتمنى لو" للأطفال من سن 9-12سنة ، و"أنا وأصدقائي"، و"أحب أن أكون"، و"واحة الحيوان"، و"يقول المثل العربي " ، و"فلسطين عربية" ، ولايزال الإبداع مستمرا .

يأتي ديوانه "بستان الحكايات"[16] ، ليقص على الأطفال حكايات وقصص حكمية تعبر عن أمثال ، وتدور على لسان حيوانات ، وتنتهي كل حكاية باستخلاص الحكمة ، ففي حكاية "النسر- والسلحفاة " أرادت السلحفاة أن تطير مثل النسر ، فطلبت منه أن يعلمها الطيران ، فأخبرها بأن الله خلقها هكذا ، لكنها أصرت ، وطلبت منه أن

(16) أحمد سويلم : بستان الحكايات - رسوم هبة عنايت - كتاب قطر الندى -ع3- الهيئة العامة لقصور الثقافة .

يحملها ويرتفع بها عاليا في السماء ثم يتركها فتتعلم الطيران ، ويختتم الشاعر الحكاية قائلا :

حمل النسر صديقته وارتفع بها
لعلو شاهق
وأشارت أن يتركها
لكن صديقتنا سقطت فوق الصخر
وصارت قطعا قطعا
قالت كل حيوانات الغابة :
من لم يرض بطبيعته
نال جزاء جهالته !!

وفي ديوان "أتمنى لو"[17] ، يعبر عن أمنيات الأطفال ، ولكن في شكل تكوين اتجاهات إيجابية داعمة ، يقول في إحدى مقطوعات :

أتمنى لو أني أسد في الغابة .
أحكم بالعدل على كل الحيوانات
حتى ينتشر الأمن بكل مكان
حتى تصبح كل الحيوانات .. صحابة .

ويدور ديوان "أنا وأصدقائي"[18] ، حول شخصية طفل يحكي عن علاقته بمتعلقاته الشخصية والكائنات والأشياء من حوله ، فيحكى عن علاقته بالوردة والقطة والموسيقى والمكتبة وملابسه وعصفوره والكرة والكمبيوتر وحقيبته والطريق ولعبته المفضلة ومدرسته ، وفي كل واحدة منها يعمد الشاعر إلى تدعيم السلوكيات والقيم الصحيحة التي ترتبط بها ، يقول في قصيدة بعنوان "أنا والمكتبة":

(17) أحمد سويلم : أتمنى لو - رسوم : جرجس ممتاز - الهيئة المصرية العامة للكتاب - 1994م .
(18) أحمد سويلم: أنا وأصدقائي - رسوم: سميرة المرصفي - الهيئة المصرية العامة للكتاب - 1999م.

في بيتنا مكتبة كبيرة
أبي الذي كونها من زمن بعيد
وهو الذي رتبها وصنف الكتب
وحينما كبرت
عرفني على نظام المكتبة :
هنا الحكايات الطويلة
والقصص القصيرة
هنا مكان الكتب الدينية
التي أعرف منها ديني
هنا الأساطير القديمة
هنا فنون الرسم والمسرح والموسيقى
هنا الشعر القديم والحديث ....

وتستمر القصيدة في معالجة إنسانية راقية تجسد الصورة التي يجب أن تكون عليها علاقة الآباء بالأبناء ، وإشباع الرغبة في تحصيل المعرفة .

وفي ديوان "أحب أن أكون"[19]، يرصد الشاعر لبعض أمنيات الأطفال من المهن المعاصرة : المهندس، والطبيبة، والمحامي، والصحفية، والطيار، والمعلمة، والبحار، والمذيع، والعالم، ورائد الفضاء، والجندي، وعازفة الموسيقى، ولاعب الكرة، وعالم الآثار، والرسام. ولا يخفى بالطبع هذا التنوع في المهن، والتنوع في النماذج البشرية ، ومراعاة الاتجاهات المعاصرة نحو قضايا المرأة والمساواة ، يقول عن الصحفية :

أحـــب أن أكــــون   كاتبـــة في الصـــحف
أكتـــب فيهـــا رأيـــي   في حكمـــــة وشرف

(19) أحمد سويلم : أحب أن أكون – الدار الثقافية للنشر – القاهرة – 2001م .

ولا أقـــول كذبـــــا   لـــكي أنـــال شرفـــي

أحب أن أكون

أكتـــب في السياســـة   أو أكتـــــب الأدب

أو أنقـــد الفنـــــون   وأعـــــرض الكتـــب

الصـــدق في حـــديثي   أغـــلى مـــن الـــذهب

أحب أن أكون

ويتخذ ديوان "واحة الحيـوان"[20] ، الحيـوان موضـوعا ، ولكـن في سياق مخاطبـة الـذكاء، وتنميـة مهارات تفكير الطفل ، والإعـلاء مـن قيمـة العقـل ، واسـتخدام المنطـق العلمـي ، عـبر مجموعـة مـن المواقف التـي تمثـل مشـكلات تقـع فيهـا الحيوانـات ، وتحتـاج إلى تفكـير للخـروج منهـا ، وقـد تبـدو المشكلات بسيطة في تركيبها ، ولكنها عميقـة الأثـر في اسـتثارة مهـارات التفكـير لـدى الأطفـال ، يقـول بعنوان "السلوك الذكي":

فكر أحد العلماء
أن يختبر ذكاء الأسد ، وذكاء القرد
فذهب إلى قفص الأسد وقفص القرد
وضع العالم قطعة لحم خارج قفص الأسد
فحاول أن يأخذها بيده
لكن لم يستطع
فحاول ثانية
لكن لم تتمكن يده أن تصل إلى اللحم
زأر الأسد وأمسك في غضب بالقفص
يتمنى أن يكسره ليأخذا هذا اللحم

(20) كتاب قطر الندى – ع66 – الهيئة العامة لقصور الثقافة – القاهرة – 2002م.

- لكن لم يستطع -

ترك العالم قفص الأسد إلى قفص القرد

ووضع أمام القرد إصبع موز...........

وتستمر القصيدة القصة لتصور كيف فكر القرد واستخدم عقله فأحضر فرع شجرة ظل يزحزح به الموز حتى أوصله إلى متناول يده ، وهو ما يؤكد على مفاهيم مهمة للأطفال، منها أن العقل يتفوق على القوة ، وأن كل شيء في حياتنا نحتاج أن نفكر فيه.

ويأتي ديوان "يقول المثل العربي"[21] ، ليتخذ من بعض الأمثال العربية موضوعا لـه ، فيصوغ عليها قصيدة تناسب الأطفال في أفهامهم، يقول في قصيدة بعنوان "الجزاء من جنس العمل":

جزاء من يعمل مثل ما يعمل

إن كان خيرا فالجزاء أفضل

وإن أراد شرا فالعقاب ينزل

سبحان من يحكم في الناس ويعدل

أما ديوانه "فلسطين عربية"[22] فقد خصصه للقضية الفلسطينية ، في شكل رسائل يبعث بها أطفال العربية إلى إخوانهم الأطفال والفتيان والفتيات في فلسطين ، يقول :

يحيى .. موسى .. ويسوع .. ومريم ، ومحمد ، والإنسان المسلم

يجتمعون اليوم على قول واحد

الله مع المظلوم

وعلى غدر الظالم

الله العادل لن يرضى

أن يستعبد شعب في وطن حر.

(21) أحمد سويلم : يقول المثل العربي - رسوم : وليد طاهر - دار الشروق - القاهرة - 2003م.
(22) أحمد سويلم : فلسطين عربية - رسوم : عبد العال- نهضة مصر - القاهرة - 2003م.

ثالثا - المسرح الشعري للأطفال :

وهو القسم الثالث من أعماله ، الذي أنتج فيه عددا من المسرحيات[23] ، منها : حيلة الضعفاء ، الحارس الأمين ، جائزة الحمار ، جماعة القرود ، هل يتوب الثعلب؟.

أحمد زرزور[24] :

تعددت أعماله الإبداعية للأطفال ، ومنها : ويضحك القمر ، كي يسلم الجميع ، وردة القمر، ما قالته الغيمة الأخيرة ، بلياتشو ، أغنية الصداقة ، صباح الندى ، انطلق يا غناء ، أغنية الولد الفلسطيني ، هيا بنا نعد ، إضافة إلى تجربته الرائدة في ترجمة رسوم ولوحات الأطفال شعرا .

وعبر هذه الدواوين يتحدث الشاعر بلسان الطفل ، معبرا عن تساؤلاته البسيطة ، موجها إياه إلى القيم والمعاني الإنسانية الجميلة والسلوكيات المرغوبة .

في ديوانه "ويضحك القمر"[25] يشتغل الشاعر على مفاهيم الانتماء الأسري لدى الطفل والتغني على لسانه بالحياة الجميلة المشرقة والأماني الحلوة العذبة ، وتصوير الطبيعة من وجهة نظر الطفل ، يقول في قصيدة بعنوان "حوار مع شجرة الورد":

صديقتي يا شجره
يا حلوة مزدهرة
كم برعما أزهرت
كم وردة عملت

(23) أحمد سويلم : مسرحيات شعرية للأطفال – رسوم ، عادل البطراوي – دار الكتاب المصري ، دار الكتاب اللبناني- القاهرة– 2000م، سيرد الحديث عنها في الفصل التالي مسرح الطفل .

(24) أحمد زرزور ، ولد في محافظة المنوفية عام 1949م، عمل رئيسا لتحرير مجلة قطر الندى للأطفال ، ومديرا للنشر بهيئة قصور الثقافة ، حصل على جائزة الدولة التشجيعية في أدب الطفل 1991، وعلى الجائزة الذهبية في أحسن أغنية عربية للطفل ، وله دواوين عدة للكبار ، منها : الدخول في مدائن النعاس ، جنون من الورد ، حرير الوحشة ، هكذا تترمل الإمبراطوريات .

(25) الهيئة المصرية العامة للكتاب – 1988م .

أزهرت برعمين
عملت وردتين
وسوف تنمو
- في غد-
براعم رقيقة
إذا عنيتم - دائما -
بأمنا : الحديقة.

ويعبر ديوان "ما قالته الغيمة الأخيرة"[(26)] عن تساؤلات الأطفال من سن 9-12سنة حول الطبيعة ومظاهرها : مغيب الشمس ، المطر في الشتاء ، حركة عباد الشمس ، الرياح، الغذاء في النبات ، يقول في قصيدة بعنوان "مسار عباد الشمس" :

استيقظي استيقظي يا زهرة العباد
فالشمس جاءت ووفت بالنور في الميعاد
استيقظي استيقظي فالعشب قد تطلع
وراح ينثر الندى وبالضياء يلمع
استيقظي يا زهرتي وحددي المسار
قد خاب من في عيشه ليس له مسار.

فالنص يقدم المعلومة العلمية المبسطة حول حركة دوران زهرة العباد مع الشمس ، ويهتم ببناء الشخصية والإعداد للمستقبل من خلال الإشارة إلى أهمية التخطيط وضرورة تحديد الهدف والمسار .

ويعبر ديوان "بلياتشو"[(27)] عن تجربة جديدة في الإبداع العربي ، حيث يستلهم الشاعر رسوم الأطفال ليعبر عنها شعريا ، ويصنع منها موضوعا يكتسب منه الأطفال قيمة ، أو

(26) أحمد زرزور : ما قالته الغيمة الأخيرة- رسوم : جرجس ممتاز – الهيئة المصرية العامة للكتاب .
(27) الهيئة العامة لقصور الثقافة – القاهرة – 1996م.

يستكشفون عالما تسعد به نفوسهم ، وهي تجربة تستلزم قراءة نصوصها مقترنة بالصورة الملهمة لها ، يقول في صورة طفولية لولد وبنت يلعبان :

جاءت عطلتنا الصيفية
فانطلق صبي وصبية
هو يتشعلق في الأغصان
وهي تتابعه بحنان .
قالت :ماذا فوق الشجرة
لا طيرا يشدو . لا ثمرة
فاهبط واقفز فوق الحبل
هل تقدر أن تفعل مثلي ؟

وتتواصل التجربة بما يكاد يمثل اتجاها لدى الشاعر ، فيأتي ديوانه "انطلق يا غناء"[28] في الإطار ذاته ، وإن تميزت قصائده بطولها نسبيا ، وبالتنوع في طبيعة الموضوعات التي تقترحها لوحات ورسوم الأطفال ، فيبحث فيها الشاعر عن جماليات إبداعية يمكن أن تصاغ شعرا .

وهي تجربة لا تزال مستمرة على غلاف مجلة قطر الندى ، التي خصص الغلاف الأخير من المجلة بعنوان " لوحة وقصيدة " لينشر عليه لوحة من اللوحات التي يرسمها أطفال ، ثم يترجمها الشاعر شعرا ، ومنه قصيدته التي علق بها على لوحة رسمها طفل لقطة وفي بطنها قطة صغيرة ، يقول :

أنـــا الصغيـــر جـــدا	**أنـــا النشـــيط جـــدا**
قـــط مـــن القطـــط	**مـــا أجمـــل القطـــط**
عينـــاي خضرـــاوان	**في الليـــل تبرقـــان**

(28) كتاب قطر الندى - ع161- الهيئة العامة لقصور الثقافة - القاهرة - 2005م .

واللـــــون برتقالـــــــي فهـــل تـــرى جمـــالي

لكننــــي حزيـــــــن لأننـــي سجيـــــن

يـــا أم فاخرجينـــــي مـــن بطنــك الحنـــون

وفي ديوان "هيا بنا نعد"[29]. تتوجه التجربة للعناية بالأطفال من سن 6-9سنوات لتتناول الأرقام من واحد إلى عشرة وتمنحها دلالات من حياتنا ، وتتغنى من خلالها بالقيم الدينية والأخلاقية والمفاهيم الأسرية، يقول في مقطع من قصيدة (خمسة):

خمســـــة في اليمـــين خمســـة في الشـــمال

فكلـــــوا بـــاليمين واشـــكروا ذا الجـــلال

....

إصبعـــــا إصبعـــــا يعملـــون معـــــا

يمســـــكون الكتـــاب يحســـبون الحســـاب

....

خمســـــة خمســـــة وبهـــــم لمســــــة

ذاك شيء خشـــــــن ذاك شيء لــــــدن

....

خمســـــة يكتبـــــون وكـــــذا يلعبــــون

نعمـــــة مـــــن إلــــه كي تطيــــب الحيــــاة

أما ديوانه "أغنية الولد الفلسطيني"[30] فقد قصره على أطفال فلسطين ، وأهداه إلى شهداء الأطفال (محمد الدرة ، وإيمان حجو ، وخليل المغربي ، ومراد المصري ، وغيرهم

(29) رسوم : صفاء عبد الظاهر – الهيئة المصرية العامة للكتاب – 2007م .
(30) رسوم : جلال المهدي - كتاب قطر الندى – الهيئة العامة لقصور الثقافة – القاهرة – 2001م.

من شهداء الأطفال) ، وتأتي القصائد على ألسنتهم مشحونة بالثورة والتعبير عن واقعهم في المخيمات في الدفاع عن أنفسهم بالحجارة ، وحقهم في الحياة ، والأمل في المستقبل ، يقول في قصيدة "وردة القمر":

القمر الجميل
أهدى إلى وردة
وقال :
يا صاحبي
يا صاحبي النبيل
إذا أردت أن ترى ابتسامة الورود
ضعها أمام خوذة الشهيد
أو
أعطها
لجدك الحبيب
في صباح
عيد .

تلك هي تجربة أحمد زرزور الإبداعية التي تهتم ببناء الطفل العربي وقيمه النبيلة ، فتزرع في قلبه الإيمان بمعناه الجميل ، والسلوكيات التي حثت عليها كل الأديان ، يقول عن "الإحسان "[31] :

حينما تمنح يوما بسمة للحائرينْ

حينما تمسح حزنا عن وجوه البائسين

هكذا يرضى الإلهْ وكذا تصفو الحياةْ

حينما ترفع ظلما عن ضعيف يستجيرْ

(31) مجلة براعم الإيمان – ع 150- القاهرة .

حينما تصبح دوما خير عون ونصيرْ

هكذا المؤمن يسعى لحقوق الله يرعى

أحمد فضل شبلول[32] :

تنوعت تجربة أحمد فضل شبلول الإبداعية للأطفال بين الدراسات والبحوث والدواوين الشعرية في رحلة بدأت مع ثمانينات القرن العشرين ، وبدأت الدراسات بكتابه "جماليات النص الشعري للأطفال " ، والذي قام فيه بدراسة ما يقرب من خمس وعشرين ديوان لشعراء الأطفال في الوطن العربي مستكنها جمالياتها الشعرية ، وكتاب "أدب الأطفال في الوطن العربي ـ قضايا وآراء" ، ثم "معجم شعراء الطفولة في الوطن العربي خلال القرن العشرين " ، وتلاه كتاب "عائلة الأحجار" الذي يقدم مادة معرفية عن الأحجار منذ بدء الخليقة وحتى الآن .

أما على المستوى الإبداعي الشعري ، فقد قدم للأطفال دواوين عدة ، منها :

أشجار الشارع أخواتي 1994، وحديث الشمس والقمر1997، وبيريه الحكيم يتحدث 1999، وقد اهتم عبر دواوينه بالطفل المعاصر في حياته اليومية وتعامله مع الكون من حوله ، ومع أشيائه ، ومع الزمن ، والحياة بعامة .

ففي قصيدة "قال الورق"[33] يتحدث عن تاريخ الإنسانية مع الكتابة ، يقول :

كان الإنسان قديما يكتب في حجر وصخور
يكتب في شمع وجريد نخيل
وعظام ، وجلود ، وقشور

(32) مواليد الإسكندرية 1953، له دواوين شعرية منها : مسافر إلى الله 1980- ويضيع البحر 1985ـ تغريد الطائر الآلي 1999- الطائر والشباك المفتوح 1999- إسكندرية المهاجرة 1999.

(33) أحمد فضل شبلول : حديث الشمس والقمر - رسوم : عبد الرحمن نور الدين- كتاب قطر الندى - الهيئة العامة لقصور الثقافة - القاهرة - 1997م .

يكتب في طين محروق كالفخار

أو في أخشاب الأشجار

كان الإنسان قديما - يا أصحابي -

يكتب بالمسمار

في الألواح الطينية

أو يصنع أقلاما من أحجار

أو من عاج وحديد

أو من غاب - كالناي أو المزمار-

كان الأجداد القدماء يعانون

عند كتابة ما في الرأس ، وعند التدوين

ثم اكتشف المصريون

أوراق البردي

كتبوا فيها : قصصا .. أشعارا .. أخبارا .. أفكارا

نقشوا علما وفنون

ثم اكتشف الصينيون ألياف القطن ....

وتستمر القصيدة لتؤكد على الهوية العربية والإسلامية ، وفضلها على العالم في اكتشاف الكيمياء التي ساعدت على إنتاج الورق بأشكال عدة ، ولاستخدامات عدة .

إن هذا النمط من الكتابة الشعرية للأطفال يعد مرحلة تجديدية ، لما يتضمنه من اعتماد على الأنساق العلمية ولغة العلم ، مع القدرة على صياغتها في أبنية شعرية قادرة على التواصل مع الأطفال ، ومعتمدة على النغم الموقع في موسيقى تنساب عبر الأسطر الشعرية ، وهو نمط تفرضه طبيعة العصر وتقنياته المتلاحقة التي تمثل المعلوماتية فيه مرتكز ومقاييس القوة ، وهو ما يمثل توجها عاما لدى الشاعر ، يبدو من خلال دراساته وأبحاثه حول " تكنولوجيا أدب الأطفال"، و" أطفالنا والثقافة الإلكترونية " .

جيل الحداثة وما بعدها :

وهو الجيل الذي يأتي نتاجه متزامنا مع نهاية الألفية الثانية وبداية الألفية الثالثة ، وهو جيل متعدد الأسماء في مصر وسورية ولبنان والأردن والمغرب.

شريفة السيد ، ألق الحكايات ، والمهارات الحياتية :

ملأت شريفة السيد عالم الأطفال بقصائدها الوادعة التي بدأتها بدافع العشق للأطفال، والحب لابنتها ، والرغبة في إمتاع وتربية وتنشئة وتثقيف أطفال العربية بعامة ، فنشرت مجموعتين شعريتين ، وأكثر من مائة قصيدة في مجلات الأطفال وبخاصة مجلة بلبل الصادرة عن مؤسسة أخبار اليوم ، وجريدة الجماهير المصرية ، وغيرها ، وتم تلحين العديد من قصائدها في احتفاليات الأطفال بأعياد الطفولة وعيد الأم في مصر.

وفي مجموعتها " مفاجآت نجوى في إجازة نصف العام " تقدم حكايات في قصائد تعتمد على سرد القصة نثرا ، ثم إعادتها شعرا ، وتتوجه للمرحلة العمرية من سن الثامنة إلى الثانية عشرة ، ونلاحظ هنا أنه بدأ الانتباه من قبل كتاب الأطفال لأهمية تحديد المرحلة العمرية ، لما لها من أهمية في تحديد الفئة المستهدفة وتحقيق التعلم الأفضل.

تصف الكاتبة مجموعتها في المقدمة فتقول: "مجموعة من القصص والحكايات محكية بطريقتين الأولى : الحكي القصصي المعتاد، والثانية: طريقة الحكي الشعري، عبر قصائد شعرية بسيطة يمكن للطفل أن يرددها ويحفظها بسهولة .. يتعلم الطفل من خلالها المبادئ والمثل والعادات والتقاليد والمواقف، ويتعلم من خلالها النطق السليم للغة العربية" .

وتقع المجموعة في خمسة عشر مفاجأة ، بطلتها هي نجوى في أحداث حياتها اليومية التي يتعرض لها كل أطفالنا ، فتتنوع بين مفاجآت : نجوى في المطبخ ، نجوى تغسل ، نجوى تكوي ، نجوى تزرع ، حجرة نجوى ، عروسة نجوى ، كتاب نجوى ، فرشاة أسنان نجوى ، حذاء نجوى ، طيارة نجوى ، نجوى في الشارع .

تقول في نموذج بعنوان :نجْوى تزرع:

في ثامن أيام الإجازة فاجأتْ نجْوى العائلة بزراعة ما تعلمتْه في المدْرسة، وفي أثْناء قيامها بعملية الزراعة، راحتْ تردد ما حفظتْه بداية منْ إحْضار وعاءٍ به قطْن أبيض، ثم وضْع حبوب القمْح عليه ثم سقْيها بالماء حتى تكبر. لكن نجْوى سرحتْ وسألتْ سؤالا أضْحك ماما التي قالتْ:

في المدْرسة اعتادتْ نجْوى أنْ تسْمع للدرْس وتفْهمْ
فهي تحب العلْم وكانتْ وقْت الحصة لا تتكلمْ
كانتْ نجْوى اليوم تردد ما قال الأستاذ وعلمْ
نأتي بوعاءٍ مفْتوح نضع القطْن الأبيض فيه
فوْق القطْن سنزْرع قمْحا ونباعده ونراعيه
نسْقي القمْح بماءٍ صافٍ نرْفض لوْ أحد يؤذيه
لما يكْبر يصْنع جذْرا ثم الساق يليه البرْعمْ
ثم الورقة ثم الزهْرةْ في شكْلٍ حلْوٍ ومنظمْ
نجْوى سرحتْ سألتْ هلْ للزرْعة بابا أوْ أمْ ؟!

حيث تنمي هذه الحكاية/ القصيدة كثيرا من المفاهيم الإيجابية ، يأتي في بدايتها المقاربة بين التطبيق والتنظير ، أي بين ما يتعلمه الأطفال في المدرسة ، وما يعايشونه في الواقع ، وعلى الرغم من هذا التوجه العلمي ، إلا أنها لم تغفل الأبعاد الإنسانية ، والمفاهيم الأسرية والترابط الأسري ، وغيره مما يكتسبه الطفل ، ويصبح جزءا من سلوكه .

وفي نموذج بعنوان : **حجْرة نجْوى** ، تقول :

في تاسع أيام الإجازة صحتْ نجْوى متأخرة منْ نومها وتفاجأتْ بهند ابنة خالتها التي كانتْ وعدتْها بالزيارة.. ولما اكتشفتْ نجْوى أنها لمْ تساعدْ ماما في ترْتيب المنزل

أخذتْ تبْكي وراحتْ تسْأل هند: كيْف تتصرفين يا هنْد مع الكتب والملابس والأقلام والأحْذية والمناشف.. أرجوك أخْبريني . فقالت هند :

أنــا حــين أذاكــر لا أرْمــي أوْراقــا تالفــة حوْلــي
أبْــرى قلمــي وأعلــمه كيـف يكـون جمـيلا مثْلي
في الســلة أبْريــه بحــرْصٍ هـــو شيء يفهــم بالعقْــل
بنظــامٍ أفْتــح دولابي وسأبْقــى عنــه المسْـئولةْ
آخــذ حمــامي في ثقــةٍ وأصــفف شعْــري بســهولةْ
لا أتْــرك منشفتــى أبــدا في حجْـرة نــومي مبْلــولةْ
لا أرضى أنْ يبْقــى بيْتــي إلا في أحْلــى الحــالات
وأنظــف وجْهــي ويــدي بالمــاء لتحْلــو أوْقاتــي
أنــا بنْـت تعْشــق حجْرتهــا والترتيــب أهــم ســماتي

وغير خاف بالطبع ما تهدف إليه هذه الحكاية/ القصيدة من تعليم وتعلم المهارات الحياتية ، واكتساب أبعادها ، والرغبة في تقليد نجوى وما تقوم به من ترشيد في الاستهلاك ، ونظافة شخصية ، وترتيب ونظام ، ولا يختلف في ذلك الأولاد عن البنات ، فإن كانت البنات ستتعامل مع نجوى على أنها قدوة ، فإن الأولاد سيتبعون سلوكياتها لكي لا تكون أفضل منهم ، فالطفل ينمو لديه الإحساس بالذات والاختلاف عن الآخر في سن مبكرة ، وهو ما يدفعه إلى الاعتداد بنفسه بقوة .

ومن التجارب الجديدة التي أبدعتها شريفة السيد ، تجربة "كراسة رسم "[34] ، وتعتمد فيها على تقديم قصيدة في صفحتين ، الأولى منهما تقابلها لوحة مرسومة معبرة عن القصيدة مطلوب تلوينها ، وغالبا ما تكون القصيدة موجهة للتلوين ، والصفحة الثانية من القصيدة تقابلها صفحة بيضاء مطلوب رسمها بما تعبر عنه القصيدة .

(34) شريفة السيد : كراسة رسم – رسوم : أشرف السيد – دار زويل للنشر – القاهرة – 2001م .

في قصيدة بعنوان "مصر الحضارة" تقول في الصفحة الأولى :

رســـمت في كراســـتي **مصرـ التـــي في خـــاطري**

مدينـــــة نظيفـــــة **تسرـ كــــل ناظـــــر**

رسمتهـــا جميلـــــة **طويلـــة الضفائــــر**

ولوتـــس بكفهــــا **مغـــازلا مشاعــــري**

رســـمت فـــوق رأســـها **دلتـــا الشـــمال الأخضـــر**

حـــدائق تحيطهــــا **بزهـــرها المعطـــــر**

وتقابل هذه الصفحة لوحة مرسومة مطلوب تلوينها للأهرامات الثلاثة من خلفها يبدو قرص الشمس مبتسما ، وفي السماء بعض السحب المتقطعة ، وطيور الحمام على الجانبين ، وفي الأمام بعض زهرات اللوتس في أشكال متعددة .

أما الصفحة التالية المطلوب رسمها في ضوء ما تقوله القصيدة ، تقول فيها :

ومـــاء نيلهـــا الــــذي **يفـــوق طعـــم السكـــر**

وفي الجنـــوب واقـــف **(مينـــا) كبـــدر مقمـــر**

رســـمت (رع) ، (أمنحتـــب) **يشـــــد أزر (النـــاصر)**

و(بونـــابرت) راحــــلا **بجيشــــه المغـــــادر**

رســـمت نصـــر جيشهـــا **عـــلى العـــدو الغـــادر**

التنوع والمعاصرة :

تأتي كتابات وليد مشوح وموفق نادر وخالد الخزرجي ومحمد وحيد علي من سورية لتعبر عن بعض الاتجاهات التي تتنوع بين التعبير عن حب الوطن ، والتغني بالقيم والعمل على إكسابها ، ومعالجة بعض التقنيات المعاصرة ، وتتفق الدواوين جميعها في كونها تعتمد على شكل الشعر التفعيلي ، ومنها المقاطع التالية :

يقول وليد مشوح في ديوان أناشيد المجد⁽³⁵⁾ ، بعنوان " أناشيد الواجب " معبرا عن القيم العربيـة الأصيلة ، ومستعرضا لبعض القضايا المعاصرة :

الصداقة

معنـى الصـداقة واضـح

صدق وحـب جـامح

وهـي الوفـاء تعـاملا

وأخـــوة وتسـامح

ونصـــيحة وتعـاون

الكـــل فيهـا رابـح

الحفاظ على البيئة

هذا الهـواء هـو الحيـاة

وكـذا الطبيعـة والميـاه

فاحرص عليهـا وابتعـد

عـما يسـئ إلى سـواه

ازرع ولا تقطـع وكـن

خـيرا يقـود إلى الرفـاه

ويعبر خالد الخزرجي في ديوانه " قناديل "⁽³⁶⁾ عن أمنيات قديمة /معاصرة من خلال التأكيـد علـى قيم المواطنة والوطنية ، يقول :

(35) منشورات اتحاد الكتاب العرب- دمشق – 1997م .
(36) منشورات اتحاد كتاب العرب - سورية – 2001م .

أمنيات

أحب أن أكونْ

معلما، أعلم الصغارْ

في وطني أنْ يحرسوا الأشجارْ

من عبث الأشرارْ

* * *

أحب أنْ أكونْ

مهندسا أهندس الوطنْ

أذود عنه دائما

بالمال والبدنْ

أود لو أكونْ

في الأرض فلاحا قديرْ

أزرع ما ينفع من

قمحٍ ومن شعيرْ

وفي نهاية السنهْ

بعد مرور الأزمنهْ

أبيع ما أحصده

من أجل أهلي والوطنْ!..

وفي تشكيل يسعى لاختراق المعاصرة بعض الشيء ، تأتي أشعار موفـق نـادر في ديوانـه "أغنيات بـطعم الليمونْ"[37] لتعبر عن بعض المنجزات الحضارية ، يقول :

(37) منشورات اتحاد الكتاب العرب – سورية – 2002.

الحاسب

زائرنــــــا الجديـــــدْ

أتى إلينــــــا بـــــاكرا

بثوبــــــه الفريـــــدْ

تساءل الأصــــحابْ

واجتمـــــع الأحبـــابْ

كأننـــــــا في عيـــــدْ

المدينـــة

مدينـــــة مزدحمـــــةْ

بيوتهــــــا ملتحمـــــةْ

هواؤهــا دخـــــانْ

وقلبهـــــا جبـــــانْ

كأنهـــا قـــد أقسـمتْ

أنْ تقتــــل الإنســـانْ

* * *

لكــــنما الأطفـــــالْ

تبـــــادلوا الآراءْ:

ألـــيس مـــن مجـــالْ

لننقـــــذ الهــــواءْ؟!

ونسعـــد الأجيـــالْ؟

فهيـــــؤوا الغــــراسْ

228

أمـــام كـــل النـــاسْ

وزينـــوا الشـــوارعْ

والطـــرْق والمـــزارعْ

قـــــرنفلا وآسْ

* * *

فاخضرـــت المدينـــةْ

بموكـــب الأشـــجارْ

ولم تعـــد حزينـــةْ

تخشىـــ مـــن الـــدمارْ

ولاشك أن هذه المعالجة وبخاصة في قصيدة المدينة سيكون لها كبير الأثر في تشكيل الاتجاهات نحو الكون ، والأرض التي يعيشون عليها ، وينمي القيم الإيجابية نحو البيئة وترشيد استهلاك مواردها وعدم قطع الأشجار والنباتات التي عليها .

قصائد مفردة :

وإضافة إلى الأعمال السابقة التي قصر أصحابها شعرهم على الأطفال ، أو خصصوا مساحة كبيرة من إبداعاتهم له ، تأتي قصائد منفردة قدمها شعراء معاصرون ، ونشرتها مجلات الأطفال، ومنها -على سبيل المثال - قصيدة محمد أبو المجد "قمران"[(38)] ، والتي تعتمد الشكل التفعيلي (الحر) ، وتعتمد السرد بنية لها (أحداث وشخوص وحبكة درامية وأحداث وزمان ومكان) ، وتعتمد معالجة فكرة علمية على نحو خيالي: ماذا لو كان هناك قمران في السماء ؟ وكيف سيكون الحوار بينهما ؟ وما طبيعة الصراع الذي يمكن أن يقع بينهما ؟ ، يقول :

(38) مجلة قطر الندى ـ ع 217- الهيئة العامة لقصور الثقافة- القاهرة ــ 1مايو2004م.

لو طلع على الدنيا ليلا

في وسط سـماءٍ..

قمرانْ

ماذا سوف يصيب الكونْ؟.

هل تعترض الأرض على الدورانْ؟.

وهل تتغير في عقل الإنسان..

حسابات الأزمانْ؟.

القمرانْ

في كل مساءٍ يلتقيان!

أحدهما ينظر للجهة اليمنى

يبتسم.. ولكن في غير اطمئنانْ.

والآخر يلتفت إلى الجهة الأخرى في تحْنانْ..

القمر الأول يهمس للقمر الثاني

ويريه مدارات الأفلاك

وفي أفق الكرة الأرضية.. يقفانْ.

ينظر أحدهما للآخر..

ويشير إلى إحدى البلدانْ..

فيرى الناس يدورون وينكفئون..

فيختبئ وراء أخيه..؛

فيهدأ في الناس الدورانْ!!

ويصيح القمر الظاهر لأخيه الخجلانْ:

انظرْ.. انظرْ.. إني الأكبرْ.

حتى لا تسمعه الأكوانْ:

من منا الأكبرْ؟

من فينا الربانْ؟

والقمر الثاني يتعجب..

ويمد يديْه إلى القمر أخيه، ويسأله:

هل تعرف تاريخ ولادتنا..

أو حتى في أي مكانْ؟

فيجيب القمر الحيرانْ:

كنت أظنـك أنت الأعْلـم منـي

فسألتك...

لكنْ.. كنا في الحيـرة.. سيانْ!.

القمر يشد القمر أخاه

يتريض بين مجرات الكون

ويريه مدارات الأفلاك

ويشد أخاه إلى جانبه.. فرْحانْ،

ويقول له: لا تحزنْ..

سوف يكون هناك على الدنيا.. قمرانْ.

في كل مساءٍ يبتسمانْ،ويضيئانْ،

ويشعان على البشر بنور الرحمنْ...

قمر منا ينظر للنصف الغربي..

والآخر للشرقي..

فنمحو ظلمات الدنيا

ونحرر خوف الإنسانْ..

إن ظهورك للناس محيرْ.
في الدنيا قمر واحد... لا أكثرْ.
يبكي القمر المسجون وراء أخيه،
ويطلب أن يرحل لفضاءٍ آخرْ..
فيحن القمر الماكرْ..

لكنْ في غير استبدادٍ..
أو كبْرٍ أو طغيانْ..
وسيسْعد كل الناس إذنْ..
أنْ أصبح في دنياهم..قمرانْ..أخوانْ!!!.

وعلى الرغم من أن هذه القصيدة تتناسب والمراحل العمرية المتقدمة نسبيا ، إلا أنها تتجاوز مجرد الاعتماد على الإيقاع والإمتاع المرغوب من قبل الأطفال ، إلى تنمية مهارات التفكير ، واستثارة القدرات العقلية للأطفال .

غير أنها في نهاية الأمر تجربة منفردة ربما تكون بذرة لمشروع شعري يتبناه الشاعر في مزيد من القصائد التي تستثير مهارات التفكير لدى الأطفال ، وربما يتبناه الإبداع الشعري للأطفال عموما ، فيخطو به إلى الأمام ، وما أحوج شعر الأطفال العربي لأن يخطو إلى الأمام ؛ إذ من الملاحظ عليه عموما أنه يعاني انحسارا ، وقلة في الأقلام التي تكتبه ، بما يمثل ظاهرة تستحق الاهتمام والدراسة وتبنيها مشروعا عربيا بوصف الشعر هوية من هويات الثقافة العربية ، ومكونا وجدانيا من مكونات شخصيتها ينبغي الحفاظ عليه وتطويره .

الفصل التاسع

مسرح الطفل

لم تزل ذاكرة الأمة العربية تحمل صورة الراوي الذي كان يجوب القرى والمدن يحكي السير الشعبية ، مثل سيرة عنترة وسيرة الأميرة ذات الهمة ، والسيرة الأشهر أبو زيد الهلالي .

وهذا الراوي يمكن اعتباره صورة أولية لمفهوم المسرح من حيث وقوفه أمام جمهور ، وتمثيله لقصة على نحو ما .

غير أن المسرح بشكله الفني المتعارف عليه الآن ، وبنصوصه المكتوبة خصيصا لتجسد حركة ، كانت أوروبا أسبق إليه ، وهو ما عرض له رفاعة الطهطاوي في كتابه تخليص الإبريز ، فكتب عن المسرح الفرنسي وأهدافه التربوية ، وكانت هذه هي بداية حركة المسرح في مصر ، وبخاصة بعد إنشاء مسرح الأزبكية ودار الأوبرا التي بناها الخديو إسماعيل .

وقد ظهر في تاريخ مصر جيل من الكتاب أخلصوا للمسرح والكتابة المسرحية ، منهم محمود تيمور ، ومارون النقاش الذي طاف أوروبا ، وبدأ يؤلف مسرحا مستمدا موضوعاته من التراث الشعبى ، ثم تشكلت أول فرقة مصرية مسرحية عام 1870 على يد يعقوب صنوع ، وفي سنة 1876 جاء سليم النقاش وفرقته من الشام ، ثم جاء أبو خليل القباني وفرقته عام 1884 ، وقدم قصص ألف ليلة وليلة وكذلك السير الشعبية؛ كما اعتمد على الإنشاد الديني الذي كانت له استجابة في هذا الوقت

ومع ثورة 1919 تنوعت اتجاهات المسرح بين الحث المباشر والتعبير عن الميلودراما والفن الجميل ، ثم ظهر مسرح الريحاني بتاريخه الضخم الذي يعد علامة في تاريخ المسرح العربي .

وعلى المستوى المضموني تعد بداية المسرح في الغرب والشرق على السواء شعرية ، فمنذ كتابات أيسخولس ويوربيدس وسوفوكليس في اليونان ، فإن المسرح كان يكتب شعرا ، وفي العربية أيضا تشكلت البدايات الأولى للمسرح شعرا على يد أمير الشعراء أحمد شوقي ، تأثرا بالأدب الفرنسي عندما كان يدرس الحقوق هناك ، وفي هذه المرحلة والمراحل التالية لها أثرى شوقي المسرح العربي بكثير من الأعمال الرائدة والخالدة حتى الآن ، منها : مصرع كليوباترا ، ومجنون ليلى ، وقمبيز ، وغيرها من الأعمال المسرحية .

وبعد تجاوز هذه المرحلة الأولى من الكتابة الشعرية للمسرح ، انتقل المسرح إلى الصياغة النثرية ، والتي كانت قد بدأت بالفعل على يد شوقي في مسرحيته : الست هدى، وعلي بك الكبير ، ثم التقط هذا الخيط من شوقي جيل من الكتاب تجاوزوا الموضوعات التاريخية إلى موضوعات من واقع الحياة الإنسانية ، وكان على رأس هؤلاء توفيق الحكيم الذي أدخل المسرح إلى عالم جديد من الفكر الفلسفي ، ثم أعقبه نعمان عاشور في مسيرته الفنية وبحثه عن واقعية الحوار المسرحي ، وسعيه إلى بلورة ملامح الشخصية المصرية، والتعبيرعن دراما التغير الاجتماعى الجديد من خلال مسرحياته (عائلة الدوغري ـ الناس اللي فوق ـ الناس اللي تحت) ، وهو ما أشعر الجمهور بأنه أمام مسرح جديد بدأ التعبير عنه ؛ وميلاد فني جديد .

وظل نعمان عاشور واقعيا ومخلصا لمذهبه ولقضايا التغير الاجتماعي لتحول مصر من الملكية إلى الجمهورية ، ومن الإقطاعية إلى الاشتراكية، ومن المجتمع الزراعى فقط إلى التصنيع ؛ وهذا ما دعت إليه الأفكار الناصرية من تأميم القناة والشركات وقانون الإصلاح الزراعى .وقد أثرت هذه التحولات على أفكار الأدباء والكتاب فمنهم من انحاز إلى هذه الأفكار وكتب مدافعا عنها ، ومنهم من نقدها .

ثم جاء جيل المسرح الواقعي علي يد أعلام منهم : لطفي الخولي ـ ويوسف إدريس ـ وسعد الدين وهبه ـ ومحمود دياب ـ وعلى سالم ، والـذين كانوا ينتمون جميعـا إلى كتـاب الواقعيـة الاشتراكية ، فكتب يوسف إدريس :الفرافير ـ ملك القطن ـ اللحظة الحرجة ، وكتب سعد الدين وهبة : المحروسة ـ السبنسة ـ كوبري الناموس ، وكتب علي سالم : عفاريت مصر الجديدة ، ودخل المسرح في إطار جديد ، فانتقل من المشاهدة فقط ، إلى القراءة والمشاهدة معا ، بمعنى أنه كتبت مسرحيات للقراءة ، وليست بالضرورة للتمثيل .

مسرح الطفل

بدأ مسرح الأطفال في الوطن العربي من خلال تمثيليات خيال الظل ، التى جاءت مـن الصين مع المغول إبان هيمنتهم على العراق ، ثم ظهر هذا الفن على يد (الحكيم شمس الـدين بـن محمـد بـن دانيال الخزاعي الموصلي) واستوطن في القاهرة وانتقل إلى تركيا عام 1517م على يـد السـلطان سـليم الأول، ثم منها انتشر في أوروبا . ثم ظهر فن القراقوز في مصر ممـا أدى إلى اضمحلال تمثيليـات خيـال الظل ، وتلا ذلك ظهور المسرح الشعري الغنائي في مطلع القرن العشرين ، ثم بـدأ عرض مسـرحيات الأطفال عام 1964م .

البناء الفني لمسرح الطفل :

نظرا لأن المسرح أحد الفنون السردية ، وهو الأقرب إلى البناء الفني للقصة ، لذلك فما ينطبق علـى مواصفات بناء القصة للأطفال ، هو نفسه ما سينطبق على مواصفات كتابة مسرـح الطفـل ، أمـا علـى مستوى البناء الفني لمسرح الطفل ذاته ، فإنه لا يختلف عن البناء الفني لمسرح الكبار .

فمسرح الطفل- مثله مثل مسرح الكبار - يقوم على الحوار بين شخصيات ، ويعتمد عـلى الحركـة المحكومة بمكان وزمان وأحداث بعينها ، على خلاف القصة التي تمتلك حرية الانتقال مـن مكان لآخر وعبر الزمان ، وهو كذلك يعتمد على الحدث المركزي ، والقصة التي تجمع الشخصيات في إطار حكائي ، وما تقتضيه من بنية مركزية ، وحبكة درامية ، وتصاعد أحداث إلى قمتها ليشكل العقدة ، ثم التوصـل إلى الحل بالمفهوم الكلاسيكي . فأي مسرحية تتكون من عناصر رئيسة هي : العنوان - الفكرة والهـدف من المسرحية -

الشخصيات بأنواعها - الحبكة (الأحداث - الحوار - العقدة - الصراع)- الزمان والمكان- النهاية.

غير أن مسرح الطفل يزيد على ما سبق في متطلباته سواء عند الكتابة لهم ، أو عند اختيار نص لتقديمه إليهم ، وهي المتطلبات ذاتها التي يقتضيها فن القص للأطفال، والتي تدور حول :

- مراعاة المرحلة العمرية .
- تعرف السمات النفسية والميول والقيم والاتجاهات .
- مراعاة اللغة المناسبة والمتناسبة مع استيعابهم .

والتي سبقت الإشارة إليها سابقا ، غير أن المسرح يحتاج زيادة عليها إلى أهمية تقليل حجم مشاهده ، وتقليل فصول المسرحية ، وتعبيرها عن أفكار محددة ، وبساطة العلاقات بين أفرادها ووضوحها ، إضافة إلى تجسيد المواقف على نحو أوضح مما يمكن أن يتم في مسرح الكبار .

ومن النماذج المبكرة لكتابة المسرح للأطفال ، ما قام به توفيق الحكيم في محاولة جادة لكتابة عمل تربوي أعلن هو عن أهدافه التربوية في مقدمة العمل ، وهو مسرحية بعنوان "شمس النهار " استمد أحداثها من التاريخ ، يقول في مقدمتها :

هذه مسرحية تعليمية . . . والأعمال التعليمية في الأدب والفن ، من " كليلة ودمنة " إلى " حكايات لافونتين " إلى مسرحيات " بريخت " وغيرها من آثار هذا النوع ، إنما تهدف إلى توجيه السلوك الفردي أو الاجتماعي . . وهي في أحيان كثيرة لا تخفي مقاصدها . . وتتخير من العبارات ما يصل توا إلى النفوس ويرسخه في الأذهان . . وتنتقي من وسائل التعبير أوضحها وأبسطها . . وتتخذ أحيانا من وضع الحكمة والمغزى في صورة مباشرة سلاحا من أسلحتها . . وهي على خلاف الفن الآخر الذي يخفي وجهه ويدعك تكتشف ما خلفه، تكشف هي القناع وتقول لك:

" نعم أريد أن أعظك فاستمع إليّ ! "

وإزاء هذه الصراحة منها نصغي إليها راضين . . وهكذا أصغينا ولا نزال نصغي إلى حكم " كليلة ودمنة " وعظات لافونتين " ومسرحية " بادن " التعليمية لبريخت . .

دون أن نضجر مما نسمع . . ذلك أن الوعظ في ذاته فن ، ما دام قد قدم إلينا في شكل جميل. كل ما أرجو إذن لهذه المسرحية ؛ هو أن يكون مضمونها قد قدم في شكل غير ثقيل على النفس ، وأن تحقق ، ولو بقدر ضئيل ، ما تهدف إليه من مقاصد.

وتحكي المسرحية قصة السلطان نعمان وابنته شمس النهار التي ترفض زواج كل من يتقدم إليها من الأمراء والأثرياء ، ويحار أبوها في ذلك ، ولكنها تعرض عليه فكرة أن يتقدم إليها من يشاء ، ومن يفشل يجلد ثلاث جلدات ، وتم هذا بالفعل ، وتقدم لها رجل يدعى قمر الزمان ، وبدأت الأميرة طرح الأسئلة عليه ، فقالت له ماذا أنت صانع بي ؟ لكنها فاجأها بقوله ، أنت من يجب أن تصنعين لا أنا ، فماذا أنت صانعة من أجلى ، وتتطور حركة المسرحية في خروج الأميرة مع قمر الزمان متخفية في زي فارس بحثا عن ذاتها ، ورغبة في صناعته ، ويمران بأحداث يكتشفان فيها لصين هما حارس الخزانة وأمينها لأمير في مملكة مجاورة ، وتستمر الأحداث في سياق تربوي هادف إلى تعليم القيم والأخلاق واستخراجها من داخل كل إنسان .

وفيما يلي نموذج من المسرحية :

قمر : تسلم يداك يا شمس النهار!... يخيل إلي أني لم أذق السمك قبل اليوم؟...
شمس : أتسخر؟...
قمر : بل أقولها من أعماق قلبي.. وحلقي!... إني أكاد ألتهم أصابعي...
شمس : وأنا أيضا... أتصدق - إذا قلت لك - إنها ألذ أكلة ذقتها في حياتي؟
قمر : أتعرفين لماذا؟...
شمس : لماذا!....
قمر : لأنك صنعتها بيديك.. ما نصنعه بيدنا هو جزء من حياتنا يتكشف لنا....
شمس : نعم ... أشياء كثيرة تتكشف لي الآن...
قمر : أنقدم صنف الحلو؟....
شمس : قطفت التفاح؟...
قمر : طبعا... هناك تحت الشجرة...
شمس : (تذهب وتأتي به) أربع تفاحات فقط؟
قمر : ألا تكفي تفاحتان لكل منا؟...

شمس : ولماذا هذا التحديد؟.. انظر ... التفاح على الشجر غير محدود!...

قمر : أعرف.. ولكن المتعة محدودة...

شمس : أتظن أني لا أستطيع أن آكل ثلاث تفاحات بمفردي؟...

قمر : ومن قال إنك لا تستطيعين.. هذا في إمكان أي شخص.. لكن ثقي أن أكثر اللذة
في التفاحة الأولى... وبعضها في الثانية أما الثالثة فهي جسد بلا روح .

شمس : بلا روح!...

قمر : الشراهة تقتل روح المتعة....

شمس : إني لست شرهة...

قمر : مسرفة... مبددة..

شمس : كل هذا من أجل تفاحة زيادة ؟!....

قمر : زيادة!... ها أنت ذي قد نطقت بها!... الزيادة معناها الإسراف... تبديد..
تبديد المتعة... وتبديد الطاقة... تبديد جزء من إنسانيتنا...

شمس : إنسانيتنا!؟!....

قمر : بالطبع.. الإنسان الكامل، ككل شيء اكتمل.. لا يحتمل الزيادة ولا النقصان...

شمس : لا... اسمح لي... أنا متنازلة عن التفاحة الثانية.. سأكتفي بواحدة...
مبسوط؟...

قمر : لا... الآن لا تستطيعين!...

شمس : حيرتني!... لماذا لا أستطيع ؟... أليس من حقي أن أكتفي بتفاحة واحدة؟....

قمر : والثانية؟!... ماذا يكون مصيرها؟....

شمس : وما شأني أيضا بمصيرها؟...

قمر : والآن وقد قطفت لابد أن يكون لها فائدة...

شمس : كلها أنت!...

قمر : إنها من نصيبك أنت... أنت المسئولة عنها... احتفظي بها كما احتفظت
بالزهرة.. وكليها في وجبة أخرى!...

شمس : فليكن.. استرحت الآن؟...

قمر : نعم...

(يقضمان في صمت.....) .... (يسمع صهيل خيل عن بعد.....)

وفي هذه التجربة الرائدة لتوفيق الحكيم على الرغم من طولها ، استطاع أن يقدم للأطفال كل ما يريد أن يعلمه إياهم من قيم وأخلاق ولكن في شكل مسرحي ، وهو ما كان فاتحة للاتجاه نحو مسرح الطفل من بعده .

ثم توالت بعد ذلك الكتابات النثرية التي كتبها جورجي زيدان لتحكى عن بطولات السابقين في أسلوب مبسط للأطفال ، ثم كتابات يعقوب الشاروني ، ونادر أبو الفتوح ، ومحمد عفيفي مطر الذي سجل في تجربته " مسامرة الأولاد كي لا ينـاموا " حكايات شائقة وأقاصيص بطريقة مختلفة توضح علاقته بالأشياء المحيطة به .

المسرح الشعري :

لقد بدأ المسرح الشعري في أدبنا العربي مع أمير الشعراء أحمد شوقي بدءا من عام1930م ، عندما كتب عددا من المسرحيات ، منها : مجنون ليلى، وقمبيز، والست هدى، والبخيلة ، وأتم مسرحيته علي بك الكبير ، التي كان قد بدأها منذ سنوات وجوده للدراسة في جامعة مونبلييه بفرنسا ، ثم توالت أعماله المسرحية فيما بعد .

والملاحظ على كل النصوص المسرحية التي كتبها شوقي ، أنه تأثر فيها بالمسرح الفرنسي الكلاسيكي ، حيث استمد أحداث مسرحياته من وقائع تاريخية وتراثية ، وذلك باستثناء مسرحيتي "الست هدى" و"البخيلة " .

وجاء عزيز أباظة الذي يعد رائد المسرحية الشعرية بعد أحمد شوقي ، فكتب مسرحيات : قيس ولبنى (1943) ، والعباسة (1947) ، وصور فيها الصراعات السياسية والشخصية التي حفل بها عصر الرشيد من خلال شخصية العباسة أخت الخليفة وزوجة جعفر البرمكي ، والناصر(1949) التي تناول فيها عصراً من عصور الأندلس الزاهرة في عهد عبد الرحمن الناصر ، وشجرة الدر(1950) وتناول فيها مأساة الملكة شجرة الدر بعد وفاة زوجها السلطان في أيام عصيبة خلال الغزو الصليبي لمصر، وغيرها من المسرحيات التي اعتمدت على التاريخ وتصوير أحداثه.

وقد انتقل المسرح الشعري خطوة أخرى على نحو أوسع على يد صلاح عبد الصبور في مسرحياته : (مأساة الحلاج ـ مسافر ليل ـ ليلى والمجنون) فاستطاع بحاسة شعرية ووعي درامي جيد الانتقال بالجملة المسرحية من التعبير الغنائي إلى التعبير الدرامي ، أي استخدام اللغة التي تقوم على الحركة الدرامية ، وتصوير الأفعال والأحداث ، في مقابل اللغة التي كانت تعتمد على الغنائية الصرفة والتغني بالذات والنفس ، ففي مسرحية مأساة الحلاج ، يقدم صلاح عبد الصبور ، صورة الحلاج وهو يسعى جاهدا لإصلاح الواقع والوقوف إلى جانب الفقراء والتصدي لظلم الطغاة.

وقد تطور المسرح الشعري على يد عبد الرحمن الشرقاوي ، فكتب مسرحيات شعرية تقوم على المواقف الدرامية ، وليس الاحتفاء باللغة فقط ، ومنها على سبيل المثال مسرحيات: " الحسين ثائرا " و"مأساة جميلة "، و"الفتى مهران" التي خطت بكتاباتها خطوات واسعة نحو مفهوم المسرح الشعري .

ومن الحركات التي تستلفت النظر في تطور المسرح الشعري ، تلك الحركة التي رادها نجيب سرور في مسرحه الذي اعتمد فيه على اللهجة المحلية (العامية) بوصفها الأقرب إلى الناس، وبخاصة مع لغة الموال المحبب إلى قلوب الشعب والفلاحين والعمال، وجاءت مسرحياته تجسيدا لأحداث وشخصيات واقعية من قلب المجتمع الريفي البسيط، والشعبي الأصيل ، وهو ما نظر إليه على أنه ثورة في وجه التقاليد الفنية التي كانت قد تم إرساؤها عبر أزمنة طويلة ، وقدم سرور مسرحيات ما يزال صداها حيا بيننا حتى الآن، منها : مسرحيات "آه يا ليل يا قمر"، و"منين أجيب ناس" و"قولو لعين الشمس" ، و"الحكم بعد المداولة" و"الكلمات المتقاطعة" وغيرها من المسرحيات التي تم تمثيلها على خشبة المسرح القومي ، ومسارح مصر.

كما استعان نجيب سرور في مسرحه بالشخصيات الرمزية المشهورة في التراث الشعبي المصري ، مثل ياسين وبهية ، وحسن ونعيمة ، فهو يصور شخصية بهية ، تلك الفلاحة المصرية التي تحيا لتأخذ بثأر ياسين ، الذي قتل يوم زفافه على يد الإقطاعي في بلده ، ويصور صراع الفلاحين ضد ملاك الأرض ، الذين يأخذون كل شيء ، والفلاح يعيش في

جوع وخوف ، كما ربط في مسرحه الماضي بالحاضر ، بالاتكاء على أحداث بعينها وقعت في مصر عن قرب ، مثل حرب العدوان الثلاثي على مصر سنة 1956 ، وأحداث بورسعيد ، وغيرها .

الهراوي ومسرح الطفل الشعري :

المسرح الشعري للأطفال يحقق أهدافا متعددة بما يتضمنه من قصة وإيقاع وحركة وتجسيد ، وكل واحدة منها هي وسيط من وسائط التقريب والتشويق للأطفال.

ونتاجنا الأدبي المعاصر شهد تطورا في هذا النوع من الأدب للأطفال ، وإن كانت نماذجه اليوم تتضائل قياسا لما كانت عليه على عهد الهراوي ، والذي نقدم له فيما يلي نموذجا مسرحيا شعريا بعنوان "الذئب والغنم " وهي مسرحية من فصل واحد ، يقول في مقدمتها :

الذئب والغنم

(تمثل على نغمات الموسيقى أو البيانو)

(جماعة من الأولاد يمثلون غنما في مرعى .. وعلى بعد منهم ولد، كأنه الراعى، نائم وبجواره عصا وبندقية . وفيما هم على هذه الحالة يأتى ولد آخر يمثل ذئبًا أعمى ويقول):

الذئب: ضيفٌ أعمى — في ناديكم
يَرجُو النُّعمَى — من أَيديكُم

* * *

الأولاد: هَذَا ذئبُ — أَخفَى النَّظَرا
وَأَتَى يَحبُو — فَخُذُوا الحَذَرَا

* * *

الذئب: عَلِمَ الله — أَنِي مُضنَى
مَالي جَاهُ — غَيرُ الحُسنى!

* * *

الأولاد: لَبِسَ الذِّئبُ ثَوبَ الحيَلِ،
وَبَدَا الكِذبُ تحتَ العِلَلِ!

* * *

الذئب: فَخُذُوا بِيَدي يَـا أَولاَدي
أَنتُم سَندي أَنتُم زَادي!

* * *

الأولاد: دَعنَا، دَعنَا يَا مَكَّـــارُ
وَابعُـــد عَنَّا يَا غَـــدَّارُ

* * *

الذئب: أَهلَ البِـــرِّ من يُؤويني؟
هَل من حُرٍّ فَيُواسيني؟

* * *

أحد الأولاد: أنا أوليه من نعمائي
وأواسيه في البأساء

* * *

الأولاد: يا مَغرُورُ، لاَ تَأمَنـــهُ
قَولٌ زُورُ فَابعُد عَنهُ!

* * *

الذئب: أَنَا مُضطَرٌّ لأخي فَضلِ
هَل يَغتَرّ رَب العقـلِ؟

* * *

الولـد: أَنَا ذُو نَجدَه   للأَصحـاب
عندَ الشِّدَّة   تَغشَى بَابي؟

* * *

الذئب: شكرًا، شُكرًا   يَابنَ المجـد
زدني بـِرا   تَكسَب حَمدي

* * *

الولد: أَهــلاً، أَهــلاً   هَيَّا عنــدي
وَارقُب فَضلاً   منِّى وَحدي

* * *

الذئب: عَاشَ البَطَلُ   رَبُّ الهِمَـم
وَكذَا الأمَلُ   في ابنِ الكَرَم

* * *

الولد: قُم يَا ضَيفي   سر قُدَّامي
مَا من خَوفِ   وأَنَا الحَامي

(يسيران على هذه الصفة وبعد خطواتٍ يقول الذئب)

* * *

الذئب: شقَ السيَّرُ   مَن يُرشدُني؟
كَانَ الخَيرُ   لَو تَسبقُني

* * *

الولد: ذَا مِن ذَاكَا   فَأَصِخ سَمعًا
سر يُمنَاكَ   وَكَذَا تَسعَى

* * *

(بعد قليل)

الذئب: أأَنَا السَّاعــي وَأنَا أعمَى؟

أَخشَى الرَّاعى يَرمى سهما

* * *

الولد: طمئن نَفسَك ما من بـاسِ

وَأَرِح رَأسك منِ وَسوَاسِ

(بعد قليل أيضًا)

الذئب: قُل لِي يَابنيِ أَترى أَحدًا؟

الولد: كُن في أمن أبَدًا. أبَـداَ.

(يسمع الذئب صوت البندقية يُطلقها الراعى فلا تصيبه ثم يقول)

* * *

الذئب: اسمَع، اسمَع هَذَا صَوتُ!

إن لَم أُخدَع فَهُوَ الموتُ

* * *

الولد: صوتٌ مَاذا؟؟

* * *

الذئب: صَوتُ النَّــار

* * *

الولد: سر يَا هَــذَا قَرُبَـــت دَاري

الذئب: قَلبِي وَاجف فَاشدُد قَلبِـي

إنِّي . خَائف. سِر في جَنبِي

* * *

الولد: طَمئن قَلبك

الذئب: مَــالى صبرُ

الولد: إنىِّ جَنبَك فَلِمَ الذُّعرُ؟

* * *

(الذئب يفتح عينيه ويلتفت إلى الولد بهجمة ويقول)

الذئب: أَرني ظَهــــرَك لحمٌ وَافي!

وَاكشف صَدرَك شَحمٌ صَافي!

الولد: أوَ تأكلُني

الذئب: إى يا كبدي

الولد: من يُنجدني؟.

الذئب: ما من أحدِ

الولد: أكذا الشكــرُ ما أَشقاني

بئس الكفرُ بالإحسان

هنا يطلق الراعى بندقيته مرة ثانية على الذئب فيصيبه فيقع هذا على الأرض ثم يقول:

الذئب: آه .. متُّ

(يحضر الأَولاد جريا إِليه ويقولون)

الأولاد: مُت يا غــادر

الولد: وأَنا تبــتُ ولكم شاكــر

الأولاد:هذى عِبره للمغتــــــرِ

قُلهَا ذكره لذوي الفكــرِ

إن هذه المسرحية على صغر حجمها تمثل نموذجا فنيا رفيعا في فن المسرح الشعري للأطفال ، حيث استطاعت الجمع بين الأهداف التربوية ، وصياغتها في حبكة درامية أبطالها جميعا من الأطفال ، الذين يتقمصون أدوار حيوانات ، مما يحقق العنصر البشري وعنصر الكائنات الحية والطيور والحيوانات ، الذي يتناسب مع فئات عمرية صغيرة ، ولا ينفر منه كبار الأطفال .

أحمد سويلم واستمرار المسيرة :

حيث كتب أحمد سويلم عددا من المسرحيات الشعرية [1] ، التي تنوعت في موضوعاتها بين التراثية والتاريخية والمؤكدة للقيم ، ومنها : حيلة الضعفاء ، الحارس الأمين ، جائزة الحمار ، جماعة القرود ، الثعلب الحسود .

وعلى مستوى الشكل تقع كل مسرحية منها في فصلين وعدة لوحات تتغير بتغير المكان والأشخاص والمشهد ، أما على مستوى المضمون فتتنوع في أبطالها بين الشخصيات البشرية (مهرج ومجموعة من الأطفال) والحيوانات (الديك - الثعلب - الكلب - الظبي - الأسد - القرد - الحمار) ، ولكنها جميعا تدور في إطار معالجة القيم الإنسانية من خلال التجربة التي يقوم بها بها أبطال المسرحية ، فمثلا مسرحية الحارس الأمين تدور حول العقل ودوره في التفكير والتدبير ليصل بصاحبه إلى الأمان والسعادة ، يقول على لسان الديك الذي استطاع أن يتخلص من مكر الثعلب :

الديك : إن كان لي جسم صغير
فالعقل في رأسي كبير
اللـه فضلنا به
حصنا يصون من العثور
الكلب : يا صاحب الجسم الكبير

(1) أحمد سويلم : مسرحيات شعرية للأطفال - رسوم : عادل البطراوي - دار الكتاب المصري ، دار الكتاب اللبناني- القاهرة- 2000م.

وصاحب العقل الصغير

ماذا يفيد الجسم حين

تحيط بالجسم الشرور .

وتأتي تجربته الإبداعية الفريدة "هل يتوب الثعلب" لتـدور موضـوعيا حـول أميـر الشـعراء أحمـد شوقي ، ولكنها تقدمه لا على نحو تقليدي ، وإنما من خلال أبطـال حكايـاتـه للأطفـال ؛ أي مـن خـلال الشخصيات التي صنعها شوقي في شعره ، ويلتقـي شـوقي مـع الأطفـال والحيوانـات ، وتـدور أحـداث المسرحية ، فيسائل الأطفال شوقي ، وهـو يجيـب ، وتخـرج المعلومـة في نغـم شعـري يأنسـه الطفـل ، ويعيه المتلقي ، يقول[2]:

طفل 1 : ولماذا تكتب بلسان الحيوان ؟

شوقي : كل منا يعرف يا أصحاب

أن الحيوان صديق للإنسان

والأطفال يحبون اللعب مع الحيوان

لأن الحيوانات من مخلوقات اللـه المحبوبة .

طفل 2 : نعرف نعرف .. لكن منها حيوانات شريرة

وأخرى خيرة وأليفة

شوقي : تماما مثل الإنسان

نجد الإنسان الشرير

ونجد الإنسان الطيب

ولهذا لو نقرأ في تفكير وتأمل

تلك القصص الشعرية

لوجدناها تشبه عالمنا البشري

بما فيه من خير أو شر .

(2) أحمد سويلم:هل يتوب الثعلب- سلسلة كتب الهلال للأولاد والبنات – دار الهلال –2002م.

على هذا النسق يمزج مسرح الأطفال الشعري لأحمد سويلم بين المفاهيم التربوية الكبرى والقيم الإنسانية والشكل والبناء الفني للمسرح ، وشكل القصيدة التفعيلي وفي أنماط موسيقية تتناسب وقدرات الأطفال ، مخاطبا في ذلك جميعه مهارات الأطفال العقلية وذكاءاتهم ، التي تؤكدها نتائج الأبحاث والدراسات المعاصرة .

تعقيب:

على الرغم من النماذج المضيئة التي تم عرضها لتعبر عن مسرح الطفل في الثقافة العربية ، إلا أنه يمكن الحكم إجمالا ومن خلال استقراء المشهد المعاصر ، بأن مسرح الأطفال يشهد تراجعا غير مسبوق نتيجة لعدم العناية به ، على الرغم من قدرته على تحقيق الكثير من الأهداف التي تمثل احتياجات ضرورية لأبنائنا وبناتنا .

فمسرح الطفل إما أن يكون الطفل مشاركا فيه واقفا على خشبة المسرح ، أو أن يكون مشاهدا له على مستوى التلقي ، وذلك باعتبار المسرح من الفنون الحركية التي قد يصعب على الأطفال قراءتها ، كما قد يصعب حكيه سرديا ، حيث يفقد الكثير من خصائصه حين ذاك ويتحول لمجرد قصة تحكى .

ومما لاشك فيه أن أقوى أنواع الإفادة من مرور الأطفال بخبرة المسرح ، هي التي يكون الطفل فيها مشاركا في الأحداث قائما بدور على خشبة المسرح ، حيث يكتسب الممثل المسرحي مهارات قلما تتوافر في مجال آخر ، ويكفي في هذا السياق اعتراف كثير من القادة العظماء والناجحين البارزين بأنهم قد وقفوا على خشبة المسرح في سنوات دراستهم الأولى، وهو ما أكسبهم الجرأة والشجاعة والمبادأة والمواجهة والتركيز الذهني والاتساق الحركي أثناء المواجهة ، والقدرة على تحمل المسؤولية ، وحسن التصرف في المواقف الصعبة ، والتحكم في النفس والانفعالات ، وغيرها كثير من المهارات التي تمثل ضرورة لبناء شخصية الإنسان في أي زمان وأي مكان، فما بالنا والتطور الإنساني قد وضع الإنسان على محك المواجهة الدائمة ، فلم يعد أحدنا باستطاعته أن يحيا بمعزل أو أن يعزل أبناءه عن التطور الحادث من حوله ، وهو ما يؤكد على ضرورة إكساب الأبناء هذه الخبرات من خلال إتاحة الفرص لمعايشة التجربة المسرحية في المؤسسات التعليمية والتأهيلية .

الفصل العاشر

فنون الأداء المعاصرة

تطورت فنون الأداء الخاصة بأدب الطفل ، وتنوعت بين الإذاعة والتليفزيون وألعاب الكمبيوتر ، والمالتيميديا بكل ما تحمله من وسائط متعددة تسعى لدمج الصوت مع الصورة مع الحركة مع الأداء مع غيرها من الوسائل التعليمية في برنامج واحد .

ولكل من هذه الفنون أهميته في تكوين الطفل ؛ إذ لا يمكن إلغاء أحدها على حساب الآخر ، أو التقليل من شأن أحدها لحساب غيره ، فهذه الفنون جميعها يتواصل معها الطفل ، ويحتاج إليها ، فالإذاعة مثلا تنمي التخيل حيث إن استماع الطفل دون أن يرى يعمل على تنمية ملكات وقدرات وذكاءات ومهارات عدة يسهب في تفصيلها علم النفس التربوي ، ومنها القدرة على التخييل ، والقدرة على الإبداع ، والقدرة على تصور أشياء في الفراغ ، وتنمية مهارات التفكير العليا ، وما إلى ذلك ، وهو ما يعبر عنه أينشتاين عندما يقول : "إن الخيال أهم من المعرفة" ، ذلك أنه قد يتوصل الإنسان إلي اكتشافات عدة واختراعات كثيرة ، يكون منشؤها جميعا هو الخيال ، وهو ما تحققه الإذاعة عبر بث قصص الأطفال وبرامجهم التي تستثير هذه القدرات .

أما التليفزيون فهو ينمي قدرات تتعلق بالمشاركة الفعالة ، فما يتعلمه الإنسان رؤية يختلف عما يتعلمه سماعا ، والمثل العربي يقول : ليس من رأى كمن سمع ، ويقول رب العزة مؤكدا على اختلاف السمع عن البصر ، وإن كان السياق يشير إلى القدرة على رؤية الدلائل وتعقلها ، وعدم القدرة على ذلك : ﴿ وما يستوي الأعمى والبصير والذين

آمنوا وعملوا الصالحات ولا المسئ قليلا ما تتذكرون ﴾ (غافر:58) ، وإن كان الأمر في نهايته يشير إلى أن البصر يختلف عن عدم البصر .

ثم تأتي ألعاب الكمبيوتر فتحقق المحاكاة " simulation" ، إذ يتمثل الطفل الألعاب ويعيش بداخلها وجدانيا وزمانيا ومكانيا ، والطفل أقدر على هذا الانتقال استجابة لخياله الواسع وقدرته على التحليق في الأجواء البعيدة .

وهكذا تتعدد الفوائد التي تكمن خلف الفنون الأدائية المختلفة ، وهو ما يشير في نهاية الأمر إلى أهميتها جميعا في تشكيل وعي الطفل وإحساسه بالكون من حوله ، واستيعاب كثير من قيمه ومعالمه .

فنون الأداء السمعية :

ونعني بها برامج وقصص الأطفال المسموعة عبر الإذاعة ، وجميعنا نشأ على بعض هذه البرامج التي شكلت وعيها في وجداننا ، ومنها برامج "بابا شارو" و" أبلة فضيلة " ، على الرغم من التحفظات التي يمكن أن تؤخذ حول هذا الأخير ، لإصراره على أسلوب واحد عبر أربعين عاما هو أسلوب الحكاية التقليدية للأمير والملك والفقير، وهو أسلوب قد يحتاج الطفل إلى قليل منه لتنمية الخيال ، ولكن لا يتناسب والتطور الحادث في الكتابة للأطفال أولا ، وفي المعاصرة التي يعيشها العالم الآن من ناحية ثانية .

ولكن على أية حال لم تزل هناك برامج إذاعية قادرة على تقديم القصص للأطفال ، وبخاصة التي تعتمد على القصص الممثل ، وليس القصص المحكي فقط ، ولعل نظرة إلى ما يفعله العالم الآن تؤكد أهمية هذه القناة في تعليم الأطفال ، حيث تعمل قنوات فضائية كبرى على افتتاح بث إذاعي خاص للأطفال دون سواهم إيمانا منهم بأهمية هذه المرحلة العمرية ، وأهمية الإذاعة لهم .

لقد أدت الإذاعة دورا كبيرا في تقديم برامج للأطفال تقوم بدور تعليمي من خلال الحكايات والأغاني ؛ فأصبح هناك أدب يكتب خصيصا للإذاعة ؛ لأنها تخاطب جميع الأطفال على اختلاف مستوياتهم ، واشتهرت في هذا المجال برامج بعينها ، منها : (بابا

شارو) و(أبلة فضيلة) و(عمو حسن) وغيرها من البرامج التي كانت تخاطب وجدان الطفل عن طريق حاسة السمع ، والتي كانت مناسبة في وقتها وفي زمنها ، وقت أن كان وجدان الطفل العربي يتشكل في بداية لتعلم ألف باء الحياة ، ولكن استمرار هذه البرامج - ما استمر منها - حتى الآن هو ما يحتاج إلى وقفة ، ذلك أن الحياة بعامة قد تطورت ، وتطورت معها حياة الطفل ، ومدركاته ، والنظريات المفسرة لمراحل نموه العقلي ، وظهرت النظريات المهتمة بالمخ البشري ، وخلايا ومراكز التعلم المخية ، وكيفية استثارتها لصالح نوعية التعلم ، وزمن التعلم ، وكيفيات التعلم .

يضاف إلى ذلك ظهور أدوات جديدة في التداول البشري ، وبخاصة في مجال الاتصالات والتواصل ، والمعلوماتية والمعارف ، وكل هذا التطور من المفترض أن يكون له تأثيره على أدب الأطفال وبرامجهم، ولكن الواقع أن هذه البرامج ظلت متشبثة بآلياتها من جهة ، وبمضمونية ما تقدمه من جهة أخرى ، وهي مضمونية ترتبط بموضوعات قديمة لم يعد معظمها صالحا للقيم الجديدة التي أوجدتها الحياة المعاصرة بشكل عام .

فنون الأداء المرئية :

وتأتي في مقدمتها البرامج التليفزيونية ، وهي أنواع عدة منها الأفلام والقصص الكارتونية التي استطاعت رسم وتحريك حكايات عدة ، منها سندريلا ، وعلاء الدين ، والأميرة والأقزام السبعة ، وفتاة الجليد ، وغيرها من القصص العالمية المعروفة ، والتي تحوي المتعة والتشويق والتعليم في آن ، ومن أنواع البرامج التليفزيونية الكارتونية قصص توم وجيرى التي تحمل المتعة للأطفال ، وإن كانت تحتاج إلى التدخل من الآباء للتأكيد على القيم الإيجابية والسلبية ، مثلا التأكيد على أن القط يقع في الخطأ دائما لأنه ينظر وراءه وهو يجرى ، أو لأنه يتأخر في رد الفعل عن الوقت المطلوب أو لأنه يتصرف بغباء ، وما إلى ذلك .

كما تتنوع فنون الأداء المرئية بين البرامج الترفيهية وبرامج المسابقات والبرامج التعليمية (مثل عالم سمسم) ، والمسلسلات والأفلام الخاصة بالطفل (التي تناقش قضايا تخص الأطفال ، ويكون أبطالها أطفالا) وقصص المغامرات (مثل مسلسل بكار

وما فيه من استخدام للتيمة الشعبية ولكن ليس بالاعتماد على القصص القديمة وإنما اختراع قصص جديدة ، ومن نجاحه في المحافظة على جزء من هوية الشخصية المصرية من خلال بكار الفتى الجنوبي الأسمر الذي يعيش بين آثار التراث الفرعوني) ، وغيرها من البرامج التي تحمل القيم وأساليب التعلم .

لقد قدم التليفزيون برامج متنوعة استفاد فيها من عرائس القماش والأراجوز والتمثيل (الأداء والحركات والأغاني) جعلت الطفل يشاهد ويرى ويسمع في آن واحد مما يحدث تفاعلا أكثر تأثيرا من مجرد الاستماع ، ومما فتح الباب أمام المبدعين للكتابة خصوصا للأطفال ، حتى اقتصر ـ بعضهم على الكتابة لهذه الشريحة العمرية فقط ، ومنهم كامل كيلاني في مجال القص ، ومحمد الهراوي في الشعر ، وإبراهيم العرب ، وغيرهم .

ولكن مع الوضع في الاعتبار أن مشاهدة التليفزيون للأطفال لها مضارها التي تحذر منها الدراسات النفسية والطبية ، لما له من تأثير سلبي على الطفل إذا ما أكثر من مشاهدته، وهناك أبحاث طبية عديدة تؤكد أن مشاهدة التليفزيون تحمل أضرارا صحية خاصة بالنسبة للأطفال الصغار، بغض النظر عن محتوى ما يشاهده الطفل، سواء أكانت برامج تعليمية أم تسلية ، عنف أم سلم ، وتؤكد هذه الأبحاث أن الإفراط في مشاهدة التليفزيون قد يحمل مخاطر تطور إعاقة ذهنية أو مشاكل في التخاطب أو السمنة ، كما أنها قد تؤدي إلى التصرف بعدوانية أو خمول ، كما تؤكد هذه الدراسات على ضرورة أن يشاهد الطفل العادي التليفزيون ساعتين في المتوسط يوميا، فإذا ما وصل المعدل إلى ثلاث أو أربع ساعات فإنه يكون قد دخل في مرحلة الخطر .

من هنا نجد أنفسنا في حاجة إلى الاهتمام بأدب يهتم في بنائه بأسس بناء السيناريو بمفهومه الفني ؛ أي بتحويل النص المكتوب إلى حركة مرئية visual action ، وهو ما يفرض أن تكون متحركة دائما بالنسبة للمشاهد / المتلقي /المتعلم ؛ حيث أصبح من الضروري أن يكون الكاتب المبدع على دراية بأساليب كتابة السيناريو ، وبخاصة للبرمجيات والأفلام التعليمية ، وهو علم ظهر وتطور في السنوات الأخيرة .

إن كتابة السيناريو تستلزم وجود تكوين أو نسيج يختلف في كل مادة أو سيناريو عـن الآخـر بـأن يتم إضفاء الجاذبية على ما يكتب عن طريق : (اغلق عينيك وتخيل) وتحديد هل نكتب مـن وجهـة نظر المتلقي أم من وجهة نظرنا ؟ ... حيث يجب دائما تحديد الهدف \ الأهداف التي نكتب من أجلها ....

عوامل يجب مراعاتها عند صياغة السيناريو:

- المعايير المتفق عليها (دينية – اجتماعية – سياسية – تربوية - فنية) .
- طبيعة النمو النفسي والإدراكي للفئة المستهدفة.
- مستويات أهداف الرسالة.
- الزمن المتاح للعرض (فالصفحة الواحدة تستغرق من 1.30 - 2.00 دقيقة) .
- التقنيات المتاح استخدامها .

إن كتابة السيناريو لأدب الطفل لكي يتناسب مع التكنولوجيات المعاصرة ، فإنه يحتاج إلى بنية يمكـن إجمالها في :

البداية : قصة السيناريو يجب أن تبدأ بالصراع ، ثم خلق بعض المشكلات وتوزيعها .

العقدة: وهي التي تمثل الحبكة القصصية وقمة تصاعد الأحداث .

النهاية : وتقتضي بالنسبة للأطفال الكشف عن الحل أو مجموعة الحلول .

فكتابة السيناريو للأطفال تختلف عن السيناريو للكبار في أنها تقتضي :

- إدخال بعض الأغنيات والمواقف التي تحقق التواصل الاجتماعي .
- يجب أن تكون الصورة مليئة ؛ أي لابد من تقديم وصف دقيق للصورة ، مع مراعاة تحديد : المفهوم – الزمان – المكان – الشخصيات – صورة البداية أوكما يسمونه خيال البداية ، ولابـد أن يحقـق في النهاية التحدي الأكبر وهو جذب الانتباه على الدوام ، وطوال مدة العرض .

النموذج المتعارف عليه لكتابة السيناريو :

- تحديد العنوان والأهداف التربوية وذكرها لهم.
- تحديد الشخصيات ووصفها .
- اختيار فكرة السيناريو الفنية .
- الإجابة عن سؤال : ماذا أريد المشاهد أن يرى ؟
- وصف المشهد (خ \ ل - خ \ان - د \ ل .....)

أساسيات يجب مراعاتها عند تصميم برنامج أو كتابة سيناريو:

1- السرد القصير (show short sequences) ؛ أي مراعاة عدم الإطالة .
2- اسمح لهم بإعادة الرؤية (viewing)
3- التشجيع على الرؤية النشطة بإعطاء أنشطة مصاحبة .
4- تقديم الأنشطة قبل المشاهدة أو الرؤية .
5- عرف مستخدميك المهام والأنشطة التي سيقومون بها.
6- لا تقم بصياغة هدف مركب .
7- استخدم صورا سابقة التجهيز وأغان شائعة.
8- فكر دائما في بؤرة الأحداث ، أي نقطة البداية ، وهي ليست بالضرورة تكون أول الدرس بل قد تكون في نهايته أو وسطه أو بدايته .
9- الانتقال يجب أن يكون من العام إلى الخاص : تاريخ العالم – تاريخ الوطن العربي – تاريخ السلطنة – النهضة العلمية - ....
10- الانتقال من مشهد لآخر يكون بالصورة أو المكان.
11- التوقيت والتحكم في الوقت مهم وصعب .
12- الصفحة تمثل دقيقة أو دقيقة ونصف (خطأ الطيار والطائرة والانفجار) .
13- الحرص على الحوار الطبيعي غير المتكلف وتقطيعه (وصف الحوار بدقة).
14- ترتيب المشاهد قبل تقديم السيناريو للتنفيذ .

تقويم السيناريو التعليمي:

المختصون في هذا الجانب يقيمون عناصر المادة بدءا من الألوان ، والتصميم، وطريقة التعامل مع المادة ، والأصوات ومدى وضوحها وتوازنها، والحركة وأهميتها وكيفية انتقالها ، والجودة ومدى تحققها ، وغيرها من الجوانب التي تحتكم إلى مقاييس متعارف عليها في عالم الإنتاج الفني والتكنولوجي .

أدوات تقييم السيناريو التعليمي:

- بطاقات تحليل المحتوى المعدلة : وهي بطاقة تحليل محتوى ولكن مع تعديل بنودها لصالح قياس التنغيم والصوت والصورة والحركة وغيرها .

- استمارات الملاحظة والمشاهدة لبرامج المالتيميديا والبرامج التليفزيونية ، والفيديو التعليمي ، والمواد المرئية .

- بطاقات التدقيق التي يتم تصميمها لقياس مدى تحقق الأهداف التعليمية ومدى تحقق المهارات والقيم والاتجاهات ، في الوسائل والمصادر التعليمية على اختلاف أنواعها .

تقييم البرامج المرئية والأفلام التعليمية [1] .

يعد استخدام التليفزيون التعليمي أحد مصادر التعلم التي اعتمدتها كثير من الدول العربية منذ الستينات من القرن الماضي (مصر و العراق ، ثم الكويت في السبعينات) ، لسهولة انتشاره وفورية بثه ، واستخدامه لأكثر من وسيط في آن واحد ، فكما يقر في هذا الصدد أن الصورة المتحركة تتبعها العين على عكس الصورة الثابتة ، كما أنه من المتعارف عليه أن هناك عناصر ثلاثة تجذب انتباه المتعلمين إذا اجتمعت ، وهي: الحركة- الصوت- اللون ، وهذا هو مفهوم المالتيميديا (وسائط متعددة).وهو ما أوجد الأفلام التعليمية والشرائح الفيلمية التي غدت مكونا من مكونات التعلم .

ومن الأدوات التي يمكن قياس وتقييم الأفلام التعليمية في ضوئها وتحديد صلاحية استخدامها بين المتعلمين بطاقات المشاهدة التي تجمع بين تحليل المحتوى واستطلاع الرأي.

---

(1) انظر في ذلك : محمود الضبع : المناهج التعليمية صناعتها وتقويمها (2006- القاهرة) - مكتبة الأنجلو المصرية - ص 287- 289.

فنون الأداء المرتبطة بالكمبيوتر :

في تطور أخير طرحته التكنولوجيا ، ظهرت المالتيميديا التي تعتمد على تقديم قصص وحكايات ومواقف عبر أجهزة الكمبيوتر مستفيدة من الرسوم المتحركة ، وأفلام الكارتون ، وتفاعل الطفل مع الجهاز على نحو مستمر ؛ إذ لم يعد يتم الاكتفاء بالمشاهدة أو الاستماع ، وإنما تستدعي تدخل الطفل للكتابة أحيانا ، ولوضع علامة أحيانا أخرى ، للدلالة على تأكيد التعلم والتعلم المستمر .

وقد شهدت نهاية السبعينات وبداية الثمانينات من القرن الماضي قفزة نوعية في أدب الأطفال ، وذلك بعد الثورة التي أحدثها التليفزيون بقدرته على الوصول إلى الطفل أينما كان ، وبدأ الاهتمام بالطفل وتقديم مختلف أنواع الأدب له بدءا من الفنون والقصص الشعبي ، وانتهاء بالقصص المصنوع خصيصا له . وقد صاحب هذه القفزة قفزة أخرى تمثلت في البرمجيات المحوسبة للأطفال ، والتي بلغت ذروتها في نهاية التسعينات ، وهو ما وضع الأطفال على محك منافسة الكبار في استخدام وسائط التكنولوجيا المعاصرة ، فالبرمجيات المحوسبة استطاعت أن تصل إلى منتهى التشويق والإثارة من خلال الدمج بين اللعب والترفيه والبناء القصصي ، وأن تتفاعل مع المتلقي على نحو يسمح له بالتدخل في أحداثها وتغيير المسار الدرامي لها ، فقد استطاع الأدب العالمي أن يقدم للأطفال ألعابا تجبره على التخطيط الاستراتيجي لاجتياز العقبات واتخاذ القرارات في شكل قصص وسيطها الألعاب الإلكترونية ، مما جعل الأطفال يكتسبون مهارات لم يكن الأدب المكتوب أو المسموع يسمح بها أو يتيحها .

إن الحاجة اليوم ماسة في أدبنا العربي ، لأن نفتح الباب أمام هذا التطور ، وأن نفكر فيه على مستوى آليات الكتابة والإبداع ، وبخاصة أن مواكبة أدب الأطفال لأن ينتج عبر الوسائط التكنولوجية ضرورة حتمية تفرضها آليات العصر ومفاهيم القوة فيه ، فلم يعد يكفي كتابة أدب للأطفال فقط ، وإنما يقتضي الأمر التفكير في أشكال تقديم هذا الأدب لهم ، من خلال رسم السيناريوهات القابلة للتنفيذ بصريا ، والمعتمدة على تفاعل المتلقي الطفل معها ، وإمكانات التدخل معها ، وإعادة هيكلتها على نحو ما تسمح به الوسائط التكنولوجية .

الفصل الحادي عشر

أدب الأطفال وقضايا المستقبل

لاشك أن المستقبل هو الذي يشغل بال العالم أجمع الآن ، فالمستقبل غدا علما شأنه شأن العلوم التي تحتكم إلى مناهج ، وأصبحت ترسم له سيناريوهات تتحكم في توجهات الأمم ومصائرها ، وتعد الطفولة هي الاهتمام الأكبر الذي تسعى الدول لتطبيق نتائج دراسات وعلوم المستقبل عليه ، والتحكم في إعداده ليتمكن من التعامل مع ذلك المستقبل ومعطياته ، وهو ما يتم تحقيقه الآن عبر وسائل عدة ، منها التربية والمؤسسات التربوية ، ومنها التحكم في صناعة مواكبة لمنجزات العصر ـ والنتائج المستقبلية ، ومنها توظيف الأدب بوصفه وسيطا مثاليا لتكوين وبناء ودعم الاتجاهات، وهي إحدى الدعائم الكبرى للتربية عامة (الاتجاهات ـ الميول ـ القيم ـ المعارف) .

وكما يحمل هذا المستقبل ذلك التفاؤل ، فإنه ـ من منطلق لا ورود بلا أشواك ـ يحمل كذلك المخاوف ، ويضع أمام البشرية تحديات مهمة تقتضي ضرورة وسرعة التصدي لها ، والأمم التي تستطيع وضع السيناريوهات المستقبلية لهذه التحديات هي التي ستمتلك مصيرها ، وستضع نفسها في سياق الحضارة ، حيث ينقسم العالم الآن إلى قسمين فقط بين القوة والضعف .

وأدب الأطفال بوصفه مدخلا أساسيا من مداخل بناء شخصية المستقبل (الطفل) ووسيطا من وسائط التربية والتنشئة ، فإنه يواجه تحديات على مستوى الشكل تتعلق بأساليب الكتابة والمتغيرات التي طرأت على وسائط تقديمها ، وتحديات على مستوى

المضمون تتمثل في طبيعة الموضوعات التي يتناولها ، أو يجب أن يتناولها ، وطبيعة المتغيرات المعاصرة التي طرأت على شخصية الطفل ، والنتائج التي توصلت إليها العلوم بشأن مراحل نموه النفسي وذكاءاته المتعددة ونتائج تشريح المخ واستكشاف وظائف ومهام مراكزه ، وغيرها من نتائج الأبحاث والعلوم المعاصرة والمعلوماتية والتكنولوجي ، ويمكن رصد هذه التحديات التي تواجه أدب الأطفال ، سواء على مستوى المنتج ، أو على مستوى الكتابة وآليات البناء ، ومنها :

■ تحدي الغزو الثقافي :

فقد تحول مفهوم الثقافة من المعرفة إلى الإنتاج ، وتحول مفهوم التعليم في غاياته الكبرى من سعيه نحو المعرفة أو طلبه من أجل العمل ، إلى كونه سببا أساسيا في أن نكون، وفي أن نتعرف كيف نتعايش مع الآخرين ، فبدون الوعي الثقافي والقدرة على الإنتاج فلا وجود للإنسان بمفهوم الثقافة المعاصر .

هذا التحول في مفاهيم المعرفة وتأهيل الأطفال لاستيعابها والتعايش مع معطياتها ومستجداتها يمثل تحديا ؛ إذ إن المعرفة العلمية أو الإنسانية التي يمكن تقديمها للأطفال اليوم هي في ذاتها متغيرة وقابلة للتطور في وقت قصير، ومن ثم يتشكل السؤال : ماذا يمكن أن يقدم للأطفال من معارف ، والمعارف قابلة للتطوير والتطور في زمن قصير ، ومنه على سبيل المثال المعرفة الخاصة بالكمبيوتر والهاتف المحمول ووسائل الاتصال ، وما يشبهها من علوم قد تتغير نتائجها ومعطياتها بين تأليف أدب الأطفال والوقت المستغرق لطباعتها أو إنتاجها في وسيط ما .

ويرتبط بالتحدي الثقافي كذلك تحدي تحول أدوات ووسائل الثقافة من الشفاهية والكتابية إلى الصورة والحركة والمالتيميديا (الوسائط المتعددة من صوت ولون وحركة)، واعتماد على التكنولوجيا متقدمة الصنع ، مما يتطلب التحول في طبيعة الكتابة للأطفال ، ووسائل التقديم ، وسرعة استيعاب القيم المعاصرة ، والتغيرات التي طرأت على الحياة في وسائل التربية ، وطبيعة العلاقات الإنسانية ذاتها ، وإقامة جسور التواصل بين التراث والمعاصرة ، فلم يعد الأطفال مثلا كما كانوا في الماضي يخافون الآباء ويهربون من

مواجهتهم ، وإنما أصبح أطفال اليوم يحاورون آباءهم ويتجادلون معهم ، وكثيرا ما تكون لهم الغلبة في الرأي ، لأنهم يتحدثون بمنطق مقنع اكتسبوه من مشاهدة وسائل الإعلام المعاصر ، وبالتالي يصبح من الضروري أن يكون سلوك الأطفال أبطال الحكايات متشابها مع سلوكهم في الحياة ؛ إذ من المهم تحقق عنصر الإقناع الفني والواقعي في آن .

- تحدي التحول من المعرفة إلى المعلوماتية :

المعرفة هي امتلاك المعلومات ، أما المعلوماتية فهي فهم وإنتاج المعلومات لا بطرق لغوية بالمفهوم الكلاسيكي للغة ، وإنما بطرق رمزية تعتمد على الأرقام والرموز ، كما هي الحال مع لغات البرمجة في مجال الكمبيوتر مثلا .

لقد كانت المعرفة هي الكنز الذي تسعى الشعوب إلى امتلاكه والمحافظة عليه بوصفه سرا من أسرارها[1] ، أما اليوم فغدت المعرفة ملكا للجميع ، يتم الكشف عنها بسهولة ، ويتم تبادلها وانتقالها بسرعة وسهولة ، فشعار عصرنا انتقال المال من يد القلة إلى المعرفة في يد الكثرة .

وقد تغيرت القوانين التي تحكم المعرفة ذاتها بفعل خضوعها للمعلوماتية ، فأصبح القانون الحاكم ينص على أن أي معرفة علمية لا تخضع للمعالجة الآلية فلابد أن يكون مصيرها الزوال .

ومن جهة أخرى فإن المعلوماتية تسعى نحو التقريب بين المجالات المعرفية المتباعدة ودمج التخصصات المختلفة وتقليل الفجوات بين مختلف العلوم ، بمعنى النظر إلى المعرفة الإنسانية بوصفها كلا متكاملا ووحدة واحدة ، فأصبح في الإمكان التقريب بين حالات الإنسان المزاجية والنفسية وبين علوم البرمجة الصناعية ومنها البرمجة العصبية والبرمجة المخية وغيرها ، وهو ما سيفضي- في نهايته إلى تذويب ثقافات في ثنايا ثقافة واحدة مهيمنة .

(1) نذكر هنا ما هو مأثور عن "كليلة ودمنة" من إخفاء الهند لها قرونا من الزمان قبل تسربها إلى الفرس، وفي حياتنا المعاصرة يمكن الإشارة إلى الخطط العسكرية التي كانت حتى وقت قريب لا يمكن التوصل إليها ، أما اليوم فغدت تعلن قبل أن يتم تنفيذها ، مثلما حدث في حرب العراق الأخيرة.

من هنا يواجه أدب الأطفال تحديا مهما يتمثل في إشكالية المعرفة التي يجب تقديمها للأطفال . ووسائط تقديم هذه المعرفة .. فهل يكفي تقديم المعلومات لهم ، وإن كان الأمر كذلك فما طبيعة المعلومات التي يجب تقديمها ؟ هل تلك المنتمية إلى التراث أم إلى المعاصرة أم إلى المستقبل ؟ وهل تلك المرتبطة بالمعرفة بمفهومها المعاصر الذي يتغير يوما بعد يوم أم المرتبطة بمفهومها المستقبلي الزاحف نحونا بسرعة والمتمثل في المعلوماتية والثورة الرقمية ؟

● تحدي التحول في مفهوم اللغة ذاته :

نعم تشهد اللغة بالفعل تحولا في وظائفها وطبيعة استخدامها ، فقد تحولت اللغة من الحرفية المعتمدة على حروف تصطف لتكون الكلمات ، إلى اللغة الرقمية الرمزية المعتمدة على الأرقام والرموز ، مثل لغات البرمجة ، ولغات الرياضيات المتقدمة ، ولغة الجينات الوراثية ، ولغات علوم المخ وتشريحه ، وغيرها ؛ أي أنها تحولت في طبيعتها من المعرفية إلى المعلوماتية.

إن هذا التصور يعني ببساطة أن لغة دراسة الحياة والكون والظواهر المحيطة قد اختلفت ولم تعد هي اللغة الإنشائية أو اللغة المرتبطة بأمة ما ، وإنما غدت لغة رمزية موحدة تعتمد على رموز بعينها ، ومن لا يمتلك فكها لا يمتلك قراءة ودراسة ما حوله ، ومن ثم سيعود مفهوم الجهل كما كان يعني منذ قرون مضت .

وهنا يأتي السؤال : هل ما ينهجه أدب الأطفال نحو تعليم مفردات اللغة وإكساب مهاراتها انطلاقا من الهدف التربوي القديم يصبح كافيا ؟ هل في الإمكان الاكتفاء بذلك ولغات العلوم تتطور وتنتقل المفردات إلى الرموز ؛ أي من المعرفية إلى المعلوماتية ؟

● التحدي الأخلاقي :

تمثل القيم والأخلاق تحديا خطيرا أمام أدب الأطفال في ظل ما يكتنف العالم من عولمة ونظم عالمية وغزو ثقافي ، بما يمكن القول معه إن منظومة القيم يعاد تشكيلها في ظل هذا التطور ، فقد تفشت في المجتمع القيم المادية على حساب القيم الروحية ، بمعنى أن

الإنسان تحول من كونه هدفا إلى كونه وسيلة لأهداف مادية ، حيث تسعى البشرية حثيثا نحو الصناعة والإنتاج واكتساب مفاهيم القوة التي تغيرت من القوة العسكرية والسياسية إلى القوة المعلوماتية والمعرفية وامتلاك وسائل الإنتاج وتكنولوجيا الأدوات وخلافه ، وبفعل العولمة والغزو الفكري تذوب كثير من القيم وتنمحي دون أن تحل محلها قيم إنسانية جديدة ، ومن ثم تسعى البشرية نحو منعطف لا خلاف على أنه سيشكل مأزقا للحضارة والإنسانية جمعاء .

فعلى سبيل المثال بدأت في الانمحاء قيم مثل العطف والرحمة على الضعيف ، في مقابل تغليب الدوافع السياسية والنجاح في تحقيق الأهداف الاستراتيجية بدلا منها ، وهو نهج الدول ، والأفراد جزء من الدول يدينون بما تدين به ، ويتعايشون في ظل ما تقره قوانينها العامة أو تسعى إليه .

هنا يواجه أدب الطفل العربي تحديات عدة ، فهل يتم الاعتماد على تأكيد القيم العربية الأصيلة ، أم البحث عن بدائل تتناسب والتطور البشري الذي لم تعد هذه القيم الأصيلة تحتل فيه مكان الصدارة ؟

ولا خلاف على أن القيم العربية والإسلامية تمثل قمة الهرم الأخلاقي والقيمي في ذاتها وعبر تاريخ البشرية ، غير أن التطور الحضاري المرتبط بالعولمة قد أقر قيما علمية وعملية جديدة يشهدها واقع الحياة ونظم التعامل الدولية الآن ، وهو ما تنبأت به الدراسات الفلسفية الخاصة بمبحث القيم في الغرب منذ أعوام عدة ، حيث بشرت هذه الدراسات بهيمنة النظم الاقتصادية والصناعية كما هو حادث الآن ، وتعد محاولة (وايت)[2] في

(2) تتشكل منظومة القيم عند وايت على النحو التالي :
- مجموعة القيم الاجتماعية: وحدة الجماعة- الظرف واللطافة- قواعد السلوك- التواضع- الكرم والعطاء- التسامح- حب الناس.
- مجموعة القيم الأخلاقية: الأخلاق- الصداقة- العدالة- الطاعة- الدين.
- مجموعة القيم القومية الوطنية: الوطنية - حرية الوطن (استقلاله)- وحدة الأقطار المجزأة.
- مجموعة القيم الجسمية: الطعام- الراحة- النشاط- الصحة - الرفاهية - النظافة.

=

وضعه لمنظومة القيم المطورة والتي تضم ثماني مجموعات، تشتمل على سبع وأربعين قيمة من أشهر هذه التصنيفات .

إن هذه التصنيفات لمنظومة القيم لا تفرض توجهات بعينها ، ولكنها تسعى لمجرد الرصد والتصنيف تبعا لطبيعة الحياة المعاصرة والاستعداد للمستقبل ، وهو ما يقتضيـ ضرورة لفت انتباه أدب الأطفال لمعالجته والتأكيد عليه ، بوصفه مكونا من مكونات بناء الشخصية ، وتأهيلا لها على نحو يتناسب واحتياجات المستقبل .

■ تحدي تطور أبحاث المخ في الغرب:

فالمخ البشري اليوم يخضع للبحث والدراسة على نحو مكثف ، وهو ما تم التوصل إلى بعض منجزاته كما سبق ، وهذه المنجزات تفرض على العالم أن يغير منظوره عن الطفل من جهة ، وأن يعمل على إعداده في ضوء نتائج هذه الأبحاث من جهة أخرى ، وهو ما يستدعي استجابة أدب الأطفال له ، غير أن هذا لا يسهل تحققه ، فأبحاث المخ البشري ليست ملكا للجميع ؛ إذ إنها تدخل في سياق المعلوماتية على مستوى الإنتاج ، وتمثل أحد مفاهيم القوة للدول الكبرى ، وما يمكن أن يحدث فيها من تمرير لنتائج غير سليمة أو على الأقل لم يتم تجريبها قد يبدو أمرا مقبولا ، وما أكثر النظم التي تم تمريرها في مجال

- مجموعة القيم الترويحية (التسلية - اللعب): الخبرة الجديدة- الإثارة- الجمال- المرح- التعبير الذاتي المبدع.
- مجموعة قيم تكامل الشخصية: التكيُّف والأمن الانفعالي- السعادة- التحصيل والنجاح- التقدير- اعتبار الذات (احترام الذات)- السيطرة (التسلُّط)- العدوان- القوة- التصميم- الحرص والانتباه- استقلال الفرد- المظهر.
- مجموعة القيم المعرفية الثقافية: المعرفة- الذكاء- الثقافة.
- مجموعة القيم العملية الاقتصادية: العملية (الواقعية)- العمل - الاقتصاد- الضمان الاقتصادي- الملكية الاشتراكية.
يمكن العودة في ذلك إلى : - خلف نصار الهيتي : القيم السائدة في صحافة الأطفال العراقية - وزارة الثقافة والفنون - بغداد - 1978م ، وكذلك : سمر روحي الفيصل : أدب الأطفال وثقافتهم ، قراءة نقدية - منشورات اتحاد الكتاب العرب - سورية - 1998م .

التربية ع - على سبيل المثال - ولم تكن قد خضعت للتجريب ، وثبت فشلها على المدى البعيد ، مثل التقليل من شأن الحفظ والتلقين ، وهو ما تراجعت عنه الدول المتقدمة بعد أن أدركت أنه لا تعليم دون حفظ وتلقين ، وأن الدعوة نحو الفهم وتنمية مهارات التفكير لا يمكن لها أن تتحقق ما لم يكن هناك حفظ وتلقين ، وإلا فكيف يمكن تطبيق قانون في الفيزياء أو الرياضيات أو القانون أو اللغة ، ما لم يكن هذا القانون محفوظا بالمعنى الكلاسيكي ، وكيف يمكن التفكير في نواتجه ما لم يكن كذلك .

مثال آخر من علوم النفس وتضافرها مع أبحاث المخ ، يتعلق بإمكانات تركيز الإنسان في متابعة موضوع ما ، واستيعابه للمعلومات ، فالإنسان يستوعب سبعة معلومات زائداً أو ناقصا اثنين في آن واحد ، وهي نتيجة قابلة لأن تتغير في ظل ظهور نتائج أحدث ، فما الذي يجب أن يراعى عند تقديم أدب الأطفال .

■ تحدي غزو المعرفة القهرية :

فحتى عهد قريب كان في الإمكان التحكم في المعرفة وطبيعتها ووسائله ، بل كان في الإمكان عزل الأبناء عن التيارات الفكرية ، مما يسمح لهم بأن ينشأوا في أمان وبمعزل عن أية أخطار ، وما أكثر الأسر التي كانت توصف بأنها محافظة لأنها كانت تتحكم في سلوكياتها وسلوكيات أبنائها بالتحكم في مصادر المعرفة .

أما اليوم فقد انفتحت كثير من المغاليق ، وأصبح في إمكان الإنسان أن يصل إلى كثير مما لم يكن في إمكانه الوصول إليه مسبقا ، وليس أدل على ذلك مما يطلق عليه ثقافة الميديا ، من أدوات تكنولوجية معاصرة ، وبخاصة القنوات الفضائية وشبكة المعلومات الدولية (الإنترنت) ، والهواتف المحمولة ، وغيرها من أجهزة العرض والاتصال ، فالأطفال في إمكانهم أن يشاهدوا كل ذلك وبخاصة أنهم امتلكوا وسائل التحكم ، فكثيرا ما يجلس الأطفال أمام شاشات التليفزيون ليتنقلوا عبر قنواته الفضائية، أو يستخدمون الكمبيوتر في اللعب عبر الإنترنت ، وما أكثر الألعاب التي تستخدم الإغراءات الجسدية - مثلا - وسيلة من وسائل الدعاية ، وهو ما يضع أمام الأطفال معرفة جديدة كانت مرفوضة من قبل ، وكانت ممنوعة عليهم .

هذه المعرفة في ذاتها تمثل تحديا لأنها معرفة قهرية تصل بغير استئذان ، ويصعب التحكم فيها ، فلا يمكن منع الأطفال من استخدام كل ما سبق ، وإلا فقد مكونا مهما من مكونات شخصيته ، وهو المكون الخاص بمهارات التعامل مع النظم ، كما يطلق عليه في العلوم الحديثة ، وهذه النظم تشمل الإنساني منها ، والمادي المتمثل في استخدام التكنولوجيا ، والوعي بوظائفها ، والاطلاع على منجزات العلم الحديث .

المصادر والمراجع

المصادر :

1- القرآن الكريم .
2- تصانيف الحديث النبوي الشريف .
3- ألف ليلة وليلة .
4- كليلة ودمنة .
5- تقارير التنمية البشرية - برنامج الأمم المتحدة الإنمائي.
6- كتب القضايا والمفاهيم المعاصرة في المناهج الدراسية – مركز تطوير المناهج والمواد التعليمية - مصر - 2000م.
7- موسوعة الشعر العربي الإلكترونية – المجمع الثقافي – الإمارات العربية المتحدة .
8- الموسوعة الشاملة الإلكترونية – الإصدار الثالث .

المراجع :

9- ابن عبد البر القرطبي : بهجة المجالس وأنس المجالس .
10- أحمد نجيب : أدب الأطفال علم وفن- دار الفكر العربي- القاهرة – 1994م .
11- أحمد زلط : أدب الأطفال بين كامل كيلاني ومحمد الهراوي- دار المعارف- القاهرة-1991 م.
12- الجاحظ : البيان والتبيين – (تحقيق عبد السلام هارون) – القاهرة- 1975م.
13- خلف نصار الهيتي : القيم السائدة في صحافة الأطفال العراقية – وزارة الثقافة والفنون – بغداد – 1978م .
14- السرور: مدخل إلى تربية المتميزين والموهوبين – دار الفكر للطباعة والنشر- عمّان-1998.
15- السعدي: تيسير اللطيف المنان في خلاصة تفسير القرآن- وزارة الشئون الإسلامية والأوقاف والدعوة والإرشاد - المملكة العربية السعودية- 1422هـ .

16- سمر روحي الفيصل : أدب الأطفال وثقافتهم ، قراءة نقدية – منشورات اتحاد الكتاب العرب- سورية – 1998م.

17- سيد كريم: الكاتب المصري وروائع القصص العالمي- الهيئة المصرية العامة للكتاب- مكتبة الأسرة- القاهرة - 2006.

18- الطبري : جامع البيان في تأويل القرآن- تحقيق أحمد ومحمود محمد شاكر- مؤسسة الرسالة- القاهرة .

19- ـــــ : الرياض النضرة في مناقب العشرة – الموسوعة الشاملة – الإصدار الثالث.

20- عبد المطلب أمين القريطي : سيكولوجية ذوي الاحتياجات الخاصة – دار الفكر العربي – القاهرة – 2001م .

21- الغزالي : إحياء علوم الدين – الموسوعة الشاملة الإلكترونية – الإصدار الثالث .

22- فؤاد أبو حطب ، وآمال صادق : علم النفس التربوي – مكتبة الأنجلو المصرية – القاهرة – 1980م .

23- فهيم مصطفى: الطفل ومهارات التفكير في رياض الأطفال والمدرسة الابتدائية ، رؤية مستقبلية للتعليم في الوطن العربي- دار الفكر العربي- القاهرة- 2001م.

24- محمد البيلي ، وعبد القادر العمادي ، وأحمد الصمادي : علم النفس التربوي وتطبيقاته - مكتبة الفلاح - العين- 1998م.

25- محمد حسن عبد الله : قصص الأطفال ومسرحهم – دار قباء للطباعة والنشر – القاهرة – 2000م.

26- محمد غنيمي هلال – النقد الأدبي – دار العودة – بيروت .

27- محمد السيد حلاوة : مدخل إلى أدب الأطفال .. مدخل نفسي اجتماعي- المكتبة المصرية للطبع والنشر والتوزيع – الإسكندرية - 2003م .

28- كلير لالويت. الأدب المصري القديم. ترجمة ماهر جويجاتي. دار الفكر للدراسات والنشر والتوزيع. كتاب الفكر 16. القاهرة. 1992.

29- محمود عبد الحليم منسي، وسيد محمود الطواب : مدخل إلى علم النفس التربوي – مكتبة الأنجلو المصرية – القاهرة – 2002م .

30- محمود الضبع : قصيدة النثر وتحولات الشعرية العربية – الهيئة العامة لقصور الثقافة – القاهرة – 2003م.

-31 ـــــــــ : الحقيبة التعليمية للتعلم النشط - مركز تطوير المناهج وهيئة اليونيسيف - القاهرة - 2004م.
-32 ـــــــــ : الموسوعة المرجعية للتعلم النشط - الدليل المرجعي للقضايا العالمية والمهارات الحياتية في المناهج الدراسية - مركز تطوير المناهج وهيئة اليونيسيف - القاهرة- 2005.
-33 ـــــــــ :المناهج التعليمية صناعتها وتقويمها- مكتبة الأنجلو المصرية-القاهرة- 2006م.
-34 ـــــــــ : الثقافة والهوية والوعي العربي- دار الكتاب المصري اللبناني- القاهرة - 2009م.
-35 مصطفى سويف: الأسس النفسية للإبداع الفني في الشعر- دار المعارف- القاهرة - 1970م.
-36 ملكة أبيض: سليمان العيسي في ديوان الأطفال- دار الحافظ- دمشق- 2007.
-37 نجلاء علام : تطور مجلات الأطفال في مصر والعالم العربي منذ نشأتها وحتى عام 2000م - الهيئة المصرية العامة للكتاب - (ج1) 2003 ، (ج2) 2006م .
-38 الوقفي : مقدمة في علم النفس- دار الشروق للنشر والتوزيع - عمَّان- 1980 .

الدواوين :

-39 أحمد شوقي : الأعمال الكاملة .
-40 أحمد زرزور : ويضحك القمر - الهيئة المصرية العامة للكتاب - 1988م .
-41 ـــــــــ : ما قالته الغيمة الأخيرة- رسوم : جرجس ممتاز- الهيئة العامة للكتاب .
-42 ـــــــــ: بلياتشو - الهيئة العامة لقصور الثقافة - القاهرة - 1996م.
-43 ـــــــــ: انطلق يا غناء - كتاب قطر الندى - ع161- الهيئة العامة لقصور الثقافة - القاهرة - 2005م .
-44 ـــــــــ: هيا بنا نَعُدُّ- رسوم : صفاء عبد الظاهر- الهيئة المصرية العامة للكتاب - 2007م .
-45 ـــــــــ: أغنية الولد الفلسطيني: رسوم : جلال المهدي - كتاب قطر الندى - الهيئة العامة لقصور الثقافة - القاهرة - 2001م.
-46 أحمد سويلم : بستان الحكايات - رسوم : هبة عنايت - كتاب قطر الندى -ع3- الهيئة العامة لقصور الثقافة .
-47 ـــــــــ: أتمني لو- رسوم : جرجس ممتاز - الهيئة المصرية العامة للكتاب- 1994م .
-48 ـــــــــ: أنا وأصدقائي- رسوم : سميرة المرصفي - الهيئة العامة للكتاب - 1999م.
-49 ـــــــــ: أحب أن أكون - الدار الثقافية للنشر - القاهرة - 2001م .
-50 ـــــــــ: يقول المثل العربي - رسوم : وليد طاهر - دار الشروق - القاهرة - 2003م.

51- ـــــــ: فلسطين عربية - رسوم : عبد العال- نهضة مصر - القاهرة - 2003م.
52- ـــــــ: مسرحيات شعرية للأطفال - رسوم : عادل البطراوي - دار الكتاب المصري، دار الكتاب اللبناني- القاهرة- 2000م.
53- ـــــــ: هل يتوب الثعلب- سلسلة كتب الهلال للأولاد والبنات - دار الهلال -2002م.
54- أحمد فضل شبلول : حديث الشمس والقمر - كتاب قطر الندى -ع27- الهيئة العامة لقصور الثقافة - القاهرة - 1997م .
55- ـــــــ : طائرة ومدينة - كتاب قطر الندى - 2002م .
56- ـــــــ : أشجار الشارع أخواتي - العبيكان - الرياض - 2005م .
57- خالد الخزرجي : قناديل - منشورات اتحاد كتاب العرب - سورية - 2001م .
58- سليمان العيسي : غنوا يا أطفال - دار الآداب - بيروت - 1978م .
59- ـــــــ : ديوان الأطفال - دار الفكر - دمشق - 1999م .
60- ـــــــ: فرح الأطفال - دار الحافظ- دمشق - 2006م .
61- ـــــــ: شعراؤنا يقدمون أنفسهم للأطفال - دار الآداب - بيروت - 1978م .
62- ـــــــ : غنوا يا أطفال، المجموعة الكاملة، دار الآداب للصغار، بيروت، 1978م.
63- شريفة السيد : كراسة رسم - رسوم : أشرف السيد - دار زويل للنشر - القاهرة - 2001م
64- ـــــــ: مفاجآت نجوى - نشر إلكتروني .
65- محمد السنهوتي : ظمأ السحاب - دار هديل - القاهرة- 1994 م.
66- محمد الهرواوي : سمير الأطفال للبنين ، وسمير الأطفال للبنات ، وأغاني الأطفال، وديوان الطفل الجديد، والسمير الصغير.
67- محمد الهراوي شاعر الأطفال - تحقيق أحمد سويلم - الهيئة المصرية العامة للكتاب 2007م.
68- ديوان الهراوي - جمع وتقديم عبد التواب يوسف - الهيئة المصرية العامة للكتاب.
69- موفق نادر : أغنيات بطعم الليمون - منشورات اتحاد الكتاب العرب - سورية - 2002.
70- وليد مشوح : أناشيد المجد - منشورات اتحاد الكتاب العرب- دمشق - 1997م .

القصص والروايات :

71- أحمد بهجت : أنبياء الله للأطفال - دار الشروق - القاهرة - 2005م .
72- السيد نجم : سامح يرسم الهواء" - سلسلة "يحكى أن"- دار المعارف - القاهرة- 1998م.
73- عبد التواب يوسف : حياة محمد في عشرين قصة- دار الشروق- القاهرة.

74-   عزة أنور : نحرور مطرب مغمور ، وبيت من الرمل عن سلسلة قطر الندى ، و"شجرة عمرو" عن الهيئة العامـة للكتاب.

75-   كامل كيلاني : الأرنب الذكي – دار المعارف – القاهرة – 1989م.

76-   ناهد السيد:عروس النيل– رسوم : حجازي–الدار العربية للكتاب – القاهرة – 2008م.

77-   نجيب محفوظ: مصر القديمة – جيمس بيكي – في الفصـل الخـامس "حيـاة الجنـدي " – انظـر الكتـاب – دار الشروق – القاهرة – 2006م .

78-   هويدا حافظ : سلسلة الناشط علي- المنظمة العربية للإصلاح الجنائي- القاهرة - 2006م .

الدوريات والمجلات :

79-   مجلة براعم الإيمان – القاهرة .

80-   مجلة قطر الندى ـ الهيئة العامة لقصور الثقافة- القاهرة .